全国高等院校职业核心素养ⅰ

职业核心能力培训认证专用

职业社会能力

与人交流·与人合作·解决问题

训练教程·中级

人力资源和社会保障部职业技能鉴定专家委员会
职业核心能力专业委员会秘书处　组编

人民出版社

策划编辑：张文勇

责任编辑：张文勇　　孙　逸

图书在版编目（CIP）数据

职业社会能力训练教程.中级：视频书／人力资源和社会保障部职业核心能力专业委员会
　秘书处组编.—北京：人民出版社，2017.8（修订）
（全国高等院校职业核心素养训练系列教材）
ISBN 978-7-01-018129-5
Ⅰ.①职…　Ⅱ.①人…　Ⅲ.①社会工作-能力培养-职业教育-教材　Ⅳ.①C916
中国版本图书馆CIP数据核字（2017）第215399号

全国职业核心能力培训认证推广服务网址：www.hxnl.cn

邮购电话：（010）84650630

职业社会能力训练教程（中级）

ZHIYE SHEHUI NENGLI XUNLIAN JIAOCHENG ZHONGJI

人力资源和社会保障部职业核心能力专业委员会秘书处 组编

人 民 出 版 社 出版发行

（100706 北京市东城区隆福寺街99号）

北京振兴源印务有限公司印刷　新华书店经销

2011年2月第1版　2017年8月北京第3次印刷

开本：787毫米×1092毫米　1/16　印张：17.75

字数：380千字　印数：00,001-10,000册

ISBN 978-7-01-018129-5　定价：98.00元

邮购地址　100706　北京市东城区隆福寺街99号

人民东方图书销售中心　电话(010)65250042　65289539

职业核心能力培训认证教材编审委员会

目　录

CONTENTS

Ⅱ．与人合作能力训练

第一单元　制订计划

第二单元　完成任务

第三单元　改善效果

Ⅲ. 解决问题能力训练

第一单元　分析问题　提出对策

第二单元　实施计划　解决问题

第三单元　验证方案　改进计划

前言
PREFACE

为了适应我国社会经济发展对高素质、高技能劳动者的需求，人力资源和社会保障部职业技能鉴定中心长期以来一直致力于开发一个为就业服务的职业核心能力体系，此项工作得到社会各界的积极响应和支持，经过多年研究开发，2006年完成与人交流、数字应用、信息处理、与人合作、解决问题、自我学习和创新能力7个模块培训测评标准的编制工作并正式向社会颁布。与此同时也已完成了一套职业核心能力培训系列教材，包括6个单项模块的能力训练手册（与人交流、数字应用、信息处理、与人合作、解决问题和自我学习能力），以及2个组合模块——职业社会能力（包含与人交流、与人合作和解决问题能力）、职业方法能力（包含自我学习、信息处理和数字运用能力）训练手册的编写和出版工作。

本系列教材的编写坚持就业为导向下能力本位的教育目标，坚持以职业核心能力标准为依据，同时吸收现代国际职业教育新思想，在能力训练过程中始终坚持贯彻行为活动导向教学法的理念和技术。按照职业核心能力标准规范的解读：职业核心能力是一种完成工作任务的过程能力和执行能力，它是从职业活动中抽象出来的也要能返回到职业活动中去，因此系列教材的编写采用了一种全新的模式和规范，并研究开发了一套能力训练的程序，即包含目标（Object）、示范（Demonstration）、准备（Prepare）、行动(Action)、评估（Evaluate）的"ODPAE五步训练法"，从而保证了培训教学活动的结果不仅在于启发学员对掌握一种能力的认知，更重要的是让学员实实在在地掌握这种能力。

本系列教材可作为社会各类职业培训机构，中、高等普通教育和职业教育院校，以及企事业培训部门开展核心素养培育、综合素质培训、职业能力训练和就业能力培训的依据和参考，是开展职业核心能力培训认证的专用教材。

为适应互联网线上线下结合的混合学习需要，2014年起，我们组织国内职业核心能力教学专家、金牌讲师，并与国内知名的教育信息技术公司合作，制作完成了本教材配套的系列微课课程，本教材是国内第一套职业核心能力训练富媒体的教材，学员用手机扫描教材每节中的微课视频二维码，可以登录相关学习资源网站观看该节的专家授课视频。

本教材依据国家《职业核心能力培训测评标准》中级的能力培训测评规范编写，为适应学习内容的衔接需要和丰富学习资源，每节的微课教学除了该节的能力点训练外，还适当增加了部分初级和高级能力点训练的内容，安排在每个训练模块的开首和相关的节次中，学习者可选择学习。

本教材电子课程包系列的教学资源（课程整体设计、单元设计、微课视频、PPT、训练项目与指导、拓展资源等）均已放置在中国职业核心能力慕课网（www.hxnlmooc.cn）、国家数字化学习资源中心等多个学习网站上，教师通过教练端上网，可获得丰富的教学资源，通过线上线下、课内课外、自主与合作学习结合的形式，开展混合式教学；学员可通过手机等移动终端上网轻松学习。需要者可联系人力资源和社会保障部职业技能鉴定中心职业核心能力培训认证项目全国推广中心(Email: jdzx@hxnl.cn, Tel:010-84650630)获取。

本系列教材的编写在人力资源和社会保障部培训就业司和职业技能鉴定中心的领导下，由人力资源和社会保障部职业技能鉴定中心标准教材处具体负责组织指导，同时由国家职业鉴定专家委员会核心能力专业委员会负责组织专家队伍和提供技术指导；本教材模式和规范的设计由专家委员会副主任、秘书处秘书长李怀康研究员、副秘书长童山东教授完成，来自全国中高等普通教育和职业教育院校、职业培训机构、素质训练机构、职业教育和技能培训教学研究机构等单位的60多位资深的教授、专家、学者和教育管理人员为这套系列教材的编写和电子课程包的建设付出了艰辛的努力。

　　本系列教材自2007年出版以来为全国近千所高、中等院校和培训机构所应用，有效促进了高、中等院校学生综合素质和就业能力的提升。为落实教育部提出的中国学生核心素养的培养，利用本模块教材开展训练，可以成为重要的抓手。我们相信，通过互联网+的应用，共建共享的职业核心能力网络教学资源和本富媒体教材将受到广大教练和学习者的欢迎。

人力资源和社会保障部职业技能鉴定中心

职业核心能力培训认证教材编审委员会

二〇一七年一月六日

序　一

PROLOGUE Ⅰ

拓展核心能力　创造瑰丽人生

北京大学职业研究所所长
中国就业促进会副会长、中国成人教育协会副会长
人力资源和社会保障部职业技能鉴定中心学术委员会主任
国家教育咨询委员会委员

在高度竞争性的未来社会中真正可靠的保证，只能是我们自己的能力。能力决定命运，能力决定机会，能力决定未来。学习学习再学习，提高提高再提高，通过学习提高自己的能力，成了青年人最渴望的事情。

能力五光十色，才干多种多样，而人生苦短，生命有限。在可利用的时间内，我们最需要获得什么能力？最需要增长什么才干？选准方向，事半功倍；找错道路，一无所得。过去很长一段时间内，社会上先是学历文凭热，后是资格证书热。但现在人们发现，文凭和证书固然重要，在职场上获得最大成功的人，竟然不是那些文凭和证书最高最多的人，还有比它们更重要的东西，那就是人的核心能力。

人的能力分为三层：职业特定能力，行业通用能力，核心能力。每个具体的职业、工种、岗位和工作，都会对应着一些特定能力。特定能力从总量上是最多的，但适应范围又是最窄的。对每个行业来说，又存在着一定数量的通用能力，从数量上看，它们比特定能力少得多，但它们的适应范围要宽些，涵盖了整个行业活动领域。而就整体上讲，存在着每个人都需要的，从事任何职业或工作都离不开的能力，这就是核心能力。

我曾画过一个图来表现核心能力（见图一）。有三个同心的圈，最小的一个处在中间，它就是核心能力；围着它的第二圈是通用能力；最外面的，是特定能力。

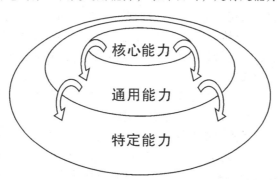

图一　能力分层体系示意图之一

3

我觉得这个图较明确地反映了核心能力处于的核心位置，以及核心能力的数量比通用能力和特定能力少得多的特征。这张图后来写入了国家一个重要课题的研究报告，得到了广泛的认同。

　　不过，有一次会见一个欧洲国家驻华教育援助项目组的组长，喝茶聊天中谈到核心能力的问题，我信手就给他画了上图。没想到尽管他非常赞同和欣赏我们的研究思路和研究成果，但是，却不同意我画的这张图。他又画了下面一张图。

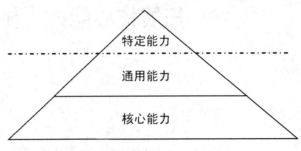

图二　能力分层体系示意图之二

　　他说，核心能力和其他一切能力都不同，是其他能力形成和发生作用的条件，所以，核心能力应当处在最底层，最宽厚，它是支柱，是依托，是承载其他能力的基础。

　　我们相互尽管很熟悉，但以前在这个问题上从未交换过意见。我非常惊讶欧洲的专家和我们在能力分层问题上会如此相互认同。同时我以为，这两张能力分层的示意图，很可能相辅相成地表明了不同能力之间的关系，以及核心能力的位置。

　　第一张图表明，核心能力是存在于一切职业中，从事任何工作都需要的能力。正像纷繁复杂的物质世界，在其最深层次上仅由原子核内的少数几种基本粒子组成一样，人类在社会活动中表现出来的多姿多彩的能力，在最深层次上也仅是由几种核心能力构成的。

　　第二张图表明，我们在日常生活中看到的特定能力，其实只是浮出海面的冰山一角，而通用能力和核心能力则是海面下的冰山主体。相对于特定能力和通用能力，核心能力往往是人们职业生涯中更重要的、最基本的能力，对人的影响和意义更为深远。

　　特定能力是表现在每一个具体的职业、工种、岗位和工作上的能力。特定能力主要体现在国家职业分类大典划分的1838个职业中。长期以来，我们的学历文凭教育，以及职业资格培训，主要就集中在培养人的这种职业特定能力上。相对说来，特定能力是一个窄口径范围。

　　通用能力是表现在每一个行业，或者一组存在共性的相近工作领域的能力。它们的数量尽管少于特定能力，但适用范围却要宽得多。为了使培养的人才具有更广泛的适应性，现在，针对新生劳动力的职业教育培训，越来越把自己的视线放到这个相对宽口径的范围中。许多国家确定的300个左右的国家职业教育培训科目，通常也在这个相对宽口径的范围中。

　　核心能力是数量最少、但适用性最强的基本能力，是每个人在职业生涯中，甚至日常生活中必备的最重要的能力，它们具有普遍的适用性和广泛的可迁移性，其影响辐射到整个行业通用能力和职业特定能力领域，对人的终身发展和终身成就影响极其深远。开发和培育人的核心能力，将为他们提供最广泛的从业机会和终身发展基础。

　　根据我国人力资源和社会保障部职业技能鉴定中心组织制定的试行标准，核心能力分为八个大项：与人交流、数字应用、自我学习、信息处理、与人合作、解决问题、创新和外语应用。显然，在核心能力培养中，每一个培训机构，每一个接受培训的人，都完全可以根据各自不同的条件和不同的需要，灵活地选择不同的方向和内容作为自己的重点。

经过各方面专家的多年努力和共同奋斗，核心能力的概念终于深入人心，对受教育者核心能力的养成、激发和评价工作终于将全面开展起来。现在，人民出版社又隆重推出了第一套在职业院校和培训机构开展职业核心能力训练的教材。可喜可贺，特应邀作此序言。

我国职业院校是受高考指挥棒和学历文凭证书等扭曲的教育评价指标影响最小的部分，有可能在整个教育改革中后发先至、走到前列。尽管养成、激励、开发和评价受教育者核心能力的试验在我国刚刚起步，需要研究、探索和实践的领域还很多，但我相信，在这重要的第一步迈出之后，核心能力建设事业必将迅速发展，为国家人力资源开发作出应有的贡献。

2007年5月1日

序 二
PROLOGUE Ⅱ

加强职业核心能力培养　努力提高职业教育质量

刘来泉

中国职业技术教育学会常务副会长
国家督学

　　进入新世纪以来，我国职业教育迅速发展。高职高专教育已成普通高等教育的半壁江山，中等职业教育基本实现与普通高中招生规模大体相当的目标。这是我国实施科教兴国战略，培养数以亿计的高素质劳动者，数以千万计的高技能人才，变人力资源大国为人力资源强国的重大举措，是走新型工业化道路，建设社会主义新农村和创新型国家的必然要求。

　　导向就业、服务社会和能力本位，指导着我国职业教育的改革发展，培养了一大批生产、服务、管理一线需要的技术、技能型人才。经过几年的实践探索，职业教育正向着规范化、注重提高质量的方向发展。科技的迅猛发展和经济全球化的到来，我国社会经济领域对职业人才的要求在不断变化，现代职场对职业人才的社会适应性、创新能力和创业能力的要求也在不断提高。突出表现在职业岗位所要求的职业道德、职业态度和职业核心能力（或关键能力）等职业综合素质越来越成为用人单位选人、用人的重要标准。然而，目前我国的教育，包括职业教育、普通高等教育培养的人才与这种社会的要求尚有一些距离。从不少用人单位的调研反映看，职业院校毕业生，也包括普通高校毕业生的"与人合作精神和能力"、"与人交流能力"、"吃苦耐劳的精神"、"责任感和敬业精神"，以及"创新、创业意识和能力"等都需要进一步提高。

　　加强职业核心能力培养，提高职业人才的综合素质，是职业教育的重要内容和组成部分，也是当今世界职业教育发展的一个重要趋势。近年来，我国召开的几次全国职业教育工作会议以及国务院颁发的改革与发展职业教育的有关决定，对此都有过明确的要求。因此，培养职业综合素质已逐步成为我国职业教育领域的共识，成为我国职业教育发展的现实需要。在强调职业知识和职业技能培养的同时，加强职业核心能力培养，是加强职业综合素质教育的有效抓手，是实现职业教育培养目标的重要途径，是促进人的全面和可持续发展的内在要求。人的全面发展既包括人体机能、生活工作技能的发展，也包括人的基本能力、人的精神和心理的发展。这个分层次的发展要求，核心是价值观，其外围可以分为基本的工作态度、职业道德、基本的行为方式，以及知识和技能等。基本的行为方式不外乎与人交流、与人合作、解决问题、信息处理、自我学习等几种基本能力。这些能力是人的发展和职业生涯中最为重要的能力，是获取成功的关键能力，也是能获得满意工作、幸福生存的重要基础。在现代社会，如果没有

"自我学习"的能力，不可能适应工作岗位的不断变化和科技的快速发展；没有较强的"信息处理"能力，就不可能应对信息社会的变革；没有"与人交流"、"与人合作"的能力，就不可能在经济全球化世界中跟上步伐；没有解决问题、不断创新的实践能力，就不可能实现自己的理想，不可能到达成功的彼岸。

我们相信，重视职业核心能力培养，改革教育教学工作，加强职业核心能力培训，将促进我国职业教育的健康、持续发展，有利于提高我国职业教育的质量，有利于职业人才培养，更好地服务社会、促进就业、方便创业，造福于民族，造福于国家。

2007年5月6日于北京

训练导航

这是一本供高等院校学生学习训练职业社会能力的教材。

上个世纪末出现的一场波及全球的新技术革命，一方面有力地冲击着传统的产业结构并构建着新的行业，另一方面极大地激发了人们新的需求并改变其消费方式。这种巨大的变革从根本上影响社会职业结构和就业方式的变化。首先，大批新职业以超出人们想象的形式和速度显现在社会生产和生活之中。这些新职业工作岗位的技术更新快、技术复合性强、智能化程度高，工作的完成更多地依靠劳动者善于学习、会解决实际问题并具有改革创新精神。其次，现代职业的工作方式发生了根本变化，社会产品、服务和管理更注重以人为本的理念，工作的完成更多地依靠每一个人的团队合作精神和与人沟通的能力。此外，人们发现不再有终身职业，工作流动加快，人们在职业生涯中要不断改变职业，不管你现在掌握了什么技术，都不能保证你能成功地应对明天的工作，社会最需要的是能不断适应新的工作岗位的能力。

> 新技术革命带来产业结构调整和职业岗位的巨大变化。

未来的劳动者需要具备什么样的能力？这个在就业市场上提出来的问题，直接关系到一个人、一个组织能否在激烈的市场竞争中取胜。世界上许多国家和地区都不约而同地提出了一个富有远见的目标："开发劳动者的核心能力"。因此，培养职业核心能力或关键能力，已经成为世界先进国家、地区的政府、行业组织、职业培训机构人力资源开发的热点，成为职业教育发展的趋势。

> 世界发达国家和地区重视职业核心能力的培训。

一、什么是职业核心能力

1. 职业核心能力的定义与类别

职业核心能力是人们职业生涯中除岗位专业能力之外的基本能力，它适用于各种职业，适应岗位的不断变换，是伴随人终身的可持续发展能力。德国、澳大利亚、新加坡称之为"关键能力"；在我国大陆和台湾地区，也有人称它为"关键能力"；美国称之为"基本能力"，在全美测评协会的技能测评体系中被称为"软技能"；香港称之为"基础技能"、"共同能力"等等。

1998 年，我国原劳动和社会保障部在《国家技能振兴战略》中把职业核心能力分为八项，称为"八项核心能力"，包括：**与人交流、数字应用、信息处理、与人合作、解决问题、自我学习、创新革新、外语应用**等。

　　职业核心能力可分为**职业方法能力**和**职业社会能力**两大类：

　　职业方法能力是指主要基于个人的，一般有具体和明确的方式、手段的能力。它主要指独立学习、获取新知识技能、处理信息的能力。职业方法能力是劳动者的基本发展能力，是在职业生涯中不断获取新的技能、知识、信息和掌握新方法的重要手段。职业方法能力包括"自我学习"、"信息处理"、"数字应用"、"革新创新"等能力。　　　　　　　职业方法能力

　　职业社会能力是指与他人交往、合作、共同生活和工作的能力。职业社会能力既是基本生存能力，又是基本发展能力，它是劳动者在职业活动中，特别是在一个开放的社会生活中必须具备的基本素质。　　职业社会能力
职业社会能力包括"与人交流"、"与人合作"、"解决问题"、"外语应用"等能力。

　　2. 职业能力体系的结构和特征

　　我国原劳动和社会保障部《国家技能振兴战略》把人的职业能力分成三个层次，即：职业特定能力、行业通用能力和核心能力。

　　职业特定能力是每一种职业自身特有的能力，它只适用于这个职业的工作岗位，适应面很窄。但有一个职业就有一个特定的能力。2015 年，我国修订的《国家职业分类大典》细分有 1481 个职业，目　　职业特定能力
前，新的职业还在不断产生，所以特定职业能力的总量是很大的。

　　行业通用能力是以社会各大类行业为基础，从一般职业活动中抽象出来可通用的基本能力。它的适应面比较宽，可适用于这个行业内的各个职业或工种，而按行业或专业性质不同来分类，通用能力的总　　行业通用能力
量显然比特定能力小。

　　职业核心能力是从所有职业活动中抽象出来的一种最基本的能力，普适性是它最主要的特点，可适用于所有行业的所有职业，虽然世界各国对核心能力有不同的表述，相比而言它的种类还是最少的。　　职业核心能力

　　3. 核心能力培养、培训的现实意义

　　核心能力对职业活动的意义就像生命需要水一样普通，一样重要。对于劳动者、企业和学校，分别具有以下现实意义。　　　　为什么要培训职业核心能力？

　　对劳动者来说，掌握好核心能力，可帮助劳动者适应就业需要，帮助劳动者在工作中调整自我、处理难题，并很好地与他人相处。同时，它是一个可持续发展的能力，可帮助劳动者在变化了的环境中重　　**对个人来说**，核心能力是就业必备的技能，是打开成功之门的钥匙。
新获得新的职业技能和知识，有较好的职业核心能力，能帮助劳动者更好地发展自己，适应更高层次职业和岗位的要求。在德语中，"关键"一词原意为"钥匙"，"关键能力"意味着"是打开成功之门的钥

匙"。职业核心能力是我们每个人成功的有效能力、基础能力，在现代社会，其重要性日益显现。

对企业来说，人力资源是第一资源，提升员工的核心能力是增强企业核心竞争力的基础。在激烈的市场竞争条件下，无论在传统行业、服务行业，还是在高科技行业，核心能力与其他知识和技能一样，都是企业赖以取得成功的基本要素。在经济竞争中，开发员工的"智能"，能提高工作绩效，提高企业效益，是增加利润的基础。事实上，不少的企业在招聘员工时，十分注重应聘者的职业道德和核心能力的素质，在企业的内训中，除提高员工的岗位技能素质外，不少企业越来越重视职业核心能力的培训。

> 对企业来说，培训员工的职业核心能力是增强企业核心竞争力的基础。

对学校来说，培养毕业生的职业技能和职业素质是增强就业竞争力的根本。职业道德、职业态度和职业核心能力等构成职业的基本素质，人力资源和社会保障部组织开发"职业核心能力培训认证体系"，就是为了更好地、有针对性地培养、培训毕业生的职业基本素质，为就业服务。开展职业核心能力培训和认证，是职业素质教育的平台和重要手段，按照职业生涯的基本要求，明确职业核心能力的基本范围和能力点，在就业之前，强化职业核心能力的培训，能有效提高学生的核心能力，并通过职业核心能力的认证，可以更好地指导学生明确自己的发展目标，为自己满意工作和幸福生活奠定基础。

> 对学校来说，培训职业核心能力是为了增强毕业生的就业竞争力。

因此，培养、培训职业核心能力是为就业服务，为企业发展服务，为劳动者终身教育、全面发展服务。

二、怎样培养、培训职业核心能力

核心能力的培养是人一生的课程，每个人都有其先天的基础，不同的人有不同的潜质。事实上，从小开始，每个人都在学习、培养自己的核心能力，学校、家庭、社会都是每个人学习的场所。但不同的生活、学习经历，不同的学习方式和历练过程，不同的人对核心能力的认识以及所获得的职业核心能力存在着较大的差别。职业核心能力培训的目的就在于着力提升学习者已经有一定基础的核心能力的水平，使学习者系统了解发展自己职业核心能力的方法，全面提高适应职业工作所需要的综合能力。

职业核心能力培训的教学宗旨是：以职业活动为导向，以职业能力为本位。必须通过职业活动（或模拟职业活动）过程的教学，通过以任务驱动型的学习为主的实践过程，在一定的知识和理论指导下，获得现实职业工作所需要的实践能力。

> 如何培训职业核心能力？

职业核心能力的培训不同于一般的知识或理论系统的教学，其教学目标不在于掌握核心能力的知识和理论系统，而在于培养能力。

11

1. 职业核心能力的课程设置与培训

实施职业核心能力的培养，可以采取专题性的培训，即开设职业核心能力的课程，通过必修或选修，集中培训，系统点拨和启发。还可以利用几个周末的时间，或者在就业前集中一段时间专题强化培训，帮助学生全面、系统地提高自己的职业核心能力，以增强就业的适应性和竞争力。

实施职业核心能力培养，可以采取渗透性的教学方式，即在各专业课程的课堂教学中，重视学生职业核心能力的培养，把职业核心能力的培养渗透在专业的教学过程之中。同时，在第二课堂，在学生的社团活动和社会实践活动中，强化职业核心能力的培养，把它作为隐性的课程，以实现其养成的教育。

职业核心能力的系列教材是为满足中、高等院校实施核心能力集中培训的需要而编写的。在组织教学时，根据教学课时的实际，可以分模块开课，让学生按需选修。也可以组合模块培训，即在一年级培训"职业方法能力"，包括"自我学习"、"信息处理"、"数字应用"能力等三个模块；二年级培训"职业社会能力"，包括"与人交流"、"与人合作"、"解决问题"能力等三个模块，以达到全面学习和系统提高的目的。

职业核心能力培训课程的教学要体现以下原则：

第一，教学目标反映能力本位的主导性。要强调培训课程以培养完成任务和解决问题的实际能力为目标，整个课程要突出以工作现场为条件，以实际任务驱动，或采取项目贯穿始终的动手能力训练，以能力点为重点，不追求理论和知识的系统与完整。

第二，教学形式的拓展性。要能在各种工作场景或环境中开展教学。除专题讲授外，核心能力的培训还应贯穿在各种课程模块之中，贯穿在各种课外活动、生产实习和各种社会实践活动之中。

第三，教学组织的多样性。要实现专题性教学和渗透性教学相结合，多渠道、多形式地培养、培训。

第四，教学过程的针对性。学习者的能力在不同模块中会有强弱的差别，即使在同一模块中，对各能力点的掌握程度也会有高低的不同。因此，对学习者来说，已经具备的能力点不必重复学习和训练。

2. 核心能力培训的教材与教学

（1）教学的基本方法：行动导向教学法

核心能力培训除了必要的程序性知识传授之外，大量需要的是通过实际活动进行行为方式的训练，因此，核心能力培训主要应遵循**行动导向教学法**的理念和方法。

行动导向教学法是以职业活动的要求为教学内容，依靠任务驱动和行为表现来引导基本能力训练的一种教学方法。

对学校领导说，
学校怎样开课：
必修课；
选修课；
专业渗透教学；
集中强化培训；
……

职业核心能力培训的
教学原则

对老师说——
职业核心能力怎么
教？

行动导向教学有很多方法，其中最适合用于核心能力培训的方法有项目教学法、角色扮演教学法及案例教学法等等。这些教学法主要是通过行为目标来引导学习者在综合性的教学活动中进行"手——脑——心"全方位的自主学习。在这种新的教学方式下，教学目标是需要通过行为活动才能实现的结果，学习者必须全身心地参与到教学活动的全过程中去。因此，在整个教学活动过程中，学习者是主角，参与是关键，教师只是教学活动的主持人，其责任是通过项目、案例或课题的方式让学习者明确学习的目标，在教学过程中控制教学的进度和方向，根据学习者的表现因人施教，并对学习效果进行评估，从而指导学习者在专题性活动、专业学习和技术训练的过程中全面提高综合能力，即核心能力的素质。

（2）教材的内容组织：学习领域

为了落实全新的教学理念，达到立足能力培训的目标，我们组织普通高校、职业院校、科研单位和著名培训机构等40多位专家，广泛吸收国内外职业教育和企业培训的先进成果，反复研讨，形成了这套新型的教材。 *教材的新特点*

教材的基本组织单元是职业活动要素，即按职业活动的过程形成**"学习领域"**。在一个"学习领域"中可能涉及多个知识系统，我们不追求该知识的系统描述，只选取必需的知识点，以"够用为度"组织学习。教材参照国家《职业核心能力培训测评标准》中的活动要素设置单元，在每个单元学习前，引述《标准》中培训测评的内容，作为培训和达标的指引。

（3）教学的基本单位：能力点

本教程每节以能力点或能力点的集合作为基本教学单位。

（4）教学的基本程序：ODPAE五步训练法 *只培训能力点*

能力的训练需要有科学的方法，要通过有效的程序达到真实有效的效果。根据行动导向教学法的理念，参考国内外先进的职业教育和企业培训的模式，经反复研讨，设计了一个新型的"目标－示范－准备－行动－评估五步训练法"，即"**ODPAE科学训练程序**"，在每个 *"五步训练法"* 能力点的训练中，均按照下列五步训练法组织教学和训练：

① 目标（Object）：是依据核心能力标准将本节训练的活动内容和技能要求作具体解释和说明。呈现本节特定的学习目标，以使学习者明确学习内容，确认自己学习行动的目的。

② 示范（Demonstration）：是对该能力点在实际工作任务中典型状态进行描述，列举活动案例，分析能力表现形态，让学习者形成基本认知。作为教学的示范，树立达标的榜样，并通过该能力点运用的意义阐述，形成学习者的学习动力。。

③ 准备（Prepare）：是对理解与掌握该能力点"应知"内容的列

举和说明。知识是能力形成的基础，掌握必须的基本知识以及能力形成的基本方法、程序，是提高能力训练效益的重要前提。

④ 行动（Action）：是以行动导向教学法组织训练的主体部分和重点环节。立足工作活动过程，采用任务驱动、角色扮演、案例分析等教学方法训练能力点。它是示范性和写实性的，是能力培训的落脚点。

⑤ 评估（Evaluate）：是对本节教学过程中教师如何评价教学效果和学习者如何评估自己学习收获的一个指引。通过教师、同学和本人的自我监控，及时了解学习的成果，获得反馈。

本教程每单元能力点的分解练习之后设计了"综合练习"环节，目的是在能力点的分解动作训练之后，系统集成，针对整个活动的完成，形成完整的能力素质。相信这个以工作任务为载体的完整的训练活动，能使学习者系统地提高能力。

三、为什么要提高职业社会能力

本教程的职业社会能力包括"与人交流"、"与人合作"、"解决问题"三个模块，是指与他人交往、合作、共同生活和工作的能力。本教程只培训国家《职业核心能力培训测评标准》中中级阶段能力的内容，适应高等院校学生和中级学习者学习需要。

所谓"与人交流能力"，是指在与人交往活动中，通过交谈讨论、当众讲演、阅读并获取信息，以及书面表达等方式，来表达观点、获取和分享信息资源的能力，是日常生活以及从事各种职业必备的社会能力。本教程所训练的与人交流能力以汉语为媒体，在听、说、读、写技能的基础上，通过对语言文字的运用，以促进与人合作和完成工作任务为目的。

什么是职业社会能力
为什么要提高职业社会能力

与人交流的能力是人类重要的特征之一，也是人们生存必要的社会能力，人们希望得到尊重、认可及自我实现的心理需求，使人们愿意与人交往。社会生活更促使每个人需要与他人沟通，建立起一定的人际关系，不管是大的国际事务，还是小小的一件家庭琐事，人们最终不得不坐下来谈判、商议、解决问题，建立起一定的社会人际关系。

在每个人的职业生涯中，无论是求职应聘、入职试用还是晋职发展，与人交流能力常常居于各项能力之首。在招聘现场，几乎所有的职业岗位都提出需要"与人交流能力强"。在职业发展中，人们花费10%～85%的工作时间在与人沟通。亨瑞·米兰伯格发现首席执行官几乎每一分钟都在与人沟通。与人交流沟通能力的高低直接影响着每个人的职业发展、社会地位及社会关系的建立，在职业场合中，与人交流能力的高低常常决定着职业活动的成败。

在社会生活和工作中，与人交流的活动有着多种多样的形式，小到一张领料单的填写或与人见面时的问候打招呼，大到一个产品的说明书的编写或重要会议上的主题报告。这些活动能否取得同事、领导与顾客所期望的效果，关键取决于在交流活动中信息发出者，或者说交流活动的主体一方能否具有良好的与人交流的愿望和与人交流的技巧。当一个人停留在某一行业的初级水平时，他也许不需要写很多东西，但当他想做点管理工作，他就要让自己能够当众清楚地表达自己的思想，并且能够将自己所想的有条理地写下来；当他要争取别人的支持、理解来开展工作的时候，沟通就成为必要的手段和成败的重要因素。因此，与人交流能力的培养和培训，可以提升自己的就业能力和职业发展能力。同样，一个企业着重企业内部员工沟通能力的培训，就会大大增强企业的核心竞争力，使企业的产出与销售及售后服务变得更加高效和富有创造力。

所谓"与人合作能力"，是指根据工作活动的需要，协商合作目标，相互配合工作，并调整合作方式，不断改善合作关系的能力。它是从所有职业活动的工作能力中抽象出来，具有普遍适应性和可迁移性的一种核心能力，是从事各种职业必备的社会能力。

现代职业生活中，所有的人，只要做事，就要与人合作。在当今社会里，一个完全孤独的人，几乎什么事情也做不成。在公司、学校、政府机关、研究单位等职业环境中，无论是求职、营销、教学、演出，还是设计、制造、管理，都要与人合作。与人合作能力的强弱，是影响职业发展的决定性因素。

合作是广泛的，既要有面对面的合作，也有不必见面的合作，如网络时代的合作。不同国家的电脑程序设计员可以合作编写一个程序。在美国的程序员，白天写好自己负责的一段程序，到了晚上将邮件打包发到印度，那里的程序员正好是白天上班时间，继续编写另外一段程序。双方长时间合作，各自发挥长处，却可以从不谋面。这样广泛的合作，更需要信任、理解、宽容、弥补过失等基本的合作能力。

社会需要善于合作的员工，可是，这样的员工明显不足。有些人不善于合作，不仅有性格上的缺陷，意识上的误区，更多的是方式方法问题。其实，很多人很想与他人合作，但是不知怎样去与他人相处。如何表达合作愿望，如何制定合作计划，如何完成合作任务，如何缓解矛盾冲突，如何分享合作成果，一系列的难题摆在年轻一代职业人的面前。

在家庭、幼儿园、小学、中学的教育中，应该逐步培养谦和、让步、求助等合作品质。但是，目前的现状是这样的教育明显不足。而职业场合的熏陶、磨炼的代价太高，有些人明显不适应环境要求，没有等到调整和进步，已经遭到淘汰。有效的职业训练，可以改变一个人通过自身经验而形成的习惯。所以，卓有成效的与人合作的职业核

与人交流能力的高低直接影响着每个人的职业发展、社会地位及社会关系的建立，在职业场合中，与人交流能力的高低常常决定着职业活动的成败。

与人合作能力的强弱，是影响职业发展的决定性因素。

15

心能力训练，可以帮助员工在比较短的时间内，正确认识自己的个性特点，增长与人合作共事的能力，适应职业发展的要求。

所谓"解决问题能力"，是指能够准确地把握事物发生问题的关键，利用有效资源，提出解决问题的意见或方案，并付诸实施；能调整和改进方案，使问题得到解决的能力。它也是从所有职业活动的工作能力中抽象出来，具有普遍适应性和可迁移性的一种核心能力，是从事各种职业活动都需要的一种社会能力。

在现实工作中，人们非常重视一个人解决实际问题的能力。可以说"文凭是入门的通行证，解决问题的能力才是生存和晋级的许可证"。在企业，衡量一个人是不是"人才"，重要的标准就是他的解决问题的能力。你能解决得了别人解决不了的工作问题，你就是"人才"。能解决"大问题"的就是"大人才"；能解决"小问题"的就是"小人才"；能解决专业问题的就是"专业人才"。

解决问题能力有大有小、有高有低，并且解决问题还往往和各种各样专业知识相关联。在本训练教程中，我们只学习"解决一般性问题"的能力，侧重在解决问题的思维能力训练，学会问题分析和解决的有效步骤，掌握分析的工具和方法，这种解决一般性问题的能力可以"迁移到"各种各样的专业领域与职业活动之中。

总之，在职业工作活动中，具备上述的职业社会能力是我们生存发展、有效工作的基础能力，也是我们成功致胜的十分重要的能力。

四、怎样测评职业核心能力

我国职业核心能力培训测评标准体系是由人力资源和社会保障部职业技能鉴定中心主持，组织有关职业教育和培训机构、普通教育学校和学术研究部门共同参与开发的。

职业核心能力的认证，主要测评学习者"应知"和"应会"的能力达到的程度。学习者可以通过全国性的笔试统考，参加综合能力的测评，测评自己的能力达到的程度。考生在通过考核合格后，即可获得相关权威机构颁发的职业核心能力水平等级证书。

每个人在参加职业核心能力训练时都有一定的基础，我们相信，通过系统的学习训练，学习者能得到全面的提高，会有长足的进步。

拥有较强的职业核心能力，就是拥有了打开成功之门、幸福之门的钥匙；获得职业核心能力培训和认证的证书，就是获得了通向成功的护照！

解决问题能力是一个人生存和晋级的"许可证"，是衡量是不是人才的重要标准。

怎样参加测评？

I

与人交流能力训练

第一单元　交谈讨论

能力培训测评标准

在与人交流的过程中——

1. 主持一个小规模的主题讨论。

2. 参加综合主题的讨论。

3. 就一个实际问题与几个对象进行对话。

在交谈讨论中，能够：

1. 把握交流的主题——始终围绕主题参与交谈和讨论。

2. 把握交谈的时机和方式——主动地把握讲话的时机、方式和内容。

3. 理解对方谈话的内容——根据对方谈话的姿态、语气和用词，准确辨明其态度和意图，领会对方直接表达出来的内容，并予以相应的回应。

4. 推动讨论进行——在参与讨论时回应谈话者的讲话或提问。在主持讨论时能围绕主题提出问题和要点，推进讨论深入，并对讨论情况做出评论。

5. 表达自己的观点——全面准确地传达一个信息或表明自己的观点。表达词汇丰富，结构完整，思路清晰，并能使用图表和其他辅助手段说明主题。

（摘自《职业核心能力培训测评标准〈与人交流单元〉中级》）

　　语言是人类最重要的交际工具。人们用口语交谈进行沟通，其主要目的有两个：一是表意传情，二是协商合作。前者表现为语言交流的"说明"功能，后者表现为与人交流的"说服"功能。在初级阶段，我们训练了在一对一的交谈环境中与人交流的一般能力：积极大胆地交流表达，围绕简单主题、把握时机与内容交谈，有效倾听他人讲话，准确表达自己的观点。在中级阶段，我们训练在小规模的交流情境中，围绕综合主题"会谈"的口语交流能力。

　　上引的人力资源和社会保障部职业技能鉴定中心制定的《职业核心能力培训测评标准》，"与人交流"模块"交谈讨论"单元中级里，有 5 个能力点，概括为：

1. 始终围绕主题参与交流讨论。

2. 主动把握交谈的时机、方式和内容。

3. 准确理解对方谈话的内容，辨明态度和意图。

4. 积极回应对方，推进讨论深入。

5. 全面准确表达自己的观点，多种手段说明主题。

学习改变思维模式，训练改变行为模式。

我们在本单元用 4 节训练上述能力点，第一、二节综合训练第 1、2、4 个能力点，练习会谈中说服、洽谈的能力，第三节训练第 3 个能力点，学会察言观色，辨明语义态度；第四节训练第 5 个能力点，学会利用现代的多种口语传递信息的方式，多种辅助的表达形式来传达信息，说明主题。

你有多少职场的角色
你属于哪种沟通的风格

怎样与不同沟通风格者
和不同的对象沟通

倾听有多少个层次？
怎样主动倾听

怎样有效倾听，解读回应

第一节　把握对方需求　围绕主题说服

目标：学会说服技能

说服是与人交流重要的功能和目的。说服意味着通过语言交流让对方转变观念、态度，改变行为，说服的主题就是结合具体的事件实现让对方改变观念、态度和行为，以达到与你的愿望一致的行为。在你的职业岗位上，说服的目的和功能表现在你每天交流沟通的过程中：说服同事协调合作，支持工作，说服领导接受你的建议意见，说服客户接受方案、推销产品等等。如果在管理岗位上，领导沟通的主要方面也是做说服的工作，说服下属理解领导和团队的计划、战略，支持和配合工作；说服他人改变观点、态度，支持自己的主张。

什么是交谈话题和主题，
怎样把握交谈的时机和方式

提高交谈沟通的能力在很大程度上就是提高你说服沟通的能力。通过本节的学习训练，你将能够：

1. 掌握说服的原则和基本技能。

2. 主持小规模的讨论，始终围绕主题参与交谈和讨论。

示范：说服是与人交流的重要能力

当你去参加一次社交活动，去进行一次会谈，一次营销活动，组织一次洽谈，进行一次思想动员……，你将在一对一、一对多的交谈环境中进行，你都在试图说服他人。在职业工作中，良好的说服技巧是你开展工作，完成任务，发展自己的重要手段。

每个人在进行上述活动前，都要对进行的活动作必要的准备：考虑怎么去做，才能达到最好的行为效果。但在现实生活中，有的人三言两语，能让人心服口服，乐意接受你的主张和意见、你的产品和方案，配合你的行动；有的人滔滔不绝，别人仍无动于衷，收效甚微，其中的技巧方法是十分重要的。

事实上，从某种意义上讲，每个人都是推销员，每个人都在推销自己，推销自己的主张、价值观、能力（如竞选、求职、做思想工作），自己的产品、方案、成果（如销售商品、竞标、展示）等等，如何使

> 友善的言行，得体的举止，优雅的风度，这些都是走进他人心灵的通行证。
>
> ——塞攀尔·斯迈尔斯

自己的说服有收获，能成功，如何提高自己的说服力，把握交流沟通中说服的基本原则，学会有效的技巧十分必要。

只有善于说服的人才能够获得他人的理解、尊重和信赖。

怎样把握说服的前提与原则，说服的技巧有哪些

准备：说服的原则和技巧有哪些

一、怎样把握说服的前提与原则

要使说服成功有效，必须注意说服的前提和基本的原则：

（一）了解对方，对症下药

当你要说服别人改变自己的观点、态度和行为时，必须先了解他人的意见和需求，了解他人接受你的意见、方案，响应你的主张（如参加活动，购买你的产品）的能力，了解他的性格特征。商品销售中的讨价还价，各种商务洽谈、业务谈判中的磋商阶段，都是双方了解对方意见的过程。只有透彻了解对方的意见和特征，才能对症下药。如果对对方的观点不十分了解，只顾发表自己的意见，往往会陷入盲目的行动之中，同样，对对方能够接受的程度和方式不清楚，所有的说服也会大打折扣，甚至前功尽弃，因此，只有知己知彼，有的放矢，才能达到有效沟通说服的目的。

（二）利用真理的力量，以理服人

每个人的信念都是建立在自己认为真实的基础上的，说服别人改变自己的观点，必须有理有据，必须利用逻辑的力量，以理服人。无论是改变他的信仰主张，他的认识，还是他的行为，如果你没有充足的理由，新的论据材料，合理的推理逻辑，很难达到好的说服效果。

> 能设身处地为他人着想，了解别人心里想些什么的人，永远不用担心未来。
> ——戴尔·卡耐基

·案例· **挑首饰的学问**

在首饰柜台，一位瓜子脸的姑娘要买一副棱型耳环，服务员在问清楚是她自己用之后，就一边拿出那种耳环让她挑选，一边进行引导："您为什么单挑这种形状呢？还有很多样子都适合您嘛！"

"我就觉得这种样子好看，既秀气，又很有现代感。"

"可是——您的脸型戴这样子的耳环并不适合"。

"……"姑娘满脸的疑惑中明显含着不高兴。

"耳环的作用主要是对脸庞进行衬托，这种衬托一般总是采取反衬的方式，具体讲就是圆脸型选择垂线型，而长脸庞选择圆圈型。在这种互补式的配比中，人们就可以得到'相辅相成'的形式美感。"服务员不在意顾客的不高兴，耐心地讲明道理。

"哎呀，您说的还真有道理，那就拜托您帮我挑选一副吧！"姑娘全服了。

21

这个案例中，顾客从坚持自己的主见，到"疑惑"，到"不高兴"，最后到"全服了"，主要是服务员以理服人，用真理的力量说服顾客改变了主见。

（三）满足对方需求，尊重对方

人们产生行动的直接原因是动机，而动机的产生源于需要。要说服对方，必须满足对方的需要，需要是调动人的积极性的原动力，通过满足对方显性的需求，调动和激发潜在的生理和精神的需要，才能改变他人的行为。

20世纪50年代中期，西方人本主义心理学派的主要创始人马斯洛提出了需要的层次理论，他认为，人的需要分为五个层次，由低到高分别是：生理需要，安全需要，社交需要，尊重需要，自我实现的需要。生理需要是最基本的需要，一旦这些生理的需要得到相对满足，人们的注意力就会集中到更高一层次的需要上。在说服中，从对方需求的角度考虑，既关心他的生理需要，获得物质，购买商品，保持健康，也关注他的精神需要，得到爱、尊重，得到荣誉、成就感……，比如购买眼镜的顾客，每个人的需求是不同的，在增加视力或保护眼睛的基本需求满足之外，年轻人购买时更多关注的是外观式样，老年人也许更多关注实惠、方便，关注过程中的尊重感的满足。因此，在说服的过程中，只有关心对方需求的满足，尊重对方的需要，才能打动对方，才能获得对方的支持和配合。

（四）以诚相待，以情动人

有效的说服，还在于你是否以诚待人。在现实生活中，每个人都有自己的戒备心，防范自己的损失和风险。如果你出于诚心诚意的帮助，让对方感受到你的真心实意，就能让对方迅速解除心理戒备，以接纳你的意见和主张，改变自己固有的观念和原有的情感指向，积极地配合你的行动。

> 人类行为有个极重要的法则，如果我们遵从这个法则，大概不会惹来什么麻烦。事实上，如果我们遵守这个原则，便可以得到许多友谊和永恒的欢乐，但是，如果我们破坏了这个法则，就难免后患无穷。这个法则就是：时时让别人感到重要。
>
> ——戴尔·卡耐基

·案例·
男鞋推销员怎样说服销售商

沃尔·斯特里特公司的男鞋推销员去拜访他的一个销售商。在推销过程中，这位商人抱怨说："知道吗？最近2个月，我们定货的发送情况简直糟透了。"这一抱怨对于公司的推销员来说无疑是一个巨大的威胁，谈判有陷入僵局的危险。

推销员的回答很镇定："是的，我知道是这样，不过我可以向您保证，这个问题很快就能解决。您知道，我们只是个小型鞋厂，所以，当几个月前生意萧条并有9万双鞋的存货时，老板就关闭了工厂。如果您定的货不够多，在工厂重新开工和有新鞋出厂之前，您就可能缺货。最糟糕的是，老板发现由于关闭工厂他损失了不少生产能手，这些人都去别处干活了，所以，在生意好转之后，他一直难以让工厂重新运转。他现在知道了，他过早惊慌地停工是错误的，但我相信我们老板是不会把现在赚到的钱盘存起来而不投入生产的。"

那销售商笑了，说："我得感谢您，您让我在一个星期之内头一次听到了如此坦率的回答。我的伙计们会告诉你，我们本周一直在与一个购物中心谈判租赁柜台的事，但他们满嘴瞎话，使我们厌烦透了。谢谢您给我们带来了新鲜空气。"

不消说，这个推销员用他的诚恳态度赢得了客户的极大信任，他不但做成了这笔生意，还为以后的生意打下了良好的基础。

人是情感的动物，有时在表达自己的意见时，光有理性的力量还不够，用诚挚而令人感动的语气，用真挚动人的情感说出来，往往能打动人，说服人。

当你与人互动交往时，记住：要满怀热情和诚信地与人交谈。
——戴尔·卡耐基

二、说服的技巧有哪些

人们从思维、心理的规律等多方面总结了很多说服的方法和技巧，这里介绍主要的几种：

（一）以对方的认识为起点

要说服对方，必须换位思考，先承认对方的认识、态度存在的合理性，先避开矛盾分歧，从对方的认识基点出发，先赞同或部分赞同，寻找共同点，抵消对方的抵触情绪，逐步瓦解心理防线，以逐步扩大说服的范围，逐步迫近要害和问题的关键。

（二）站在对方的角度说话

按照前面提到的说服的原则，在说服过程中，发表自己的主张意见，推销自己的产品，需要站在对方需求的角度，换位思考，要着重讲对对方有什么好处，才能有效说服对方接受。只从自己的利益出发，不顾对方的需求和感受，是很难达到说服的目的的。

（三）多说"是"字法

让人多说"是"是说服他人的重要技巧。在交流过程中，从一开始要让对方连连说"是"，尽量不要让对方说"不"。这种方法据说是古希腊哲学家苏格拉底常用的方法，也称苏格拉底问答法。

心理学表明，多说"是"，能使整个身心趋向于肯定的方面，身体组织呈开放状态，很容易接纳你的观点。而说"不"时，全身的组织——分泌腺、神经与肌肉都聚集在一起，成为拒绝状态。人们"不"字说出口之后，即使他自觉错误，人格尊严也会驱使他坚持到底。因此，在说服中，争辩是最不合算的，设法让人多说"是"字，才最有利。

如果你要使别人同意你，从对方都同意的事谈起，使对方立即就是"是、是"。
——戴尔·卡耐基

（四）"使人信"五步定式

美国心理学家杜威提出了说服他人的"使人信"的五步定式，这五步定式是：第一步，直截了当告诉对方某处存在某个极其严重的问题或状态；第二步，帮助对方分析研究该严重问题产生的原因；第三步，帮助对方搜集各种可能解决问题的办法，尽可能穷尽一切办法，并把自己准备提出的观点放在最后介绍；第四步，帮助对方依次分析和斟酌这些可能的解决方法；第五步，最终使对方认可并接受其中最理想的解决方法，也即最后提出的你认为最正确的方法。

（五）归纳法和演绎法

归纳和演绎是逻辑推理中的主要方法，也是说服他人最常用的方法。归纳法从众多的个别事例中归纳推出结论，在说服过程中，先举大量例证，归纳例证中的共同点作为结论，强调它的真实和可靠，以此说服对方接受。演绎法则从共同的原理中判定具体事实，它靠大前提、小前提和结论的三段论的推演方式得出结论，形成令人信服的逻辑力量来说服对方。

（六）引例证明法

人们相信事实，在说服中，以事例引证是很好的说服法。具体的事例和经验比概括的论证和一般原理更有说服力，特别是对方熟悉的、亲眼所见的事实更为有力。在说服过程中，说服者本身现身说法，更能使对方信服接受。

（七）名言支持法

人们相信名人和权威，在说服中，引用名人的语录和权威的理论来支持自己结论，能增加说服力。因为名人的话往往有一种号召力，借助名人的话，可以省去与对方很多不必要的对话。

（八）巧妙表达不同的意见

说服意味着改变，改变也说明对方有跟自己不同的观点意见，有不同的感情倾向，不同的动机需求，因此，说服是需要面对不同点的，正是针对不同点，才有说服的可能，一味地附和，不是说服。但是为了使对方接受自己的观点，必须巧妙地表达与对方不同的意见，通过说理、移情、劝服，使对方改变。这些巧妙的方法有：

◆可以旁敲侧击，不触及对方的成见，只谈与之相关的边缘问题。

◆可以不经意地提供一些意外的经验，使对方不知不觉受到暗示。

◆可以把不同点融进共同点里表述，在共同的原则下，软化对方的偏见。

◆当各种办法都不奏效时，可以干脆推出自己的不同点，但可冠之以"这也许是我的偏见"，促使对方审视自己的"偏见"。

◆在正面和迂回说服不能解决问题时，还可以使用激将法，从反面设想，指出它将产生的严重后果，迫使对方放弃原来的想法，接受自己的观点，以调和矛盾，形成一致。这种方法作为最后的一招，有时往往有奇效。

行动：领悟原则，实践技能

活动一："爱心大行动"项目（1）：说服朋友参与活动

分组组织一次"爱心大行动"的义卖活动，用批发的商品或与本地企业联合组织义卖，用义卖的收入捐助贫困山区失学儿童或本地福利院的孤寡老人。

在"爱心大行动"的组织过程中，需要作动员和洽谈的地方有很多，比如动员同学朋友参加本项目的活动，说服企业的领导给予帮助，说服自己的领导给予支持，在义卖中，说服顾客购买商品等等。请运用本节介绍的原则和技巧在活动中实践。

完成一项任务后，小组总结成败得失：

1. 以其中一个典型的案例进行赏析，分析成功的因素，失败的原因。

2. 除了本节中所讲到的说服技巧外，你在应用中还有哪些好的方法，自己总结归纳，可以取个名称，向同学推介分享。

活动二：分析案例

分析《战国策》"触龙说赵太后"故事中触龙是怎样成功说服赵太后把长安君送到齐国做人质的。

·案例·　　　　　　**触龙说赵太后的故事**

战国时，赵太后刚刚执政，秦国就急忙进攻赵国。赵太后向齐国求救，齐国说："一定要用长安君来做人质，援兵才能派出。"赵太后不肯答应，大臣们极力劝谏。太后公开对左右近臣说："有谁敢再说让长安君去做人质，我一定唾他一脸！"

左师触龙愿意去见太后，太后气冲冲地等着他。触龙做出快步走的姿势，慢慢地挪动着脚步，到了太后面前谢罪说："老臣脚有毛病，竟不能快跑，很久没来看您了，我私下原谅自己呢，又总担心太后的贵体有什么不舒适，所以想来看望您。"太后说："我全靠坐辇走动。"触龙问："您每天的饮食该不会减少吧？"太后说："吃点稀粥罢了。"触龙说："我近来很不想吃东西，自己却勉强走走，每天走上三四里，就慢慢地稍微增加点食欲，身上也比较舒适了。"太后说："我做不到。"太后的怒色稍微消解了些。

左师说："我的儿子舒祺，年龄最小，不成材；而我又老了，私下疼爱他，希望能让他递补上黑衣卫士的空额，来保卫王宫。我冒着死罪禀告太后。"太后说："可

以。年龄多大了？"触龙说："十五岁了。虽然还小，希望趁我还没入土就托付给您。"太后说："你们男人也疼爱小儿子吗？"触龙说："比女人还厉害。"太后笑着说："女人更厉害。"触龙回答说："我私下认为，您疼爱燕后就超过了疼爱长安君。"太后说："您错了！不像疼爱长安君那样厉害。"左师公说："父母疼爱子女，就得为他们考虑长远些。您送燕后出嫁的时候，抱住她的脚为她哭泣，这是惦念并伤心她嫁到远方，也够可怜的了。她出嫁以后，您也并不是不想念她，可您祭祀时，一定为她祷告说：'千万不要被赶回来啊。'难道这不是为她作长远打算，希望她生育子孙，一代一代地做国君吗？"太后说："是这样。"

左师公说："从这一辈往上推到三代以前，一直到赵国建立的时候，赵王被封侯的子孙的后继人有还在的吗？"赵太后说："没有。"触龙说："不光是赵国，其他诸侯国君被封侯的子孙，他们的后人还有在的吗？"赵太后说："我没听说过。"左师公说："他们当中祸患来得早的就降临到自己头上，祸患来得晚的就降临到子孙头上。难道国君的子孙就一定不好吗？这是因为他们地位高而没有功勋，俸禄丰厚而没有劳绩，占有的珍宝却太多了啊！现在您把长安君的地位提得很高，又封给他肥沃的土地，给他很多珍宝，而不趁现在这个时机让他为国立功，一旦您百年之后，长安君凭什么在赵国站住脚呢？我觉得您为长安君打算得太短了，因此我认为您疼爱他不如疼爱燕后。"太后说："好吧，任凭您指派他吧。"

于是赵国替长安君准备了一百辆车子，送他到齐国去做人质。齐国的救兵才出动。

分析案例，回答问题：

1. 触龙在说服赵太后时注意到了哪些说服的原则？

2. 触龙运用了我们提到的哪些说服技巧？

活动三：角色扮演

内容：推销员小李到一家公司推销"普洱茶"或"减肥茶"，他得知该公司每天为员工提供"工作茶"。小李推门进入时，恰好公司行政部王经理和廖秘书在办公室喝功夫茶。三人扮演，先为小李设计一段见面后的导入语，在推销中，王经理开始婉言拒绝，廖秘书对推荐的茶有好感，但嫌价格偏高，小李怎样说服？

要求：

1. 开场白时间只有 3-5 分钟。

2. 要从茶进入话题。

3. 当王经理婉言拒绝和廖秘书似乎有意接受时，要找出至少 3 条以上理由拒绝，双方洽谈时间至少要在 10 分钟以上。

4. 分组扮演，互相点评。

提示：

1. 小李可以上网查找所推销的"普洱茶"或"减肥茶"的功用资料，

宣讲喝新的茶叶的好处。

2. 注意寻找共鸣点：茶叶功用、价格，公司提供这类茶叶的价值等等，以可信的语言说服对方。

活动四：实战演练

内容：以当地的士起步价的一半乘坐一次的士，说服的士司机能够高兴的接受，锻炼自己与陌生人打交道的能力，体验有效的说服技巧。

要求：

1. 编造一个合适的理由说服司机。

2. 不能直接说明是为了培训的需要。

评估：是否掌握了说服的原则和技巧

一、自我评估

自我回顾在学习和工作中最成功的和最失败的一次说服事例，分析其中成功的地方和失败的原因，自我评估：

1. 自己是否会做思想工作？

2. 在说服的过程中是否从对方的角度考虑问题，是否尊重了他人的需求，是否尊敬他人？

3. 是否注意使用多种技巧达到说服成功？

二、小组评估

分组讨论：

1. 为什么在说服过程中要把握对方的需求？精神需求有哪些方面？

2. 本班同学或同事中，谁最会做说服工作，他（她）的主要特点是什么？他常用的方法是什么？

3. 每个学员在小组真实汇报自己用的士起步价的一半打的的经历，分享自己说服的方法，小组推荐精彩案例，在全班交流。

4. 每人找一个成功推销的案例，在小组上介绍，分析成功之处，小组评估其成绩。

第二节　把握洽谈技巧　推进会谈深入

目标：学会谈判的基本技巧

　　一般情况下，双方之间交换意见，协商一致的行为，我们称为商谈，那么，比较正式的商谈，常常称为洽谈、会谈，而比较正规、严肃的洽谈往往称为谈判。谈判似乎不如"协商""商谈""洽谈"灵活、温和，还常常具有外交色彩，但它们都是互相说服的过程，是协调人际关系、团体关系、国家关系，解决矛盾冲突，维护各自利益的公关活动。

　　通过本节的学习和训练，你将能够：

1. 掌握谈判的基本过程，学习谈判的艺术和策略。
2. 较好地运用谈判的基本技巧。

> 所谓谈判，就是人们为了改变相互关系而交换意见，为了取得一致而相互磋商的一种行为。
>
> ——美国谈判学会会长 杰勒德·尼尔伦伯格

示范：提高洽谈能力

　　如果单位让你去与客户洽谈业务，或者让你参加一次正式的谈判，你必须明确以下问题：

　　——我首先应该作什么准备？

　　——在谈判中应把握什么原则？

　　——我本人应该怎么去做？

　　——交谈中我怎么去应变？

　　谈判就是生活，几乎在我们个人和职业生涯中的每天都要进行谈判。谈判作为人类交际活动的组成部分，已遍及社会生活的各个领域。

准备：怎样进行公关谈判

一、做好谈判的准备

　　正式的谈判是一个复杂的过程，以公关谈判为例，一般分为两大部分：谈判的准备与正式的谈判。谈判的准备包括信息的准备和谈判计划的拟订。

（一）信息的准备

在谈判之前，你必须对自身和谈判的对方的信息有基本的了解，知己知彼，做好必要的准备。

怎样做谈判准备和把握谈判程序，成功谈判的艺术是什么

1.有关自身的信息准备。在商务谈判中，包括本组织的社会地位、经济实力、产品的特点；涉及谈判内容的专门技术知识、相关理论、法律依据；谈判者的水平、特征以及与对方对比存在的优势、劣势等。了解自身并做好充分准备，将有利于决定己方的谈判目标，确定谈判的让步区间。

2.有关对方的信息准备。包括对方组织的情况，谈判对手的资历、资格以及心理类型（气质、爱好、生活方式），对方的谈判目的等，了解对方的信息有利于准备相应的对策。

（二）计划的拟订

谈判之前，你需要对谈判的具体内容和步骤作出安排，需要做好以下几项工作：

1.确定谈判的具体目标。即谈判本身内容的具体要求。

2.确定谈判的议程和进度。包括所谈事项的次序和主要方法。

3.谈判时间和地点的选择。选择时间要考虑己方准备的充分程度、己方谈判者的情绪状况以及谈判的紧迫程度等因素。选择谈判地点时，己方所在地和对方所在地各有优缺点，如果双方为地点选择意见不统一时，可选择中间地点。

4.谈判物质的准备。包括会场布置、食宿安排以及礼品的准备等。

二、把握谈判的程序

谈判分开局、磋商和协议三个大的阶段。具体程序可分为：

（一）导入阶段

谈判各方正式接触，通过简要介绍互相认识，初步了解对方。导入阶段需要通过寒暄努力创造一种平等、宽松、和谐的人际沟通氛围。

（二）概说阶段

谈判各方陈述己方意向，让对方知晓自己的基本想法、目的和意图。陈述时需注意内容简洁明了，要谨慎表述己方的基本想法和意图，不可将底牌全盘托出；要注意态度诚恳，沟通双方的感情；要认真倾听对方的概说，寻找双方的差别所在。概说阶段双方意见要达到基本一致，才好进入下一阶段。

（三）明示阶段

谈判各方针对概说时对方的主要谈判要点，明确表达自己的具体意见，暴露出分歧点并初步展开讨论。在此阶段，各方需要以坦诚的

29

态度，心平气和地进行讨论，要做到：己方所求要合理，不要过分；对对方所求不要谴责；彼此所求，尽量使对方认清并接受；对尚未表露出来的内蕴需求，要待时机成熟、条件允许时提出。

（四）磋商阶段

这是实质性谈判阶段。这个阶段是双方实力、智力和技术的较量，在这个阶段，有交锋也有调整妥协退让，直至达成双方原则上一致。交锋时要有必胜信念，但也要以科学的态度和充分的论证去分析对方的意见，回应对方，同时还应根据情况的变化，及时调整自己的谈判目标；妥协时要把握双方的利益所在，争取双赢。

（五）协议阶段

经过磋商中的交锋与妥协，双方求同存异，均认为达到了预期的目标，形成双方一致同意的条文的阶段。在此阶段，双方要达成口头的协议或签署书面协议，以确认谈判的成果。

三、运用成功谈判的艺术

谈判是一门艺术，谈判成功的艺术表现在：

（一）关注利益

要关注利益而不是注意立场，在原则的背后既可能存在利益冲突，也可能存在共同的利益或彼此兼容的利益。要区分哪些条件是对己方非常重要，绝不能让步的，哪些条件是可以做出让步的。在谈判中，既要能讨价还价，也要能妥协让步，盲目追求原则立场会陷入谈判僵局，甚至会导致谈判破裂、失败。

怎样掌握谈判的语言技巧
实施好谈判的策略

要善于利用沟通来探求对方关注的利益所在，让对方陈述他们的利益。

（二）创造双赢

谈判结局不理想的原因往往在于谈判者追求自己单方面的利益，坚持固守自己的立场而不去考虑对方的情况。实践证明，成功的谈判是双赢，是双方在合作中使各自寻求的利益得到满足。

（三）走出误区

谈判的误区主要有：一是过早地对谈判下结论，缺乏想象力，不愿寻求更多的解决方案。二是只追求单一的结果，认为创造并不是谈判中的一部分，谈判只是在双方的立场之间达成一个双方都能接受的点。三是认为一方所得，即另一方所失，给对方所作出的让步就是我方的损失。四是谈判对手的问题始终该由他们自己解决。

走出误区的办法是：

1. 将方案的创造和对方案的判断行为分开，先创造方案，再做决策。
2. 充分发挥想象力，以扩大方案的选择范围。
3. 识别共同的利益所在，注意双方兼容的利益，找出双赢方案。

4.替对方着想，让对方容易作出决策，并觉得解决方案既合法又正当，对双方都公平。

（四）解决冲突

当双方就某个利益争执不下互不相让时，就会导致冲突。破解的办法是：

1.不要认为你得即是我失，谈判是争取双赢。

2.不要只考虑单一因素，要创造方案，扩大选择范围。

3.不要认为能否达成协议取决于谁最想达成协议，谈判不是一场意愿的较量，而是利益空间的识别与探寻。

4.善于使用客观标准，建立公平的、客观的标准，独立于双方的意愿，有利于解决冲突。

四、掌握谈判语言的技巧

成功的谈判也是语言技巧的成功运用。谈判语言的技巧主要表现在：

（一）陈述的技巧

• 陈述的概念要清晰，尽量使用对方听得懂的语言；对非专业人士避免使用术语，无法避免时，应给予解释。

• 语言简洁，避免冗长；避免偏离主题，拐弯抹角。

• 叙述涉及到具体数字材料时，应做到准确无误，尽量避免概略的描述。

• 以肯定性的措辞表示不同意。

• 结束语要切题、稳重、中肯，避免以否定性的语言结束会谈。避免下绝对性的结论，要注意留有余地。

（二）提问的技巧

• 谈判专家往往是提问专家。要利用封闭式的提问获取针对性的信息，利用开放式的提问获得广泛的信息，以驾驭谈判的进展。

• 要围绕中心提问。每个问题之间要互相衔接，步步紧扣。提出的问题要由小到大、由易到难，逐步进入敏感点。

• 提问要选择适当的时机。要在对方叙述有明显停顿之际发问。

（三）应答的技巧

• 可以在谈判前预先假设一些难度较大的问题进行研究，制定详细的应答策略，早作准备。

• 对没有弄清对方的真正意图的问题，不轻易回答。可采取证实性提问，让对方重复或证实，或要求对方引申、补充，或要求对方举例说明等，直到弄清对方的确切含义再作相应回答。

• 对难以回答的问题，可采取拖延应答的方法，如要求对方重复问题或借点烟、喝茶等拖延一点时间，思考妥当后回答。

- 对有些犯忌或事关底牌的问题，需回避时，可采取迂回隐含的应答方法不直接回答。
- 对对方的质询一般不应针锋相对地直接反驳，而应先尊重对方的意见，然后再提出不同的意见。
- 准确地把握应答范围，局部问题局部回答，决不可全盘答出，以免过早地暴露整个谈判的意图。

（四）插话的技巧

- 插话要注意把握时机，在对方说话稍有停顿时进行，不能随意打断对方的发言。
- 利用应答式的插话，鼓励对方，融洽气氛。
- 可以利用重复对方语言的插话，确认重要的信息。
- 可以利用概述对方观点的插话，突出重要的信息，获取对方的确认。

五、实施好谈判的策略

谈判是一种"竞技活动"，谈判是语言问答的过程，但语言运用技巧的背后是双方的谈判策略。谈判是心理攻防战术的运用过程，是技巧、智慧的较量。复杂的谈判，除了在谈判桌上的直接较量外，还有谈判期间的其他活动。谈判的策略很多，常用的有：扬长避短、投其所好、软硬兼施、以退为进、投石问路、欲擒故纵、声东击西、疲劳战术、速战速决、最后通牒，以及竞争术、拖延术、激将术、恻隐术、擒将术等等。涉及谈判策略的案例和资料很多，限于篇幅，不一一介绍。

行动：在训练中提高谈判能力

活动一：*"爱心大行动"项目（2）：与其他合作者谈判*

在组织"爱心大行动"活动中，就义卖品与供货方谈判，争取最优惠的价格和服务等等，或与其他合作者谈判，洽谈其他合作项目。

分小组进行实践，注意运用谈判的艺术和语言的技巧，完成任务后总结得失，分享经验。

活动二：*案例分析*

分析案例，回答后面的问题：

·案例·　　　　　　开关窗户的谈判

　　在图书馆里，两个人在吵架，一个要开窗户，另一个则要关上。双方斤斤计较于开多大一条缝，一半还是四分之三，没有一个办法能使他们满意。图书管理员走了过来，她问两个人为什么争执。

　　一个人说："空气不太好，希望吸一些新鲜空气，想打开窗户。"

　　另一个人说："开窗户风太大，把纸吹得乱飞。"

　　图书管理员考虑了一会儿，然后把旁边的窗户打开，而关上了这扇窗户，既放进新鲜空气，又不会把纸吹乱。

问题：

1.图书管理员使用什么样的谈判艺术使双方平息争执？

2.图书管理员运用了破解冲突中的哪种招术？

提示：

1.关注他们立场背后的共同利益。

2.创造方案，扩大选择范围。

活动三：角色扮演——模拟加薪谈判

　　四人一组，一位扮演某公司职员，一位扮演老板，公司职员就"要求加薪的问题"与老板谈判。另两位作评判员，评估谈判双方的表现。

要求：

1.双方对话要在10个回合以上。

2.谈判前做好法律、政策方面的资料准备，要有理有据，避免空谈。

3.运用语言技巧，注意双赢的原则运用。

4.两人一组轮流进行，互相评估。

评估：你的谈判能力如何

　　自我评估：用下面的自测题自测，并用表后的评分规则打分，评估自己的谈判能力。

表1-1　谈判能力自测题

序号	问　　题	经常	有时	很少
1	立即就座，进行谈判			

序号	问 题	经常	有时	很少
2	尽量做出一个对大多数人都有利的决定			
3	参加谈判时,中途离开			
4	即使很费时间,也乐意帮助他人解决问题			
5	尽力去理解对方的观点			
6	常常有人带着问题来征求意见			
7	告诉别人存在什么样的问题			
8	以事实为依据,从不冒犯别人			
9	不强迫别人改变主意			
10	为了避免尴尬,回避如何引起争议的问题			
11	先让别人讲述自己的观点			
12	即使别人说的话带有偏见,也不提出异议			

评分规则:

问 题	经常	有时	很少	评估结果
第1、3、7、9、10、12题	1分	2分	3分	**32分以上**:具备很强的与别人谈判的能力,但在某些方面或许还需提高。
第2、4、5、6、8、11题	3分	2分	1分	**26-32分**:具备一定的技能,但有待进一步提高。 **26分以下**:技能有待全面提高。

(引自孔雷等编著,《训练销售精英》)

第三节　积极察言观色　辨明语义态度

目标：提高自己敏锐的观察力

一个正常的人，他的情绪变化，无论他本人是否感受到，都会有意或无意地通过语言、动作等表露出来。语言的交流既可以通过明显的言语表达，也可以体现在无声的语言方式之中，一般把它叫做"非语言沟通"。

非语言沟通包括副语言（语速、语调、音量等）、身态语言、时间语、空间语等等。

当面对面语言交流时，语言沟通起的是方向作用，而非语言沟通却能准确地反映出话语的真正思想和感情。

要想做一位好的交谈者，非语言系统观察力是基础，语言系统和非语言系统必须是完美的融合，需要紧密地结合起来，才能获得较好的交谈效果。

通过本节的学习和训练，你将能够：

1. 获得非语言沟通的基本知识。
2. 学会察言观色，掌握非语言交流的基本技巧。

怎样正确察言观色，把握非语言沟通技巧

中

示范：熟悉无声语言，洞察内心世界

非语言交流是一种可以相互沟通的"无声语言"，如果你留心观察别人的体态语，不仅可以比较准确地觉察别人的内心世界，也可以懂得对方此时其实是向你暗示什么，从而帮助你做出恰当的反应。比如，当你正在侃侃而谈时，发现对方开始做一些似乎是无意识的小动作，如搔头、摸脸等，你就要意识到这是一种对你的话题不感兴趣的暗号，这时你就要及时转换话题或尽快结束谈话。

在交谈的过程中，对方的意思在很大程度上是通过内涵十分丰富的非语言传达的。语音语调、衣着打扮、举止表情、坐姿距离等等，无不向你传达着真实的信息。因此，学会察言观色，培养自己对于非语言沟通的观察力是提高交谈效果的基础，提高对无声语言的判断和

你会察言观色吗？你会运用眼神传递感情吗？你会正确地运用和判断他人身体语言表达的喜、怒、哀、乐吗？在交流中有效地沟通是语言系统与非语言语言系统的完美结合。

观察能力在交谈者能力结构中占有重要地位。

准备：如何提高无声语言的观察力

一、了解无声语言的价值

据权威人士研究发现：在面对面人际交往所传递的信息量中，言语本身只占7%，38%出自语音语调，55%来自身体动作。无声语言在口语交流中具有重要的价值。

（一）有效地辅助语言表达，加强沟通

人们运用言语行为来沟通思想，表达情感，往往有词不达意或词难尽意的感觉。因此需要同时使用无声语言行为来进行帮助，或弥补言语的局限，或对言辞的内容加以强调，使自己的意图得到更充分更完善的表达。

例如，当你在街上向他人问路时，他一边告诉你怎么走，一边用手指点方向，帮助你领会道路方向，就会达到有效的信息沟通。

另外，在人际沟通中，同样一句话，用不同的无声语言方式辅助表达，其含义也就大不相同。比如，一个人拍着好友的肩膀说："你这家伙！"这显然是一种十分友好亲昵的感情流露。但是，如果在公共汽车上一个人踩了他人的脚，被踩者瞪着眼，竖着眉说："你这家伙！"显然是在生气骂人。

（二）比言语表达更有影响力，更真实

语言信息受理性意识控制，而身态语言则大都发自内心深处，多数是无意识显示出来的，极难压抑和掩饰。这种无意识显示出来的东西，恰恰能够反映发送者的"真意"。所以当语言信息与身态语言相矛盾时，宁愿相信身态语言表达的信息。

·案例·　　　　　　**克林顿说的是真的吗？**

美国前总统克林顿在莱温斯基绯闻案审理中，向大陪审团提供证词时，口口声声讲他和莱温斯基关系清白，但是在他讲话的过程中，每分钟摸鼻子平均达26次之多。伊利诺依州某研究身体语言的精神病学家便由此得出结论：克林顿在撒谎，因为人在撒谎时，摸鼻子的次数会陡然增多。

（三）身态语言可以表达言语不能表达的思想感情

如相见时的脉脉含情，分别后的缕缕相思，点点离愁，都是无法

用语言来形容的。又比如：相互握手则表示着良好人际关系的建立；父母摸摸小孩子的脑袋表示爱抚；夫妻、恋人、朋友间的拥抱表示相互的爱恋和亲密。

二、把握非语言沟通的类型与运用

怎样准确识别他人情绪，
恰当表达自己的情感

非语言沟通的因素有副语言、身态语言、空间距离等等。学会观察无声语言，可以使你善解人意，准确接收对方的信息，同时，恰当运用好无声语言，可以帮助你准确传情达意。

（一）如何觉察副语言的含义

口语中的副语言是通过语言的声音——语速、语调、音质、音量、节奏（停顿）、重音等实现的。语音的表达方式不同，可以传达不同的语义。比如，一个"好"字或"不"字，不同的语音语调，可以表达十分丰富的意义。交谈中，当说话者使用较快的语速时，常被视为更有能力；音量高低灵活的应用，目的是引起对方注意力。声音有吸引力的人被视为更有权力、能力和更为诚实。

（二）如何识别身态语言表达的信息

身态语言主要表现在面部表情、目光、手势、坐姿、站姿、触摸和服饰等方面。身体姿态可以传达很多意义。

1. 面部表情的识读

人们的面部表情直接地反映着他们的本质。无论是轻松还是紧张，高兴还是生气，喜还是忧，都会挂在脸上。同意时会微笑点头，疑惑时会眉头紧锁。

● 积极的面部表情是真诚的、友善的。自信的表情会让人觉得充满希望，活力十足，富于魅力。比如听你讲话，微笑着点头就表示欣赏、赞成你的观点，或者佩服你，使你感到被尊重与满足。

● 消极的表情则是冷淡或面无表情，头转向别处，还有冷笑，轻蔑的笑，撇嘴、撅嘴等。

2. 目光信息的传达

眼睛是心灵的窗户，目光在面对面沟通中有极重要的功能。眉目传神，目光中能折射出内心世界。

专注的目光表示对对方的尊重，表示仔细倾听。而东瞧西看表示心不在焉，眼望天花板，或看地面表示对对方谈话不感兴趣。

眼球运动的方式是内心思考问题的线索，这种方式通常包括以下几种：

◇右上方：思考构想出的、想象中的图像。

◇左上方：思考记忆中的图像。

◇右方：思考构想出的、想象中的声音。

◇左方：思考记忆中的声音。

> 面部的表情是多少世纪培养成的语言，是比从嘴里讲的复杂到千百倍的语言。
> ——罗曼·罗兰

> 人的眼睛和舌头所说的话一样多，不需要字典，却能够从眼睛的语言中了解整个世界，这是它的好处。
> ——爱默生

在与人交谈时，无论是观察对方的目光还是你的目光运用，以双眼为水平线，向上和向下不同区域的凝视，表达不同的含义：

◇业务性的凝视：当进行业务讨论时，注视对方前额上的三角区域，可以造成一种严肃认真的气氛。

◇社交性的凝视：当视线落在对方眼睛水平线以下，介于双眼和嘴之间的三角区域时，形成的是一种社交气氛。

◇亲密的凝视：这种凝视从对方的双眼开始，越过下巴，直至身体的其他部分。在亲密的会见中，这个区域在双眼和胸部或乳房之间，男性和女性都用这种凝视表示对对方感兴趣，如果对方有意，就会回报以同样的凝视。

◇斜视：斜视既表示感兴趣，也可以表示敌意。当它同眉毛微微竖起或者同微笑结合在一起时，它表达的是感兴趣，常常被用来作求爱的信号。当它同皱眉、眉毛下垂或者嘴角下垂结合起来时，则反映了怀疑、敌对或者批评性的态度。

3. 手势和臂式的含义

（1）手的姿势。手势能表达十分丰富的交际含义。常见的有：

◇握拳。不但呈现出了内心的自我紧张，同时也是一种非常明确的向他人挑战的姿态。同样地，把手指关节扳得咯咯响，用拳头击打另一手掌的动作，也是在向对方传达出威吓、攻击的信息。

◇搓手。表达一种美好的期待。在期待金钱时，有人会做出食指与拇指互相搓擦的动作，酷似在点数钞票；当小孩看到母亲从市场上满载而归，会高兴得磨拳擦掌，表现出一副期待的姿态；当销售人员得到了一条销售新渠道的消息时，会高兴得连连搓手，期待着能在销售工作中创造出奇迹；人们在参加某种活动之前，会搓揉双手，像要洗手的样子，这是在无声地传达出他对这项活动很感兴趣。

◇双手攥在一起。表示失望、消极的态度。这个手势有三种姿势：举在面前、放在桌面上、或站立时放在大腿前。其中，手举得越高，失望的程度越大。

◇指尖相碰。两手指尖合拢，形成一种"教堂尖塔"式的手势。这是一种有信心的动作，有时也是一种装模作样的、妄自尊大的、独断而又傲慢的动作。做出这种姿势的人，对他所说的话，都是十分肯定的。

◇在背后双手相握。表示自信、充满优越感（注意：在背后用一只手握住另一只手的腕部则是表示失望克制不安的心情）。

◇手脸姿势。用手捂嘴、拇指抵住下巴、触摸鼻子、揉眼睛、揉耳朵、拽领口，是一组撒谎的明显姿势，有些人用假咳嗽来代替这些姿势；把手放在面颊上，是对谈话者感兴趣的评价；把手放在面颊上，并用手掌根部支撑头，是失去兴趣，已厌烦的表示；食指垂直指向面颊，

与人交谈时，视线接触对方脸部的时间应占全部谈话时间的30%-60%。超过这一平均值，可认为对谈话者本人比谈话内容更感兴趣，低于这一平均值，则表示对谈话内容和谈话者本人都不怎么感兴趣。

拇指支撑下巴，是对讲话人不满，或持批评态度；手指托下巴，是正在做出评价；双手交叉放在脑后，是显示自信和优越感。

（2）臂和腿的姿势

◇双臂交叉着横抱在胸前。这是一种保护自己身体的弱点部位、隐藏个人情绪以及对抗他人侵侮的姿态。

◇部分地交叉着手臂（一只胳膊从身体前面伸过去握住另一只胳膊）。掩盖自己的紧张情绪，或者保护自己。另外在身前双手相握也是同一个意思。

◇双手插腰。表达信心、能力和进行控制的决心。

◇腿交叉。当心中不安，或想拒绝对方时，一般人常将手或腿交叉。这是在无意识中，企图保护自身的心理表现和不让他人侵犯自己势力范围的防御姿势。

◇交叠脚踝。在紧张或压抑自己的强烈情感时，不自觉地会采取这种姿势。

4. 坐姿和站姿的表意

◇坐下时身体略微倾向对方，并伴随着微笑、注视，是表示热情和兴趣；坐下时身体后仰，是若无其事与轻慢；坐下时侧转身子，表示厌恶和轻蔑。

◇仰头暗示着傲气，自命不凡，优越感，低头表示思考或情绪低落。

◇站立时习惯把双手插入裤袋的人，城府较深，不轻易向别人表露内心的情绪，性格偏于保守、内向，警觉性极高，不肯轻信别人。

◇站立时习惯于把一只手插入裤袋，而另一只手放在身旁的人，性格复杂多变，有时会极易与人相处，推心置腹，有时则冷若冰霜，对人处处提防，为自己筑起一道防护网。

◇站立时不能静立，不断改变站立姿势的人，性格急躁，身心经常处于紧张状态，而且不断改变自己的思想观念，在生活方面喜欢接受新的挑战，是一个典型的行动主义者。

5. 服饰信息的识别

服饰往往反映出一种信息，通过选择特定的服装，着装者表明自己与服装所反映出的地位、归属、遵循的规范和信奉的内容。习惯上认为，穿黑色衣服严肃、庄重；穿红色衣服欢乐、吉祥。在正式的谈判中，如果有一方穿着随意，很容易被对方认为轻视、不尊重自己，容易导致谈判失败。

6. 触摸学问的把握

在适当的时机，触摸对方的身体也是一种非常好的沟通方式。用握手、拥抱、轻拍、搀扶等沟通，可以表达特定的情感。什么时候和在什么地方触摸，受社会规则的支配。

◇社交礼节触摸。用于与他人打招呼，握手是最普遍的形式，是目前国际上最通行的会面礼仪之一，握手的力量、姿势与时间的长短往往能够表达出不同礼遇与态度，可以通过握手了解对方的个性，从而赢得交际的主动。

◇职业功能触摸。因为职业上某种特殊需要的触摸，如医生和护士的触摸。

◇热情友谊触摸。在密切的相互关系中，热情和友谊的触摸，如朋友间的拥抱和亲吻。

（三）在职业生涯中如何把握空间距离

在观察人们之间交谈保持的空间距离时，我们可以判断哪些人处于密切的关系中，哪些人处于更为正式的关系中。

如果你走进企业老总的办公室，他继续坐在办公桌前，可以设想你们的谈话是正式的；如果他安排你坐在办公室一角的椅子上，或与你并肩而坐时，安排的是一种更为亲密的情景，谈话将是非正式的。当你与他人比较熟悉时，你被容许进入他的私人空间。

空间距离也是交流沟通的一种非语言形式，交流双方所处位置的远近会影响到交流效果。常见的空间距离类型有：

• 亲密区（0 ~ 0.45 米）

与对方只有一臂之遥，是适合较敏感的沟通的距离，只有那些有着亲密感情的人才被允许进入这个区域。这些人包括：父母、配偶、子女、亲朋好友等。

• 私人区（0.5 ~ 1.25 米）

一般亲密朋友在 0.5 ~ 0.8 米的距离带交往，在办公室聚会、社交场合和朋友聚会上保持这个距离。普通朋友则在 0.8 ~ 1.25 米的距离带。

• 社交区（1.25 ~ 3.5 米）

这种距离适用于一般商务及社交上的来往，彼此的关系是公开性质的，一般是较为正式的交往关系，如上下级、师生、商家与客户、医生与患者之间等等。

• 公共区（3.51 ~ 7.5 米）

这种距离常用于正式的交往，如庆典或公开演讲等。当我们同一大批人打交道的时候，这个距离是适当的。

个体空间实际上是使人在心理上产生安全感的"缓冲地带"，一旦受到侵占，就会做出一些本能的反应：如手脚不自然的动作，眨眼的次数增加，或挺直身子，展开两肘呈保护姿势，避开视线接触或重新调整与对方的空间距离等。因而，在人际沟通中，一定要分析沟通对象的特点，关系的密切程度及交往的目标，注意与沟通对象保持恰当的空间距离。

不同文化下的空间距离是不一样的。一般来说，亚洲人的"亲密地盘"要比欧美人的"亲密地盘"近一些。当一个日本人和一个美国人站在一起谈话时，就会看到这样一个有意思的现象：这两个人在慢慢地走来走去，美国人不断后退，而日本人则渐渐靠近美国人，这是美国人和日本人都在试图不断地做出调整，保持一个彼此在文化上都可以接受的距离。

空间距离有"情的空间"和"知的空间"之分。心理学上把坐在身旁，即横向空间叫做"情的空间"，因为这种姿势和情人谈心的方式相似。坐在身旁多半谈感情方面的内容，容易产生亲切的感觉。相反，对面而坐的纵向空间叫做"知的空间"，这种情势容易使人头脑清醒而精神集中。"知的空间"没有可容情意进入的余地，所以面对面坐着常使女性感到不自在。时常见到女性和陌生人对面而坐时，目光始终低垂注视着自己的裙摆，这就是女性不能忍受这种"不容情感存在"情势的一种紧张表现。

行动：共同演练，善解人意

活动一："爱心大行动"项目（3）：察言观色

在"爱心大行动"的组织过程中，需要作说服和洽谈的机会很多，在交谈时，注意察言观色，准确了解对方的情感反应。

在组织活动时，请一位同学或同事作观察员，有条件时用录像机记录谈话的过程，回放录像进行分析，或者回顾反思，总结成败得失：

1. 以其中一个环节进行分析，小组分析成功的因素，失败的原因。
2. 交谈者自己总结，与大家分享成功的经验和失误的教训。

活动二：演练无声语言的表意

请你练习用身态语言完成以下表意：

1. 做手势表示支持对方。
2. 保持开放的、稳定的、专注的面部表情和支持性的举止。
3. 使用肯定的身体语言（比如坐或站要直，稍稍向前倾向对方）。
4. 使用开放的手势和身体动作（不要翘二郎腿或交叉双臂）。
5. 与交谈对方保持合适的目光交流。

活动三：无声表达和读解训练

用身态语言表达下列成语的意义。分组表演，裁判出题，一个用身态语言表演，不准说出成语的声音，另一个解读，说出领会到的成语。

要求：限时演练，每个成语用无声语言表演和解读的时间为 10 秒。

摇头晃脑　眉飞色舞　目瞪口呆　抓耳挠腮　手舞足蹈

咬牙切齿　点头哈腰　指手画脚　打恭作揖　握手言和

垂头丧气　拍案叫绝　沉吟不语　举棋不定　捧腹大笑

评估：你能准确解读无声语言吗

自我评估：

回答下列问题，参照题后的答案，测试自己对身态语言的了解程度。

1. 大多数非语言沟通是无意识行动的结果，因而是个人心理活动最真实的流露。（A：对；　B：错）

2. 当一位母亲面带微笑严厉斥责她的孩子时，孩子将会：

（A：相信语言信息；　B：相信非语言信息；　C：同时相信两种信息；　D：两种信息都不相信；　E：变得迷惑不解）

3. 如果对方坐在如下图所示 1 的位置，职业交流活动中，你坐在哪个位置能够最充分显示出合作的姿态，最利于非语言交流？

（A：2；　B：3；　C：4；　D：5；　E：6）

```
        5        4
  6 ┌─────────────┐ 3
    └─────────────┘
        1        2
```

参考答案：

1. 对。

2. E。因为尽管非语言信号（微笑）比语言信号（责骂的语句）有更强的作用，但两者传达的信息是互相矛盾的，两者混合将导致小孩迷惑不解。

3. E。位置 1 和 6 之间是友情交谈距离。5 是"知"的空间距离，6 介于"知"和"情"的空间距离之间，一般情况下，坐在 6 的位置与 1 之间较少地受空间信息的影响，更易于非语言沟通的进行。

第四节 借助多种手段 生动表达观点

目标：掌握交谈沟通多种手段

一个人的职业生涯是在交谈中度过的，交谈伴随着人们的一生。

交谈是发生在人们面对面互动之中的有意识的活动，需要参加者将谈话的焦点保持在一个特定的话题上，并且需要运用多种交流沟通技巧去提问和回答。

如果单位让你去做一次重要的访谈，你必须明确以下问题：

——我首先应该从哪里入手？

——我需要树立什么样的主体意识？

——我应该怎么样去获得理想的访谈效果？

通过本节的学习和训练，你将能够：

1.把握交谈过程的五个关键环节，自如地进行访谈沟通。

2.学会正确的电话交谈方式。

示范：把握沟通环节，访谈步步深入

访谈沟通是作为职员的基本工作任务，是不可缺少的基本能力。在访谈沟通时，掌握五大关键环节：获取信息了解对方，用微笑开启大门，用握手表达友情，用赞美传达欣赏，用语言表达观点。把有声语言和无声语言完美结合在一起，就能成功完成自己的访谈任务，获得意想不到的结果。

准备：我怎样去访谈

一、把握访谈的五个关键环节

（一）获取对方信息，使访谈心中有数

怎样把握访谈的五个关键环节，电话交谈技巧有哪些

43

在访问前,要深入了解对方的基本信息,特别是对方比较明显的业绩、成就。把这些资料作为你在沟通过程中需要的主要素材。也可通过他人对被访者进行了解,加深对被访者信息的认识。

·案例·　　　　　　　　**她为什么不受欢迎**

一个学生在北京实习推销某产品,她去拜访一家公司的老总。老总接待的人比较多,她在大厅等待的时间里抽空念起了外语,等候秘书的传呼。突然轮到接待她了,她急急忙忙走到了老总办公室,就在此时,突然想不起这个公司的名称,不由得就问了一句:"你这是什么公司呀?"这位老总听了以后很生气,毫不客气地对这位学生说:"你连我公司的名字都不知道,你来做什么?请你出去!"这位学生哭着走出了老总办公室,情绪久久无法平静。

对你要访谈的人和单位,必须要了解清楚,从各种信息中进行分析,加深认识,这是对被访谈者的尊重,不是简单的推销产品。

（二）用甜蜜的微笑开启双方沟通的大门

见到对方以微笑开始,即要传达一种信息,那就是满足对方"赏心悦目"的需要,微笑会使对方富有,但不会使你变穷。微笑是人的宝贵财富;微笑是自信的标志,也是礼貌的象征。人们往往依据你的微笑来获取对你的印象,从而决定对你所要办的事的态度。在职业活动中,微笑总被认为是热情的、友善的、善解人意和富于同情心的。笑是两人之间最短的距离,微笑会让你和他人心情愉快,会让你有良好的人际关系,能开启双方沟通的大门。

微笑可以体现职员的精神面貌,可以感染任何一个顾客和服务对象。无论是做什么样的工作,把微笑演绎成一种工作态度,微笑是第一魅力,是一种愉快心情的反映,也是一种礼貌和涵养的表现。

（三）用温暖的握手传达一种尊重友好的心情

见到对方以后,通过握手传达一种"见到您很荣幸"的意思,利用握手的轻与重表达一种尊重、友好的心情。对方能够快速地理解、接受你所传达的信息,对这种温暖的握手,对方感到亲切,加之甜蜜的微笑,就会解除对方的戒备心理,完全处于一种"心甘情愿"的状态之中。对方就能作出愉快接受的反馈,开始真诚地与你进行沟通。

握手要注意的动作要领:

◇与人握手时应面带笑意,注视对方双眼。神态要专注、热情、友好而自然。口中的问候,也是必不可少的。

◇不要迟迟不握他人早已伸出的手,或是拒绝和别人握手。

◇向他人行握手礼时应该起身站立,以示对对方的尊重。

◇握手时双方之间的最佳距离为1米左右。

世界旅店业巨子希尔顿说:"我宁愿住进虽然只有残旧地毯,却能处处见到微笑的旅店,也不愿走进一家只有一流设备,却见不到微笑的宾馆!"

美国一家百货卖场的人事经理说:"宁愿雇佣一个没上完小学但却有愉快笑容的女孩子,也不愿雇佣一个神情忧郁的哲学博士"。

◇双方右手相握后手臂形成直角状态最为理想。

◇与人握手不可以不用力，否则会使对方感到缺乏热忱与朝气；同样不可以拼命用力，否则会有示威、挑衅的意味。

◇握手的时间不宜过短，也不宜过长，握手的全部时间应在 3 秒内。时间过短，会显得敷衍；时间过长，尤其是和异性握手，则可能会被怀疑为居心不良。

◇不要一边握手一边东张西望，或忙于跟其他人打招呼。

◇握手时不要四指相握，应该虎口对虎口手心相握以表诚意。

◇在公务、商务等正式场合，握手时伸手的先后次序主要取决于职位、身份。在社交、休闲场合，则主要取决于年纪、性别、婚否等等。

（四）用真诚的赞美慷慨大方地欣赏对方

人的天性渴望赞美，世界上迄今为止还没有发现不喜欢别人赞美的人。人人都希望自己受到同事、上级、家人的认可和赞誉，获得荣誉和赞赏对每个人来说都是高兴的事。在交谈中发现机会，很好地运用赞美对方的技巧，就能很快获得对方的好感。即使是一句简单的赞美之词，也可以使人振奋和鼓舞，使人们得到自信和不断进取的力量。

赞美对于赞美者来说，是一种给予。只有宽广的胸怀，才会将自己的心灵付出与他人分享。赞美，首先就是你对他人成绩的认可，一种高度肯定的评价，一种对他人价值的赞誉。在赞美中，对方获取了一种优厚的精神报酬。

赞美如果恰到好处，表达的就是一种真诚，不是故意讨好；如果不能抓住对方美的特点，泛泛而谈，也不会使对方产生共鸣，甚至引来不满。

（五）利用语言魅力散发、传递一种吸引力

谈话中沟通的效果，取决于语言的魅力，语言魅力不仅需要丰富的知识系统，还需要言辞表达的技巧，如语速、音量、抑扬顿挫，可以说，语言的魅力是知识与言辞表达技巧的有机统一。

语言的魅力还来自于表达者的人格魅力。这种魅力能够向对方传递一种感染力、吸引力，使对方感到你能够把握整个交际的"场"，这种"力"的作用促使对方的思维自觉不自觉地和你的语言融会在一起。

任何人都需要与人沟通，以实现合作并跟更多的人去打交道！运用沟通访谈中的基本技巧，你就能获得预期的效果。

二、学会电话交流的正确方式

现代社会，电话交流成为人们在政务、商务及工作、生活中十分普遍和重要的一种交流方式。特别是有了移动电话，不管双方相距多远，各在何处，随时随地可以通话。相比面对面的沟通，电话沟通的缺点是无法用身态语言交流。使用电话交流时，应注意正确的方式。

特别提醒：

几乎所有的人都不喜欢握的是对方又湿又冷的手掌，"死鱼"般僵硬的手掌也同样不受欢迎，它说明对方并不想和你沟通心灵。

记住人家的名字，而且轻易地叫出来，等于给别人一个巧妙而有效的赞美。
——戴尔·卡耐基

赞美必须出自内心的真诚，赞美的言辞必须能正确表达对方明显的优点。

怎样做好访谈

（一）打电话时要注意

1. 表现你的真诚和友善。微笑着开始说话，要知道，对方能够感受到你的微笑。

2. 以职业化的问候开始。问候之后确认一下接电话的是何人，是不是你要找的人，接下来主动说明自己的身份。

3. 简要说明通话目的。要求说话简洁、清晰、明了。

4. 写好通话提纲。如果内容多，时间长，应写好通话提纲，在电话结束前确认一下主要观点，或要做的事。最后要道谢。

5. 不要拨错电话。如果拨错了电话，要说声对不起，以表示歉意。

6. 算好时差。打长途电话或给国外打电话时，要选择双方都方便的时间，以免打扰对方休息。

（二）接听电话时应注意

1. 及时接听。不要让铃声响太久，要迅速接听，最好在响过第二声铃声后立即接听。

2. 自报家门。拿起电话先问好，接着介绍自己，报出组织和自己的名字，然后确认对方的单位、姓名及来电话的意图。

3. 适时回应。如对方讲话比较长，不能沉默，要有响应，否则对方不知你是否在听。

4. 做好记录。接公务电话前准备好纸和笔，认真做好来电记录。

5. 中断处理。有时在接打电话中需中断一下，处理别的电话或事情，要向对方解释清楚，处理后尽快返回并说："很抱歉让您久等了。"

6. 替人传达。如果对方要找的人不在，此时需询问对方可否转达，可否请别的人代接。

7. 接到误拨电话时的礼貌用语。如果接到打错的电话，记住：对方不是有意的，要礼貌地告诉他："您打错了。"

8. 声音的控制。打电话的声音过高过低都不好，太高有大喊大叫的意思，太低则对方听不清。

9. 谁先挂断电话。一般是尊者先挂断电话；客户先挂断；双方平级时，则打电话者先挂断。

行动：微笑、赞美和语言的训练

活动一："爱心大行动"项目（4）：实践成功交谈的五步法

在组织爱心大行动的活动中，运用本节的五个关键环节（五步法）去完成各项任务。

每完成一个较大的任务后，自我总结效果，不断提高自己在公关中的交谈艺术和效果。

活动二：对着镜子练微笑

王锦是一个漂亮的女孩，由于性格内向，不善言笑，大家给了她一个"冷美人"的绰号。为了改变这种状况，请你给她一些建议，设计一个训练计划。

提示：

1.训练微笑必须首先从心灵上开始微笑，才能真正在脸上表现出对陌生人的微笑。

2.每天面对镜子微笑，不间断地坚持21天以上。

3.树立积极的心态，有助于微笑的训练。

活动三：案例分析：她为什么受到人们的喜欢和尊敬

阅读下面的案例，思考问题。

·案例·　　　　　　**喜妹为什么受到人们的喜欢和尊敬**

　　喜妹个子不苗条，皮肤不白，眼睛不大，另外，小的时候嘴被狗咬伤过，长大以后嘴唇边留下一块伤疤，形象不是那么美。但是，喜妹却找了个很帅的小伙子组成家庭，而且生活得很幸福。喜妹是位医生，看病的人无论是谁，随叫随到，热情服务。每天脸上挂着微笑，总是笑呵呵的，她的心灵美掩盖了外部的缺陷，人们想到的是她乐于助人的精神，甜蜜感人的微笑，而忽视了她的身高、皮肤以及那个非常明显的疤痕。

请想想：

1.喜妹的人格魅力是怎么形成的？

2.喜妹为什么会受到人们的尊敬和喜欢？

3.热情、微笑在沟通过程中有何作用？

评估：你是否掌握了访谈的关键环节

自我评估：

1.对周围的同学，你能够一下子抓住对方的主要优点吗？是否能够自如地加以赞美？每天对你同事、同学的优点加以真诚的赞美，坚持 21 天以上，看看是否能够养成习惯。

2. 交谈的过程，语言的魅力很重要，你如何进行语言的锤炼和积累？

3. 访谈的五个关键环节是一个综合性的访谈能力的体现，对照自己，回答问题：

（1）根据自己的条件，看看自己在平常的访谈中，哪些方面已经做到了，哪些方面还需改变？

（2）对自己来说，哪些方面改变困难些？

（3）影响自己行为的最大障碍是什么？

（4）激励自己改变的最大动力是什么？

单元综合练习

活动一：分析案例

这是一则美国成功学大师拿破仑·希尔谈他与推销员交往的案例，分析案例中老妇人在访谈中使用了哪些交谈的技巧，产生了怎样的交流效果。

·案例·　　　　　　　**老人推销员的魅力**

当我走出我的私人办公室，踏上走道时，这位老妇人——她站在通往会客室的栏杆外面——脸上开始露出了微笑。

我曾经见过许多人的微笑，但我从来未见过有人笑得像这位老妇人这般甜蜜。这是那种具有感染力的微笑，因为我受到她的精神影响，自己也开始微笑起来。

当我来到栏杆前时，这位老人伸出手来和我握手……

这位亲切的老妇人看起来如此甜蜜、纯真而友好，因此，我也伸出手去，她开始握住我的手，到这时候，我才发现，她不仅有迷人的笑容，而且还有一种神奇的握手方式。她用力地握住我的手，但握得并不太紧。她的这种握手方式向我头脑传达了这样的信息：她能和我握手，令她觉得十分荣幸。

在我的公共服务生涯中，我曾经和数千人握过手，但我不记得有任何人像这个老妇人这般深通握手的艺术。当她的手碰到我的手时，我可以感觉到我"失败"了，我知道，不管她这次是要什么，她一定会得到，而且我还会尽量帮助她完成这项目标。

换句话说，那个深入人心的微笑，以及那个温暖的握手，已经解除了我的武装，使我成为一个"心甘情愿的受害者"。

……这位老人十分从容，好像她拥有了整个宇宙的时间一般(而我当时真的相信，她拥有这种时间)。她开始说："我到这儿来，只是要告诉你（接着，就是一个在我看来十分漫长的停顿），我认为你所从事的，是今天世界上任何人都比不上的最美好的工作。"

她在说出每一个字时，都会温柔但紧紧地握一握我的手，用以强调。她在说话时，会望着我的眼睛，仿佛看穿了我的内心。

在我清醒之后（当时的样子仿佛昏倒了，这已经成为我办公室助手之间的一大笑话），立即伸手打开房门的小弹簧锁。说道："请进来，亲爱的女士，请到我的私人办公室来。"我像古代骑士般殷勤而有礼地向她一鞠躬，然后请她进去"坐一坐"。

在以后的45分钟内，我静静地聆听了我以前从未听过的一次最聪明而又迷人的谈话，而且，都是我的这位客人在说话。从一开始，她就占了先，而且一路领先，一直到她把话说完之前，我一直不想打断她的话……

在她这次访问的最后3分钟内，在我处于一种完全被迷惑，而且能够彻底接受别人意见的状态下，她很巧妙地向我说明了她所推销的某些保险的优点。她并没有要求我购买，但是，她说明的方式，在我心理上造成了一种影响，驱使我主动想要购买。

活动二：小组讨论

　　1. 在交流过程中，满足对方的需要，对于沟通的成效有着重要的意义。思考一下，想一想其中的奥秘在哪里？

　　（1）当用微笑示人的时候，为什么能得到对方同样的回报？

　　（2）当替对方考虑问题的时候，为什么总能得到对方的尊重？

　　（3）当给对方真诚赞美的时候，对方为什么感到很开心？

　　（4）在商务交流中，为什么把顾客尊为上帝？

　　（5）为什么说赢得顾客的心才能真正赢得顾客？应该怎么做？

　　（6）满足他人需要的心理状态和思维方式是对一个人做人状况的一种检验，你同意这种说法吗？为什么？

　　（7）满足对方需要了，也就是满足自己的需要了，表现在哪些方面？

　　2. 你要说服别人，应该掌握哪些技巧？这些技巧之间有着哪些方面的联系？

第二单元　当众发言（演讲）

能力培训测评标准

在与人交流的过程中——

就简单主题，当众作简短发言。

在作简短发言时，能够：

1. 为发言做准备——书面、图表或其他方式的准备。

2. 当众把话说出来——在较正式的社交场合，按照预定的主题完整地发表自己的意见和看法。

3. 把握说话的内容——保持发言的主题突出、逻辑层次清晰、措辞用语得当、举例通俗易懂，使听众能理解发言的要点和层次。

4. 把握说话的方式——使用规范的语言、恰当的语音语调和手势姿势，使发言适合社交的场合和听众的要求。

5. 借助各种手段帮助发言——利用图表和黑板等辅助手段帮助说明发言的主题。

（摘自《职业核心能力培训测评标准〈与人交流能力单元〉》中级）

现代社会交流沟通日益频繁，越来越多的人需要面临各式各样的演讲，当众发言演讲的能力已成为沟通交流中不可缺少的才能。掌握了演讲的技巧，能使你在更大程度上影响人们的态度和行为，从而满足自己的工作需要，达到自己的工作目标。

在较正式的场合，按照预定的主题当众完整地表述自己的意见和看法的发言，就是演讲。在职业生涯中，在部门会议上部署工作，或者对某项工作提出完整的意见和看法，或者做关于某项目运营的分析说明，或者做产品的宣传等等，都需要有当众演讲的能力。

> 一人之辩，重于九鼎之宝，三寸之舌，强于百万之师。
> ——刘勰

在上引的人力资源和社会保障部职业技能鉴定中心制定的《职业核心能力培训测评标准》（试行）中，与人交流能力（中级）把当众发言（演讲）单独作为一种能力列出，表明它作为现代社会与人交流的一种重要方式，具有十分重要的价值。在中级阶段，当众发言演讲有4个能力点：

1. 为演讲做好准备并敢于讲话。

2. 把握演讲的内容。

3. 把握演讲的方式。

4. 借助各种手段帮助演讲。

对应上述4个能力点，本单元我们分四节进行训练。我们将通过分析一些具体的案例，完成设置的活动来达到训练的目标，使你掌握依据一个简单主题做当众发言演讲的能力。

中

第一节　做好演讲准备　调适紧张心理

目标：做好准备，调节心理

《法制晚报》2006年5月曾登载了这样一条消息：

·案例·　　　　电视台错播布什演讲失误连连的彩排实况

　　据美国媒体报道，美国CNN电视台5月15日错将总统布什全国电视演讲前的一段失误连连的彩排内容实况播出。

　　画面显示布什彩排时神情极不自信，与他在正式演讲中态度坚决的样子判若两人，这段令布什感到尴尬的录像共长16秒钟。

　　这段报道说明，想要让自己当众演讲表现精彩，必须要经过多次的练习与准备，即使是作为十分自信的布什总统也不例外。

　　演讲需要准备。哪怕是即席演讲，也需要快速准备——确定主题和重点，理清思路，选择表达方式。

没有准备就是准备失败！

　　充分做好演讲准备，能帮助你恰当地表达自己的思想，实现演讲的目的。

　　做好演讲准备也是演讲的一个重要的能力点。通过本节训练，你将能够：

　　1. 确定演讲的目标。

　　2. 收集演讲的内容资料。

　　3. 分析听众的特点和需求。

　　4. 克服紧张的心理。

示范：充分准备，克服紧张

　　先看案例：

怎样确定演讲目标、分析听众，收集组织演讲内容信息，做好准备

> **·案例·** **申请新设备的演讲**
>
> 陈华是一家企业设计部的经理。近几年公司发展很快，订单不断，但设计部的办公设备没有跟上，严重滞缓了整个公司的发展进度。因此，在一次部门经理工作会议上，陈华准备向公司领导做一次当众演讲，申请一台新设备。那么，陈华怎样才能让领导同意他的申请呢？
>
> 经过充分准备之后，在工作会议上，他做了10分钟的演讲：
>
> "在公司领导的带领下，我们圆满地完成了上个月的任务，扩大了公司的知名度，我对领导的英明决策十分佩服。同时，我们又接到了几家大公司的订单，这样一来，要想完成本月的任务，肯定就得有平面造型设计的新设备。我的意思是说，想要完成工作量，就得增加新设备。"
>
> 接着，陈华在黑板上作了一个情况分析：
>
> 1. 设备老化
> 2. 只有一台机器
> 3. 员工加班带来高成本 —— 分析结果：要想完成工作量我们需要购买新设备。
> 4. 员工工作效率很差
> 5. 任务推迟完成
>
> 然后，陈华就购买新设备所带来的好处进一步说明了自己的观点，他还讲了一个有关他个人的故事作例证。最后，就购买什么样的设备提出了自己的建议，并展示出提前准备好的两种不同类型的设备图片供领导参考选择。
>
> 经过陈华10分钟的演说，公司领导同意了他的申请。

陈华之所以取得成功，是因为他的整个演讲过程目的明确、结构完整，有得体到位的开场白、明确的观点、情景分析、本人的故事以及最后的建议。可以看出，他为这次演讲所做的准备包括了以下几个方面：

1. 演讲提纲的准备。

2. 演讲辅助工具的准备，例如黑板的准备。

3. 图片的准备。

正是由于陈华准备充分，通过演讲，他的建议得到了领导的认可，并能顺利通过。

一般来说，演讲的准备包括三个方面：演讲内容的准备；演讲形式（包括辅助的工具）的准备；演讲前心理上的准备。

当众讲一段完整意义的话语，大家都有可能紧张。有的人一对一交谈时可以侃侃而谈，可是一到当众发言演讲时就张口结舌，大脑"断电"，甚至一句话也说不出口，或者能说出来，却说不好。对于初次演讲来说，克服紧张，做好心理上的准备——敢讲敢说，十分重要。

另外，除了即席演讲，在正式场合，注意穿着得体，也是演讲准备的一项内容。

准备：演讲准备的基本知识

一、怎样确定目标

任何一次演讲都需要有目标，目标是演讲者通过演讲期望产生的结果。目标通常有告知情况、说明事物、说服他人三种。

- 告知情况 向听众传递事件的信息。如向大家讲述一件有意思的事；向新员工介绍公司情况，以帮助他们适应公司工作；销售经理在董事会上向大家介绍目前的公司业绩等等。
- 说明事物 向听众说明某个事物状态的信息。如介绍产品的构造和使用的操作程序等等。
- 说服他人 转变或加强听众的观点，以便使听众支持演讲者的观点，或采取演讲者期望的行动。如募捐演说，竞选演讲等等。

二、到哪里去收集资料

围绕自己演讲的目标，准备演讲内容就需要搜集相关资料。搜集有效信息资料的途径主要有 4 种：

- 上网查询 通过互联网快速查询最新资料。
- 图书馆查询或到书店购买 通过书籍、杂志、报纸寻找有关资料。
- 专家咨询 通过向业内人士咨询了解。
- 市场调研 通过设计调查问卷与调查对象接触收集资料。

三、为什么要了解听众

听众是你演讲的唯一理由，你要对谁讲话？这些听众希望听到什么？他们希望从你的演讲中得到什么？怎样才能抓住听众需求，使你的演讲获得成功？了解听众的背景和需求是演讲准备的内容之一。

1. 了解听众自然状况：人数、年龄、性别、职位、文化背景、与你的关系。

2. 了解听众心理状态：他们有哪些偏好，他们对什么感兴趣，他们关注什么，他们遇到的问题是哪些等等。

在演讲的过程中，要做到为听众着想，尽量把你演讲的目标和听众的利益结合在一起。

> 当我准备发言时总会花三分之二的时间考虑听众想听什么，而只用三分之一的时间考虑我想说什么。
> ——美国总统 林肯

> 在你的演讲过程中，听众最普遍的想法是：我能够从你的演讲中获得什么？

> **·案例·** **站在听众的立场上演讲**
>
> 　　上世纪九十年代初，一家销售激光照排设备的企业在印刷行业的产品推广会上只用了短短几句话的演讲，就说服了大部分的厂家。他们正是站在了客户的立场上，用最明快的语言，说明了他们产品的优越性。
>
> 　　他们演讲的题目是：激光照排设备——提高印刷效益最有效的手段。
>
> 　　主要演讲词是：与过去的铅字排版印刷相比，电脑排版的文字清晰、美观，操作快捷、方便。比如铅字排版，要增加或减少几个字，需要倒版，非常麻烦，而电脑排版只需要键入一个命令就可完成。插入一张图片，改变字号字体也非常方便。你们铅字印刷厂家如不尽快进行设备更新改造，那你的客户都要跑到采用激光照排的厂家去了。

四、怎样写书面提纲

　　提纲如同建筑之前的设计图纸。有了提纲，照提纲演说，能确保你演讲的内容连贯、结构完整。

　　提纲的内容包括：演讲的具体目标是什么，开场白部分如何说，如何在主体部分组织要点和论证材料，以及在结语部分说什么。

　　长度为10分钟的说服类演讲提纲示例：

主题句（或标题）： 1. 开场白：＿＿＿＿＿＿＿＿＿＿＿＿	（约5%的时间）
2. 观众期待的收获(观点)： ＿＿＿＿＿＿＿＿＿ ＿＿＿＿＿＿＿＿＿ ／ 3. 事实论据： 　　类似的经历（最好是个人经历） ＿＿＿＿＿＿＿＿＿	（约90%的时间）
4. 结尾： 　　a. 强调观点：＿＿＿＿＿＿＿＿ 　　b. 提出建议：＿＿＿＿＿＿＿＿ 　　c. 感谢听众：＿＿＿＿＿＿＿＿	（约5%的时间）

五、如何克服紧张心理

　　1. 熟悉演说的内容。演讲之前作好充分准备，进行必要的练习，特别是要把开头语说好，前面几句话说好说顺了，心理平静，紧张就会慢慢解除。

2. 调整呼吸。演讲前作几次深呼吸、全身放松；想象一些美好或积极的事物，令自己感到愉快、轻松。

3. 积极暗示，给自己鼓劲。演讲前给自己一个积极正面的暗示：我是最棒的！我一定行！

六、注意正式场合演讲时的仪容仪表

个人外表在演讲中起着重要的作用，听众在听你说之前先看到你。在正式的场合演讲，穿着打扮既要自然得体、协调大方，又要遵守某种约定俗成的规范或原则。服饰不但要与自己的具体条件相适应，还必须注意环境、场合对人的要求，即着装打扮要与你演讲的时间、地点、目的协调一致。

在正式场合演讲，每个人都会紧张，哪怕是名家大腕，只不过他们会调整心态：

内容准备——有话可说；

心理准备——我能说，我敢说！

行动：了解听众，提高做准备的能力

怎样当好会议主持人

活动一："爱心大行动"项目（5）：为捐助贫困地区失学儿童义卖的演讲写一份提纲

提示：

1. 确定演讲的目标：如通过演讲说服听众积极购买你们的物品，鼓动大家为捐助贡献爱心。

2. 确定符合听众的开场白：确定你演讲的听众是什么人（同学/企业员工/社会人士等等）；说明活动的主题"爱心大行动"等等。

3. 确定演讲材料及内容安排的顺序：为什么要组织"爱心大行动"的活动，捐助地失学儿童的状况，怎样帮助他们等等。

4. 确定结尾部分：呼吁大家参与，贡献爱心。

活动二：帮陈华写一份演讲的书面提纲

请你以"购买新设备，提高生产效率"为题，帮助案例《申请新设备的演讲》中的陈华写一份书面的演讲提纲。

提示：

参照前面说服类演讲的提纲示例。

活动三：为介绍一位你比较敬佩的名人（如某艺术家、企业家、科学家、政治家等等）做演讲的准备

当众介绍一位你比较敬佩的著名人物，并解释他成功的原因是什

即席发言的技巧有哪些，怎样互动提问和解答听众问题

么。与大家分享你做准备的过程。

提　示：

1. 介绍你演讲的题目和目的。

2. 介绍你收集的这位成功人士的有关材料。

3. 介绍你对听众的心理需求和特点的分析。

4. 介绍你演讲的提纲和准备演讲的辅助工具。

5. 介绍你的着装设计及心理准备的秘诀。

评估：你做得怎么样

一、自我评估

学完了本节的内容，回答以下问题，检查一下自己，看看是否掌握了其中的要点。

1. 为演讲作准备的步骤有哪些？

2. 在每次演讲之前是否十分明确自己演讲的目标？

3. 在演讲之前是否作了充分的资料收集准备，并且知道到哪里去收集？

4. 分析演讲的听众要从哪几方面着手？

5. 提纲的写作方法是什么？

6. 你克服紧张心理的办法有哪些？

7. 演讲时能否注意自己的仪表？

二、小组评估

以《用我们的双手帮助他们上学》为题在小组做一次义卖的演讲，请同学互评，培训师点评：

表2-1　评估表

评估项目	优	良	一般	差
演讲目标明确				
收集材料与演讲主题密切相关				
演讲提纲思路清晰，观点明确				
演讲能克服紧张心理，自然、流畅				
仪表大方，动作得体				

第二节 把握演讲内容 保持层次清晰

目标：学会把握内容，突出主题

把握演讲的内容，做到主题突出，内容层次清晰，是演讲能力的核心部分。通过本节的训练，你将能够：

1. 掌握多种内容表达的技巧。
2. 内容组织贴近听众。
3. 得体地设计开头和结尾。

示范：主题突出、内容清晰是关键

怎样把握演讲的内容，
怎样巧妙开头和结尾

做到主题突出，必须将所有的内容紧紧地围绕主题展开，摆事实，讲道理，使用数据、事例及推理来讲述自己所要表达的主题思想。

把握演讲的主题，做到内容清晰是演讲成功的关键。

准备：如何使内容清晰，主题突出

一、怎样使演讲的内容清晰、主题突出

演讲内容的表达方式大体可以分为叙述性、说明性、论述性三种。为了使演讲的内容表达清晰，主题突出，你必须注意：

1. 集中一点说具体

很多时候，演讲是有时间限制的，你要在规定的时间内，确定你讲话的内容，学会舍弃，把最想说的话充分地表达出来就可以了，否则会费力不讨好。

2. 按照事物自身的条理性进行说明

事物都有它内在的逻辑事理，都有它本身的特征，抓住事物的逻辑和本身的特征表达，容易说清楚。如介绍一个建筑的地理位置时，按照东、南、西、北的空间方位介绍比较合适；介绍一个历史景点时，按照时间发展的顺序介绍比较好。

3.巧用比喻，少说术语

巧妙地使用比喻，能够给你所要描述的事物增添一种形象感，增强讲话的形象性、生动性和感染力。尽量使用通俗易懂的话语，避免向非专业人士使用术语，必要的细节可以由浅入深地解说。

为了清楚地表达内容，你可以采用下列有效的方法：

1.用"五何公式"进行叙述

在叙述性演讲中，必须把一件事情发生的时间、地点、人物、原因、结果这五大基本的要素交代清楚。为了方便记忆，这五个要素的表达又称为"五何公式"，即何时、何地、何人、何故、何果。结合主题表达的需要，围绕"五何"的内容进行叙述，一般能保持内容的完整和清晰。

2.用"黄金三点论"进行说明

当众向别人说明自己的观点、某件事情或介绍某种产品时，关键在于条理清晰、简洁明了。一般情况下，把说明的内容最好概括在三点之内表达，简明清晰，听众易于接受，效果比较好。人们常常把这种方法叫"黄金三点论"。"黄金三点论"的方法是：选取某一角度，按照内在的逻辑关系，围绕要表达的主题，分成三个层次来说。如："下面我从三个方面说一说：第一，……；第二，……；第三，……。"或"向大家作如下解释：首先，……；其次，……；最后，……。"如案例：

"黄金三点论"的秘密：

据心理学家研究：人们在一个时间内，对若干项内容的记忆，对前三点的印象最深。

·案例· **江泽民主席在申奥成功集会上的即兴发言**

2001年7月13日，我国申办奥运会成功，当天晚上，江泽民主席出席北京市举行的庆祝大会，站在世纪坛广场做即兴发言：

"我代表党中央、国务院讲三句话：第一句，对北京申办奥运会的成功致以热烈的祝贺；第二句，向全国人民为北京市申办奥运会所做出的贡献，同时向国际奥委会、向世界朋友对中国申办奥运会的支持表示衷心的感谢；第三句，希望全国人民和首都的人民一起奋发努力，扎实工作，一定要把2008年奥运会办成功！欢迎世界各国朋友光临参加2008年奥运会，谢谢！"

江泽民主席的这一段讲话，是典型的"黄金三点论"的运用。讲话按照现在、过去和未来的时间逻辑关系构思，条理清晰，给全国人民留下了深刻印象。

3.用"点石成金"与"钩子、西瓜与刀叉"方法进行论证

在论证性的演讲中，你需要通过讲述一些道理，改变或强化听众想法和行动。你必须言之有理、让人信服。

有人把通过事实论证提出的观点，得出有力结论的方法叫"点石成金"法。"点石成金"的方法中，"点"是所要表达的观点，"石"是用来做论据的事实，"金"是由论据得出的结论。开场直接提出观点，吸引大家注意力，接着引出能够证明观点的论据，最后得出结论。

在做论证性演讲时，也可以先不提出观点，而使用具体的实例论证后得出论点，有人把这种方法称为"钩子、西瓜与刀叉"法。"钩子"代表开始的有吸引力的几句话，先钩住听众；"西瓜"代表的是实例，使用具体实例来突出论证观点。使用实例时，最好讲述自己亲身经历的故事或刚刚发生的、大家关注的热点事件。"刀"和"叉"是结尾，代表从实例中得出的结论或向大家提出的建议。

4.用"平视交流法"贴近听众，吸引听众

在演讲中，你表达的观点，所用的材料，使用的语言词汇和表达方式必须注意采用平视的交流方法，即：

- 和对方的理解力水平保持一致。
- 和自己的身份保持一致。
- 和所处的场合保持一致。

二、注意演讲开场和结尾的技巧

开场白要有冲击和吸引力，要有创意。如：来个幽默，说几句笑话，或是就地取材选取大家熟悉的事物和当下的事件作话题，合适过渡到主题上。如果听众中有不熟悉你的人，你需要做一个简单而又使人印象深刻的自我介绍。

结尾要提示结束，强调主题或建议。具体的方式有：

1.提醒式：把所要表达的意思，浓缩成一两句话，用排比等修辞方式表达出来。

2.启发式：把自己要讲的意思归纳成几句富有哲理的话。

3.号召式：号召或倡议大家做某件事。

4.呼应式：把要讲的主题，再巧妙地点明，照应开头。

结尾要干净利落，不要再出现新的信息，比如："啊，我忘了给你们讲……"

事例三讲：

　　古代的不如现代的；国外的不如国内的；别人的不如自己的。

　　联系个人经历演讲会使你显得真实自然、与听众产生共鸣。

行动：体会方法，加强练习

活动一："爱心大行动"项目（6）：竞选活动总指挥

"爱心大行动"需要一个总指挥，组织一次竞选活动，每位学员当众发表自己的竞选演说。

提示：

首先，要明确自己演讲的内容类别是论述性演讲，其目的是说服别的学员去为你投票。

其次，你要论述自己为什么可以当总指挥，可以采取"黄金三点论"的方式去组织内容。

最后，要考虑开头是否采用与众不同的形式；结尾要注意明确你的主题或建议，即要求其他学员为你投票。

活动二：练练精彩的自我介绍

在职场中，演讲的开场白往往涉及到自我介绍部分，一个有创意的自我介绍会给你的演讲加分，而很多人往往对这方面没有足够的认识，把自己的名字说得缺乏创意。请你根据自己的名字巧妙设计自我介绍。

提示：

介绍自己的名字时，要根据不同的场合以及你演讲的目的作巧妙构思，要有新意，要争取能给人留下深刻的印象。

活动三：看图说话，训练清晰叙述

教师提前准备一幅较复杂的几何图形，每组中，一位学员看图描述，其他学员根据描述画出该图形，教师指导学员找出叙述的最佳内在逻辑关系进行叙述。如图 1-1：

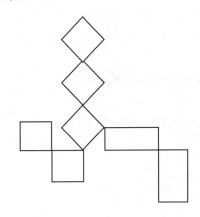

图 1-1 复杂的几何图形

提示：

1.看图讲述，表达的内容要有条理、逻辑层次清晰。

2.尽量少用书面语：如：长方形说成矩形。

参照以下步骤训练：

第一步 告诉大家整个图形由几种单一的几何图形构成，它们分别是什么？它们的数量是多少？它们面积之间的差别大不大？给大家以整体的概念。

如：整个图是由三种几何图形构成，分别是：两个正方形、三个菱形、两个长方形，面积大小相当。

第二步 要说出他们具体位置摆放的逻辑结构，由中间到两边或由左向右，或由右向左。

如：图的中间是三个上下相接的菱形，菱形的右边是两个长方形，其中第一个长方形的左上角与最下边菱形的右角相接，并且这个长方形是横着摆放的，第二个长方形的左上角与第一个长方形的右下角相接，这个长方形是竖着摆放的；菱形的左边是两个正方形，其中一个正方形的右上角与最下面菱形的最下角相接，另一个正方形的右下角与第一个正方形的左上角相接。

第三步 在说的过程中，要随时和其他人互动，询问大家自己是否表达得清楚，以便及时调整。

评估：把握演讲内容难不难

一、自我评估

理解本节应掌握的知识和方法，回答问题：

1. 怎样使内容的表述清晰，主题突出？

2. 在选取材料的过程中要注意哪些要点？

3. 你掌握了几种演讲的开头和结尾的技巧？

二、小组评估

学员在当众发表自己的竞选演说时，其他学员以下表互评，培训师点评。

表2-2 评估表

评估项目	优	良	一般	差
演讲内容的表达是否清晰				
演讲的主题是否突出				
内容是否丰富，举例是否通俗易懂				
开场白是否有吸引力，有创意				
结尾部分是否强调主题或提出建议				

第三节　把握演讲方式　语言规范得当

目标：把握方式，得体表达

在演讲过程中，演讲的内容很重要，但如何表达这些内容则尤为关键。所谓演讲，首先是"讲"，其次演讲不单单是"讲"，"演"也是非常重要的。

演讲的表现方式是你演讲成败的重要因素。通过本节的学习和训练，你将能够：

1. 使用规范的语言，合适的语音、语调表达内容。
2. 用得体大方的肢体动作配合演讲。
3. 流露自然的情绪去感染听众。

怎样运用演讲语言艺术，
怎样应用非语言技巧

示范："讲""演"结合，情感自然

先看案例：

·案例·　　　　　　**阿姆巴迪教授的有趣实验**

哈佛大学的阿姆巴迪教授做过一个非常有趣的实验，他让两组学生分别评估几位教授的授课质量。他把这几位教授的讲课录像带先无声地放给一组学生看，得出一套评估结果。然后与那些已经听过这几位教授几个月课的学生的结果进行对比，两个小组的结论竟然惊人的相似。

这表明，语言表达方式和非语言表达方式，或者说有声语言和无声语言的表达，在与人交流过程中发挥着同等重要的作用。这里所讲的非语言表达方式是指演讲时的语气、语调，人的仪表、举止和表情等等。据权威人士研究发现：在面对面人际交往所传递的信息量中，言语内容本身只占不到10%，而采取什么样的方式去表达这些内容，即我们所说的非语言表达方式则占到90%以上。因为从这些方面，人们可以更直观、更形象地判断你的为人以及做事的能力，看出你的自信和热情，从而获得十分重要的"第一印象"。

丰富的演讲内容需要有得体的表达方式来配合。在实际演讲活动中，把握表现方式和注意演讲内容一样重要。

准备：如何使演讲语言规范，表达丰富

一、语言规范表达有哪些基本要求

规范的语言表现在语音、词汇、语法等多方面，要遵守约定俗成的规则，使用通用的语言，规范的表达方式：

1. 发音要规范、清楚。除特殊情况外，要使用普通话。

2. 注意防止说错别字。把握不准的字，要及时查字典。

3. 要去除口头禅，保持语句清爽干净。

你可以找一个录音机录一段自己与别人的谈话或一次演讲，回放检查：有哪些字发音不标准，哪些用词不规范，是否带有口头禅，试着纠正，不断改善自己。

二、注意语音语调的使用技巧，提高语言的感染力

1. 重音。巧用重音，可以帮助表达自身的某种特殊情感。例如：

"**我**会给你加薪的"。

隐含义："别的主管是不会的"或"我才有权决定你的薪水高低"。

"我会**给**你加薪的"。

隐含义："它并不是你挣的"或"我本身并不同意，只是为了摆脱你而答应"。

"我会给**你**加薪的"。

隐含义："本部门没有其他人得到这种待遇"。

"我会给你**加薪**的"。

隐含义："你不会得到提职或其他想要的事情"。

2. 停顿。是口语表达中的标点符号，要注意符合语义表达的需要和语言的节奏。

3. 语调。根据内容表达的需要适当变化，防止平淡生硬。

4. 节奏。在演讲过程中，语言节奏的快慢把握主要在于：一是适应听众思维理解的速度，不宜太快，也不能太慢；二是体现出内容的意义、情感上的对比变化。

三、使用正确的身态语言

演讲时的身态语言十分丰富，初学演讲时注意：

1. 站姿要稳，男士双脚落地，距离保持与双肩大体同宽，注意体态的挺拔；女士两脚站成丁字形，更能体现女性的柔美。

2. 两臂自然下垂，手自然放松。要避免影响形象的动作，如双手背后、双臂胸前交叉、双手叉腰、双手插兜等。有讲台时，双手可以自然地放在讲台的边沿，注意防止双手叉在讲台上。

3. 目光平视，与听众交流，表情自然。

4. 必要时可适当地移动脚步，但不能在台上频繁地走来走去。

5. 根据演讲内容，配合适当手势。

平时多加练习，演讲时无需刻意体现。要结合自身特点，灵活应用，做到自然流露。

最重要的是，必须运用自己的热情和真诚去打动听众。

行动：认真体会，积极练习

活动一：自己挑自己的毛病

录下一段自己演讲的实况，观察有哪些不合适的表达方式，注意在下次演讲中改进。

或小组讨论：在演讲过程中，哪些姿势在传递着负面信息？

活动二：练练与听众目光交流

谈一个评价自己的话题，做保持5至10秒钟眼神接触的小练习。

训练方法：找三五个朋友，面对面谈话时，要求他们举起三根手指，每当他们当中的一个人保持5到10秒的眼神接触时，就放下一根手指头，然后换下一个人，直到他们放下所有的手指头。

提示：

1. 目光交流时，应注意对方三角区域的选择。

2. 要用心体会在谈话中5到10秒的时间长度。

活动三：解读身态语言，模仿他人表达

收看一档电视新闻节目，把声音关掉，看看主持人通过服装、面部表情、眼神、肢体动作都能够传递一些什么信息。

或者回忆一场激动人心的球赛，体会一下解说员如何在表达方式上通过语音体现内心的激动及丰富的情感。

活动四：当众讲故事

练习当众讲一个生动的小故事或笑话，通过非语言的方式打动听众。

评估：你是否掌握了演讲的表达方式

一、自我评估

理解本节的知识，回答问题：

1. 语言规范表达的常识都有哪些？

2. 演讲时，什么样的身态语言是合适的，应该避免哪些不合适的肢体动作？

二、小组评估

学员在讲述故事或笑话的同时，从下面的角度评估学员所作的练习。

表 2-3　评估表

评估项目	优	良	一般	差
使用普通话讲述				
节奏停顿合理，使用重音强调内容				
正确的站姿、充分的目光交流，手势与内容合理搭配				
用适当的情绪感染听众				

第四节　借助辅助手段　帮助说明主题

目标：借助手段，说明主题

借助各种手段帮助演讲，会极大地增强你演讲的专业性和生动性。

> ·案例·
>
> 　　**场景一：**某品牌保暖内衣销售公司为销售保暖内衣，演示其保暖、抗风等特点，在京城部分商场门口组织了一场街头演说。说到关键处，还做了个抗风寒的模特秀，四五个模特在冷风凛冽的露天舞台仅穿着保暖内衣，连续一个多小时，不流鼻涕，不哆嗦，效果非同凡响。结果现场异常火爆，当场销售内衣达200多套。
>
> 　　**场景二：**某推销员进行了一次推销剃刀的当众演说，在介绍完剃刀优点后，随手拿出一个桃子，将毛茸茸的桃子表面的细毛剃干净而又不伤及软软的桃皮，这一点带有戏剧性，引人入胜。

　　以上两组场景，销售人员在销售产品的演说中，充分借助各种手段去演讲，极具效果，很好地达到了他们的目的。

　　据专家分析指出：听到某个信息时，你可以记住该信息的20%，当你不仅听到而且看到该信息时，你可以记住该信息的50%。利用图表和黑板这些看得见的辅助手段帮助说明演讲的主题，可以有效地缓解你的紧张情绪，同时，它们也会有力地支持你的观点，极大地增强你演讲的专业性和生动性。所以，你要学会在当众演讲中使用这些辅助材料。

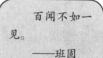

> 　　百闻不如一见。
>
> 　　——班固

　　通过本节的学习和训练，你将能够做到：

　　1. 如何根据听众选择演讲的辅助手段。

　　2. 在演讲的过程中，合理使用辅助手段。

辅助演讲的手段有哪些，怎样有效应用

示范：选择手段，熟练掌握

　　利用图表和黑板或实物等辅助手段，熟练掌握它们的使用方法，可以帮助你说明主题，达到演讲的目的。

·案例·　　　　　　　　　　**如此说"理"**

在课堂上，管理学教授拿出一个广口瓶，将一堆鸽子蛋大小的石头一块一块地放进去，直到装不下为止。然后问大家："瓶子装满了吗？"

大家回答说："满了。"

教授又拿出一小桶黄豆大小的小石子，一边往瓶子里装，一边摇晃瓶子，小石子从大石头缝隙中都挤进去了。教授又问："瓶子满了吗？"

这次大家提高了警惕，有的说："瓶子可能没有满吧？"

教授这时又拿出一小桶细沙，又是一边倒一边摇晃瓶子，细沙全流进石头之间的缝隙中去了。教授又问："瓶子满了吗？"

这次大家齐声回答说："没有满。"教授笑着说："很好。"

说着教授拿出一小桶水倒进瓶子里，直到水从瓶口溢出为止。

教授又问大家："这个实验说明了什么？"

多数人回答说："说明不管你的计划安排得多么满，只要再努一把力就可以多塞些东西。"

教授说："你们的回答不是完全没有道理，但不是我要表述的。这个实验告诉我们：如果不首先把大石头放进瓶子里，瓶子的空间被其他小东西占满以后，再努力你也放不进去大石头了！你生活中的'大石头'是什么呢？"

不管是什么时候，请记住，一定首先放进'大石头'，就是说一定要首先做好最重要的工作。"

这位管理学教授将此结论概括为"大石头原理"。

把比较深奥的一个道理用借助辅助物的方法去说，清晰透彻，让听众一目了然，一听就懂，且发人深思。

在实际演讲活动中，借助各种手段可以帮助你演讲。

准备：使用演讲辅助手段的相关知识

一、辅助性的手段有哪些

1. PPT 演示文档

PPT，是 Power Point 的简称，是美国微软公司出品的功能强大的演示文稿制作软件。利用 Power Point 制作的演示文档，能传达文字、声音、图像等静态和动态的信息，是现代演讲常用的辅助手段。现代多媒体手段使用越来越发达，越来越普及，在有条件的情况下，制作并使用 PPT 辅助演讲，能传达大量的信息，增加演讲的效果。

2. 图表、图像

图表包括：柱状图、饼图、线型图、框图（流程图、组织图）、演示图和表格。这些图形的制作方法我们在《职业方法能力训练教程》（中级）信息处理能力训练部分有介绍，你可以自己学会。图像则是你讲述对象的照片或简图、示意图等。

在演讲中，通过PPT、幻灯片或在黑板上使用这些图表、图像、照片等，一图胜万言，可以简明、直观地表达丰富的信息。

如：

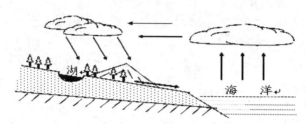

图1-2 水循环示意图

这个演示图用最简单的形式表现了较复杂的事物之间的关系，内容简明扼要，示意清晰。

3. 辅助道具、实物

根据表达内容和听众接受的需要，选取恰当的道具，辅助复杂深奥的理论阐述或对事物的说明，生动形象，或者直观具体，能使听众一目了然。

二、如何使用好辅助手段

1. 使用的辅助手段要同主题和听众相切合。

2. 尽量用图示，减少文字性的东西。

3. 事先准备好你要用的图表。如果要用到黑板演示，复杂的图表最好事先画下来。在黑板上写或画要简短，每次尽量不超过几秒钟。在黑板上写字，字迹要清晰有力，版面安排要有条理。

4. 你的图表要足够大。在演示辅助教具时，要站在它的旁边。

5. 在讲述你所写的东西时，要转过身体，面向观众。

行动：加强了解，积极运用

活动一："爱心大行动"项目（7）：选择合适的图表、图像辅助演讲

在组织"爱心大行动"的过程中，需要通过演讲宣传你们的行动

计划和活动目的，如果是你或你们小组去演讲，考虑一下，用什么样的图表辅助传达演讲的信息？使用哪些图像增加说服力？确定好后，动手制作并运用在你的演讲中，看效果如何。

提示：

1.可以通过图表说明贫困地区与本地基础教育入学率的对比信息。

2.上网找一些贫困地区小学的办学状况和孩子们渴望读书的照片，放在你的演讲中增加说服的效果。

3.也可以找一些"感动中国"的爱心楷模图片，放在演讲中辅助说明主题。

活动二：培养使用辅助手段帮助演讲的习惯

用辅助手段就下面给出的话题向大家做一个演讲：

1.你所在公司的组织结构。

2.如何更换自行车的轮胎。

3.解放后我国人口的增长状况。

提示：运用图表和黑板（或实物）来说明，在说明的同时要注意运用前几节所学到的内容。

评估：你会用辅助手段了吗

一、自我评估

理解本节的内容，回答问题：

1.演讲的辅助手段通常包括哪些内容？

2.使用图表、图像和黑板等辅助手段的原则是什么？技巧有哪些？

二、小组评估

从下面的角度评估学员所作的练习，看学员在使用辅助手段时是否能够做到：

表2-4 评估表

评估项目	优	良	一般	差
根据演讲内容确定合适的辅助手段				
根据听众来选用适合的辅助手段				
会制作图表				
在演讲的过程中合理使用辅助手段				

单元综合练习

在日常的工作和生活中，当众发言演讲无处不在。古人讲，"三寸不烂之舌，强于百万之师"，在职业场合中，具备了高超的演讲能力，能为单位、团队和你自己争取最大的利益；演讲水平的高低与你事业的成败息息相关。通过本单元的学习和训练，希望你的演讲能力能有新的提高。

现在请你和你的小组一起做三个综合性练习：

活动一：当众说一件你印象最深刻的事情

无论这件事是成功的还是失败的，要从中得出能够帮助你成长的道理。

提示：

1.可以使用"钩子、西瓜、刀叉"法组织材料，通过具体事例得出结论。

2.注意开场白和结尾的表达方式。

活动二：做一次说服类的演讲准备

学校组织献血活动，大多数同学都积极响应，但个别同学有些犹豫。作为班长的你了解到，他们只是担心献血会影响自己的身体，而你很清楚献血对身体非但没有丝毫影响，反而还有益处。你要动员大家积极参加这个活动，如何准备这次演讲？

提示：

1.写下你的演讲目标：说服同学，积极参加献血的活动。

2.收集一些必要的相关事例的资料，最好是你自己的或是身边朋友的。

3.要针对你的听众的心理特点来安排你的演讲内容，写下提纲。

4.可以采用点石成金的说服方法，开场时提出你的观点，中间部分用数据或事例来证明你的观点，结尾提出倡议。

活动三：案例分析

播放一个演讲比赛获奖者的演讲录像，分析内容和表达形式上的成功之处。借鉴学习，提高自己的演说水平。

第三单元　阅　读

能力培训测评标准

在与人交流的过程中——

阅读两篇以上主题明确、较长的文字资料（其中至少应包含一幅图片）。并对所获取的资料进行汇总整理。

在阅读和获取资料时，能够：

1. 找到需要阅读的资料——根据工作的要求，从不同类型的文字资料中，通过比较或他人的指导，找到或筛选出更有用的文字资料。

2. 找到需要的信息——略读篇幅较长、容易确定要点的材料，如3页以上的报告、文件、文章，能了解其内容大意，并找出所需要的信息。

3. 看懂资料所表述的观点——通过领会作者的写作风格、修辞方式、文章结构等，判断作者的写作目的和观点。

4. 看懂资料的思路和要点——通过文章中关联词语和段落关系，了解作者推理思路，并根据正文以及文中的图片或图表归纳出文章要点。

5. 整理汇总出自己的资料——根据工作需要，为准备发言或起草书面报告，从收集和整理出的文字资料中，归纳、汇总出自己的文字资料。

（摘自《职业核心能力培训测评标准〈与人交流单元〉》中级）

阅读是人们获取信息的一个主渠道。通过对所获取的信息资料进行判断、分析、推理、归纳出准确的中心意思，才能更好地与人交流，在基础教育阶段，阅读能力的训练是中学语文教学的主要任务之一。平常的工作和生活中，我们阅读的范围十分广泛，实用文、科技论文、新闻报道、艺术作品，古代文、现代文等等。在职业场所，为获取有用的信息资料，主要是实用性的文体资料阅读，我们必须具备这方面的核心能力。本单元主要训练对实用性的资料阅读，以提高你获取书面信息、整理书面信息的能力。

上引的人力资源和社会保障部职业技能鉴定中心制定的《职业核心能力培训测评标准》（试行）"与人交流单元"阅读部分，中级的能力概括起来有5点：

1. 找到需要阅读的资料。

2. 阅读资料，找到需要的信息。

3. 看懂资料所表述的目的、观点。

4. 了解资料中作者推理思路，归纳出文章要点。

5. 归纳、汇总出自己为完成工作所需要的文字资料。

为了学习方便，我们把这五个能力点分为三节进行训练。第一节，着重训练第1、2个能力点；第二节训练第3、4个能力点，主要从看懂资料所表述的观点及归纳文章的要点两方面进行训练；第5个能力点的内容放在第三节中，主要训练从大量文字资料中，整理、汇总出自己所需要资料。学习中如果你已经掌握了其中的一些内容，你可以跳过这一节往下学。

第一节　根据多种资料　筛选有用信息

目标：学会筛选信息资料

现代社会,信息以爆炸性的速度在增长,如何在信息的海洋中高效、准确定位寻找所需要的资料，是现代人的一项必不可少的技能。

通过本节的学习和训练，你将能够：

1. 根据工作的要求，明确选择适当的查询途径，从不同类型的文字资料中，通过比较或他人的指导，找到或筛选出更有用的文字资料。

2. 阅读找到的大量资料，了解其内容大意，迅速、准确、全面地找到完成本职工作所需的信息。

示范：查找相关资料，获取文章大意

张林在旅游公司工作，公司安排张林承担九寨沟的地接导游任务，为此，张林需要整理出一份九寨沟的导游词。工作中，你也许会和张林一样，碰到类似的问题，那么你该如何解决呢？首先，你要搜集到大量的资料，并从中筛选出为完成工作任务所需要的资料；其次，需要进一步认真阅读这些资料，找出其中的要点，从中找到自己所需要的信息；最后，你就要根据工作任务需要分门别类地进行整理汇总。这三个阶段是一个有机的整体，缺一不可。

怎样确定查询的内容，
怎样确定搜集资料的渠道
及查询方法

准备：怎样查询资料和获取主要信息

一、确定查询内容

要完成一个有效的信息查询，首先应当确定要搜索的是什么，通常可以列出一组与搜索的信息相关的单词清单，一个明确的查询清单可以反映整个查询的重点，并对相应的查询过程有指导作用。

找到准确的搜寻资料的项目清单，你会取得事半功倍的效果。

如何得到要查询资料的单词清单呢？怎样确保查询的内容是本行业所需要的呢？如果你对本次工作任务内容不熟悉，简单易行的办法是向专业人士（例如同事、老师等）请教，或者通过多种途径看一些文章的题目以及关键词，也可以使用电子数据库或索引，浏览本工作任务主题范围内的相关内容以及关键词，以确定查询方向。

如张林为完成九寨沟旅游资料信息的查询任务，需要查询哪些信息？张林可以找一位经验丰富的同事，向他咨询导游词的写法；他可以采取换位思考的方式，假如自己去旅游，在旅游过程中最为关注的内容是什么？张明会得知，游客会关心吃、住、游、购、娱、玩等六个要素，因此作为九寨沟地接导游，张林可以从吃、游、购、娱等方面查找资料。

此外，张林还通过不同的途径找到一份经典的黄龙导游词，张林对该导游词在内容上进行了分析，以借鉴它的内容要求和写法：

· 案例 ·　　　　**黄龙导游词**

各位朋友：

大家好！欢迎你们来到黄龙。现在由我为大家介绍黄龙。

黄龙，位于四川省阿坝藏族羌族自治州潘县境内的岷山主峰雪宝顶山下，主要景观集中于黄龙沟，沟长约 7 公里，景区段 4.7 公里，宽约 1-2 公里。景区海拔 3145 米 -3575 米之间，纵坡平均降为 8.7%。黄龙景观的形成与从沟顶端分水岭处流出的一股泉水有直接关系…… 〔介绍地理位置 介绍形成原因〕

黄龙沟口经过的这一条小河就是涪江的源头。过涪源桥，沿着林间小道进入沟口，迎接游人的第一组梯级水池，被称为"迎宾池"。它由 100 多个以蓝色为基调的彩池组成，池子大小不一，形态各异，山间石径环绕着池子曲折盘旋，把游人迎进景区，又把游人送往景区深处……

缓缓地走过"飞瀑流辉"斜坡，徜徉在五颜六色的彩池群畔，不知不觉到了黄龙沟第二级台阶前。横亘在游人面前的是一堵宽约 40 余米、高约 10 米的乳黄色崖壁，崖壁表面厚厚的钙化层似围幔、似悬瀑，十分壮美…… 〔介绍自然景观〕

岩壁下端有一溶洞，当地藏民传说它是古时候仙人们净身的地方，因取名"洗身洞"。不育妇女进洞洗身后可喜得贵子……

你们在欣赏美景的同时，还可以买到当地独有的羌族刺绣、茂汶苹果、中草药及藏族手工艺品藏戒、藏刀、佛珠等…… 〔介绍当地特产〕

黄龙沟景区的游程就此结束。接下来我们就一同尽情欣赏这大自然造就的奇妙世界。 〔结束语〕

（资料来源：http://www.gogojz.com/blog/travel/622.shtml）

通过同事的指导和对上述黄龙导游词的分析，张林最终决定从九寨沟的地理位置、景点成因、气候特点、人文景观、自然景观、当地特产这些方面进行查询。

张林在明确了查询内容后，下一步的工作任务就是根据要查询的内容，选择适当的查询途径，开展具体的查询工作。常用的资料查询途径可参见初级中的阅读部分。

二、获取文章大意

当今社会，信息量每 10 至 15 年就会增加一倍，如何在信息海洋中快速获取你工作中需要的信息至关重要。

灵活、成熟、高效率的读者能通过调节阅读速度来适应阅读的目的和所读的材料，你可以采用浏览（surveying）、略读 (skimming)、寻读（scanning）、研读（studying）的"4S 阅读法"（见董丽艳《乔治速度记忆法》）。

1. 浏览：在仔细阅读前，对全文进行浏览式的整体阅读，目的是知其大意，以确定选择下列不同方法阅读。

2. 略读：以很快的速度阅读，并略去部分内容，来获取文章的要旨和自己需要的内容，可选用纲目式略读、重点式略读和跳跃式略读等方法。

（1）纲目式略读：标题—目录（小标题）—全文。

（2）重点式略读：略去非重点部分，有选择地阅读部分内容。

（3）跳跃式略读：断续略读，读第一段或前两段，每段只读首尾句或前几行。

3. 寻读：阅读时，注意提示词，从资料中快速找出你关心的某些信息。

4. 研读：当需要对作品做出评价，或者吸收全文的观点、理论时，应进行细致的、思辨性的研读。

为了获取文章大意，通常可以采取浏览、略读、寻读的阅读方法。在阅读时，还可以充分利用文章的格式细节，如书或文章的标题、副标题、小标题、斜体词、黑体词等，这些地方往往代表了资料的重点，略去其他细节不读，以求快速获取文章大意。

> 用浏览、略读、寻读这些阅读方法阅读资料时，要尽快确定文章大意或中心思想，以确定该资料是否有价值。

行动：搜集资料，收集信息

活动一：和张林一起完成搜集工作任务

请你和张林一起从下列几个方面查找九寨沟的旅游资料，包括导游图，并将其相关资料的信息填入下面的资料搜集信息卡：

表 3-1 资料搜集信息卡

景点分类	资料名称	内容大意	获取方式	作者	资料位置
地理位置					
景点成因					
气候特点					
自然景观					
人文景观					
当地特产					

提示：

每种查询途径的使用方法详见"阅读"单元初级的相关介绍：互联网、书店、图书馆、档案馆……

为了使阅读更具有针对性，可以先浏览所需回答的问题，再带着问题阅读材料。

活动二：快速阅读，收集信息

一、资料 1 是张林搜集到的一篇关于九寨沟整体介绍的文章，请你和张林一起快速阅读资料 1，回答文后的问题（时间：5 分钟）。

·资料 1·　　　　　　　　　　**九寨沟旅游景点**

以"童话世界""人间仙境"而著称的九寨沟位于东经 103 度 46 分—104 度 4 分，北纬 32 度 51 分—33 度 19 分，在四川省西北部阿坝州九寨沟县境内，地处青藏高原东南边缘的尕尔纳山峰北麓，海拔在 2000 米至 3000 米之间，距离四川省省会成都 435 公里。

传说很久很久以前，一个叫达戈的男神，热恋着美丽的女神沃洛色嫫。一次，达戈用风月磨成一面宝镜送给心爱的女神色嫫。不料魔鬼插足，女神不慎打碎宝镜，宝镜的碎片散落人间，变成了 114 个晶莹的海子，像宝石一样镶嵌在山谷中。从此，人间便有了这处童话世界般的梦幻仙境——九寨沟。

九寨沟古称羊峒，又称"何药九寨"、"翠海"，因沟内有盘信、日则、牙腊、盘亚、则查洼、黑角、树正、荷叶和扎如等九个古老的藏族村寨而得名。九寨沟的先民奉万物为神灵，他们从不允许任何外人破坏他们生息的土壤、湖水，这就是九寨沟自古得以良好保护的原因。

九寨沟是岷山山脉中呈"Y"字形分布的数正、日则、则查洼三条沟谷的总称，总长55.5公里，属世界高寒喀斯特地貌。

当地为藏族聚居区。九个寨子和被称为"海子"的高山湖泊仿佛一面面明亮的镜子，又如一块块莹润的碧玉，神奇地镶嵌在雪山森林深处。

则查洼沟的尽头是长海，日则沟的顶端是原始森林，两沟由南向北在诺日朗汇合为树正沟。两沟尽端湖泊至树正沟口高差达1000余米。其间有呈梯级分布的大小湖泊114个，湖泊之间有17组瀑布群，11段激流，5处钙化滩流，相串相联，形成了以高山湖泊群以及钙化滩流为特色，集湖、瀑、滩、流、雪峰、森林、藏族风情为一体的人间仙境，极具原始美、自然美和野趣美。

九寨沟现已开发出二滩、三沟、四瀑、十八群海。最著名的景点有剑悬泉、芳草海、天鹅湖、剑竹海、熊猫海、高瀑布、五花海、珍珠滩瀑布、镜海、诺日朗瀑布、犀牛海、树正瀑布、树正群海、卧龙海、火花海、芦苇海、留景滩、长海、五彩池、上下季节海等。

九寨沟分三条沟：日则沟、树正沟、则查洼沟。日则沟：原始森林，草海，天鹅海，箭竹海，熊猫海，五花海，孔雀河道，珍珠滩瀑布，静海，诺日朗群海，诺日朗瀑布。树正沟：犀牛海，老虎海，树正瀑布，树正群海，卧龙海，火花海，芦苇海，盆景滩，扎如寺。则查洼沟：则扎哇寨，下季节海，上季节海，五彩池，长海。

九寨沟是中国西部著名的世界级景区，荣获世界自然遗产名录、世界生物圈保护区、绿色环球21、景观保护与管理国际荣誉奖、国家ＡＡＡＡ级景区等多项殊荣。

（资料来源：http://www.dt85.com/detail−5323.html）

回答下列问题：

1.九寨沟景区整体呈_____形态分布，共开发_____、_____、_____三条沟。

2.下列九寨沟的景点中，属于树正沟的是_____。

A.五彩池　B.卧龙海　C.五花海　D.箭竹海

3.写出本文的内容大意。

二、上网或到图书馆搜集关于九寨沟民俗风情的文章，快速阅读资料回答下面问题：

1.九寨沟内唯一的宗教活动场所是_____。

2."卐"字在九寨沟的寺院和藏民家中，是_____的意思，同时又被视为是_____的符号。

3.请填写《九寨民俗风情》一文的资料摘要卡，可分多张卡摘要。

表 3-2 资料摘要卡

资料名称_____

搜集地点_____ 搜集日期_____

写作目的及观点_____

内容大意_____

_____

_____

_____

_____

资料来源：

作者_____ 书名或文件名_____摘取页码_____

出版社或网址_____

评估：你学会搜集资料了吗

一、小组评估

将搜集到的资料在小组同学面前展示，讲述搜集到的信息，并请同学互评：

表 3-3 评估表

项 目	是	否
资料搜索齐全		
所找资料与主题相关		
对资料大意描述准确		
在规定时间内完成		
对资料来源描述准确		

二、自我评估

请你从你所搜集到的资料中找出一篇文章，限时阅读该文章，找出文章的内容大意。自我评估一下对本节能力点的掌握程度。

第二节　理解资料内容　归纳要点思路

目标：学会阅读归纳

收集到一些相关的资料后，要获得有用的信息，还需对资料进行认真的阅读，看懂资料所表达的观点和写作目的，能归纳文章的要点。

通过本节的学习和训练，你将能够：

1. 分析文章的结构，领会修辞方式，判断作者的写作目的和观点。

2. 通过文章中关联词语和段落关系，了解作者推理思路，并归纳出文章要点。

示范：看懂资料的思路和所表述的要点

通过前一节的训练，张林已经搜集到了大量关于九寨沟的旅游资料，并通过快速阅读了解了文章大意，为了完成写导游词的工作任务，张林应具备一定的阅读理解能力，能阅读这些资料，看懂资料所表述的思路和观点，归纳出文章的要点。

怎样归纳汇总资料，
理解关键信息，看懂思路，
分类整理

准备：怎样理解内容，归纳信息

一、怎样理解关键信息

阅读能力的核心是理解，理解文章内容包括：①正确理解文章中常用词语的含义；②正确理解结构比较复杂的长句的意义；③正确理解文章的层次和各部分的关系；④把握文章的要点和中心；⑤能正确说明文章写作方法上的特点；⑥能理解文章的社会意义。

为了理解读物的内容，在阅读过程中可以按读物的组成进行分解性的阅读。

（一）分解句子，抓住关键性词语

一篇文章是由词、词组、句子、自然段落、篇构成的。句子是表意的基本单位，理解了句意，就有了理解自然段落的基础。阅读时，要从文章中分解出担负基本意义的关键性实词，把关联词语、形容词、副词等非关键性词语排除在外。关键性实词一般在标题中，或每段开头的语句中，这些词语大多是起概括要点或画龙点睛的作用。还有些转折词、过渡语、表示顺序的词语也往往是关键词。另外，有些读物中，用醒目的黑体、大号字等标出某些关键词语，抓住了这些词语，就便于理解资料的内容，因此，阅读时要特别注意。

（二）分析自然段，寻找中心句

自然段能表现出一篇文章结构的规律，揭示这些规律，确定每一段的基本内容，就了解了整篇文章。自然段是由一个个句子组成的，往往仅有一个表达自然段主旨的中心句，其他句子都是围绕它从不同角度、不同方面进行分析的，准确把握自然段的中心句，就把握了自然段的核心。因此，寻找中心句，排除那些过渡性句子和关联、照应的句子就至关重要。通常，中心句的出现有三种情况：一是"首括式"，即出现在一段的开头，对本段的内容进行概括或揭示；二是"结尾句"，即具有总结式画龙点睛的作用；三是"中领式"，即在自然段中间安排一句话统领全段。掌握自然段的意思，阅读时就有了一个清晰的思路，就容易领会文章的要点及各个部分在全文中的作用。

（三）归纳段意，理解要点

一个自然段所容纳的内容是有限的，通常需要多个自然段才能详尽地描述一个完整的意思，为此就要将文章中的多个自然段划分段落。通常可以按照事情发展的顺序、地点变换、描写或说明的内容、文章的总说与分说关系等划分段落。归纳段意的一般方法有抓中心句，提炼段落中各层的意义，找到段落的中心词并扩展成为段意等。文体不同，归纳段意时的技巧也不一样。例如，说明文可按要说明的项目内容来归纳段意；议论文可按所论述的分论点或论据来归纳段意。分清了文章的段落并归纳了段落大意，文章的要点也就明确了。

二、看懂资料的思路

每种文体，都有各自的阅读技巧，阅读文章时，你可以按照文体的特点和规律有侧重地进行阅读，以便更好地了解资料所表述的思路、观点。从表达的角度分，一般的文章、资料可以分为记叙文、议论文和说明文三种，针对不同文体，运用合适的方法理解它们的内容尤为重要。

记叙文是以记叙、描写为主要表达方式，以记叙真人真事为主要内容的一种文体。阅读记叙文时，要注重搞清楚记叙的六要素，即时间、地点、人物、事件、原因和结果。此外，要注重把握记叙文的线索，线索是贯穿全文、安排组织材料的链条，有了线索，不同时间、空间发生的事情便串连在一起，沿着它就可以步步弄清各个段落、层次，作者的写作思路就显而易见。

说明文是以说明为主要表达方式，解说事物、阐明事理、传播知识，达到让读者明白为目的。所以，读说明文时，要注重了解被说明事物的特征和本质。阅读时，可从文章的结构开始进行分析。一般的说明结构是先提出要说明的对象，并作简单扼要的说明；接着具体描述它的特征，一般按照时间顺序、空间顺序和逻辑顺序来描述要说明的对象；最后是总结性的结尾。

议论文是以议论为主要表达方式，分析事理、阐明观点和主张，以达到说服读者为目的的一种文体。读议论文就要抓住论点，把握论据的选择以及论点和论据之间的逻辑关系。

行动：学会阅读理解

活动一：理解内容，练习归纳

资料2是张林搜集到的一篇关于九寨沟景点成因的文章，请你和张林一起认真阅读资料2，回答下面的问题：

·资料2·
九寨沟景点的成因

九寨沟海子的成因是复杂的，但几乎都摆脱不了喀斯特作用的影响。这表现在两个方面：一是洼地的形成常和沿谷底的溶蚀作用有关，在天鹅海、五花海、五彩池等许多海子底部都可见到溶蚀形成的漏斗状深坑；二是海子前端堤埂的形成多与钙化的不断堆积有关，如日则沟内及诺日朗以下各海子前端和内部状似白色卧龙的钙化堤。（第1段）

古冰川对海子的形成也起了重要作用，在距今数万年的第四纪晚更新世冰期，九寨沟冰川到达的下限约在海拔2900米处。在则查洼沟，约在上季节海下口处；在日则沟约在原始森林附近。最典型的如长海，这表现在冰川对谷底刨蚀形成洼地，冰川前缘的砾石和砂泥堆积物构成了阻水的堤坝。（第2段）

九寨沟由北向南而上，地势逐渐升高，如果顺河谷切一个纵断面来看，这种升高是呈阶梯状的。这是因为在青藏高原的强烈上升中，其边缘形成了不同级别的阶梯状断块，这些断块在九寨沟主要以西北走向的新构造断裂为界，九寨沟的主要瀑布如树正、诺日朗、珍珠滩、熊猫海等，正是发育在这些断层造成的地形阶坎上。由于在阶坎处形成跌水，水流内部压力减小，有利于水中CO_2的逸出，促进了钙化

的沉淀，使得钙化在阶坎跌水处不断堆积生长，形成壮观的钙化。（第3段）

湖水色彩的起因，主要缘于湖水对太阳光的散射、反射和吸收。太阳光或自然光是由不同波长的单色光组合而成的复色光，在光谱中，由红光至紫光，波长逐渐减小。九寨沟的湖水呈现艳丽的蓝绿色，说明湖水中短波长的散射远大于长波长，这就是瑞利散射效应。瑞利散射效应在九寨沟的湖水中之所以尤为突出，主要是因沟内植被郁闭度高、水循环条件较畅通以及石灰华对悬移质的固定作用，从而使水中悬浮物、有机物、浮游生物极少，湖水的洁净度和透明度极高。（第4段）

湖水中常见的 CA_2^+、MG_2^+，HCO_3^- 等离子也有增强短波光散射的作用。同时由于湖水透明度高，湖底的灰白色钙华、黄绿色藻类对透射光的选择性吸收和反射，也增加了湖水色彩的层次和变化。另外，九寨沟的湖泊处于地形起伏很大的深切峡谷中，不同地段同一时间、同一地段不同时间，太阳光的入射角及入射量、湖水表面对光的反射状况和湖水的透明度都有很大的变化，因此也造成了湖水色彩的更加变幻多姿。（第5段）

（资料来源：http://www.jiuzhaigouvalley.com/web/jiuzhaigou/kxdy.htm）

1. 归纳出每段的段落大意：

_____

_____

_____

_____

2. 找出第4自然段的中心句：

_____

_____

3. 汇总出海子、叠瀑、水色形成的原因，并填入下表：

表3-4　原因汇总表

景点	形成原因
海子	
叠瀑	
水色	

活动二：归纳要点

　　资料3是张林搜集到的一篇关于九寨沟五绝的文章，请你和张林一起认真阅读资料3，归纳出九寨沟有哪五绝，各自的特色是什么？请将答案填入表3-5中：

·资料3·

九寨沟五绝

　　被誉为九寨沟五绝之首的彩林，覆盖了景区一半以上的面积。2000余种植物，争奇斗艳，林中奇花异草，色彩绚丽；沐浴在朦胧迷离的雾霭中的孑遗植物，浓绿荫森，神秘莫测。林地上积满厚厚的苔藓，散落着鸟兽的翎毛，充满着原始气息的森林风貌，使人产生一种浩渺幽远的世外天地之感。3万顷莽莽苍苍的原始森林，随着季节的变化，呈现出种种奇丽风貌。金秋时节，林涛树海换上了富丽的盛装。那深橙的黄栌，金黄的桦叶，绛红的枫树，殷红的野果，深浅相间，错落有致，令人眼花缭乱。每一片森林，都犹如天然的巨幅油画，水上水下，动静形色交错，好一幅令人心醉的金秋画卷，光怪陆离，使人目眩。入冬，积雪使九寨沟变成了银白色的世界，莽莽林海，似玉树琼花，冰瀑、冰幔，晶莹洁白。银装素裹的九寨沟，显得洁白、高雅，像置身于白色玉盘中的蓝宝石，显得更加璀璨。

　　瀑布是水流形式中的佼佼者，大自然之一绝，九寨沟是水的世界，也是瀑布王国。这里几乎所有的瀑布全都从密林里狂奔出来，就像一台台绿色织布机永不停息地织造着各种规格的白色丝绸。这里有宽度居全国之冠的诺日朗瀑布，它在高高的翠岩上急泻倾挂，似巨幅窗帘凌空飞落，雄浑壮丽。有的瀑布从山岩上腾越呼啸，几经跌宕，形成叠瀑，似一群银龙竞跃，声若滚雷，激溅起无数小水珠，化作迷茫的水雾。朝阳照射，常常出现奇丽的彩虹，使人赏心悦目，流连忘返。

　　水，是九寨沟的精灵，而九寨沟的海子（湖泊）更具特色。湖水终年碧蓝澄澈，明丽见底，而且随着光照变化、季节推移，呈现不同的色调与水韵。秀美的，玲珑剔透；雄浑的，碧波万顷；平静的，招人青睐。每当风平浪静，蓝天、白云、远山、近树，倒映湖中，"鱼游云端，鸟翔海底"的奇特景色层出不穷，水上水下，虚实难辨，梦里梦外，如幻如真。彩池则是阳光、水藻和湖底沉积物的"合作成果"。一湖之中，鹅黄、黛绿、赤褐、绛红、翠碧等色彩组成不规则的几何图形，相互浸染，斑驳陆离，如同抖开的一匹五色锦缎。视角移动，色彩亦变，一步一态，变幻无穷。有的湖泊，随风泛波之时，微波细浪，阳光照射，璀璨成花。远视俨如燃烧的海洋，有的湖泊，湖底静伏着钙化礁堤，朦胧中仿佛蛟龙流动。整个沟内，奇湖错落，目不暇接。百余个湖泊，个个古树环绕，奇花簇拥，宛若镶上了美丽的花边。湖泊都由激流的瀑布连接，犹如用银链和白绢串连起来的一块块翡翠，各具特色，变幻无穷。

　　九寨沟三条沟谷，层峦叠嶂，山势挺拔。眺望远方，皑皑雪峰，尽收眼底，艳阳之下，使人目眩。登上尕尔纳山，极目远眺，山峦逶迤，谷壑幽幽，天象奇观，一览无余；云海连天，絮浪翻腾，峰峦叠错，时隐时现，在云海雾浪中沉浮升降，似乎在天宇中游弋。

九寨沟景观五绝之一的雪峰，在蓝天的映衬下放射出耀眼的光辉，像英勇的武士，整个冬季守候在九寨沟的身旁。站在远处凝望，巍巍雪峰，尖峭峻拔，白雪皑皑，银峰玉柱，直指蓝天，景色极其壮美。藏族同胞的哈达、经幡、水转经为冬日的九寨沟增添了神秘而浪漫的色彩，游人在享受九寨沟冬趣的同时，不妨到藏家去作客，喝一口香喷喷的热奶茶，呷一口醇香清爽的青稞酒，再欣赏一下藏羌民族歌舞，消尽寒意，消尽忧愁。

九寨沟长期以来即为藏族聚居地，神秘凝重、地域特色鲜明的藏族文化与奇异的山水风光融为一体，相得益彰。

九寨沟内藏族的祖先是生活在甘肃玛曲一带的俄洛部落，原属党项羌弥药支，后被吐蕃臣服。唐初吐蕃东征时，松赞干布以其为先锋，占领松州（松潘）后将其留住当地，其中居于白河畔的俄洛部与白马部结成联盟，其后代即为九寨沟中九个寨子的藏胞。

九寨沟从地域上看，处于藏汉羌回等多民族文化的交汇区，因而九寨沟的藏族文化也带上了民族文化融合影响的印记。以沟内的藏寨建筑为例，与西部藏区居民明显不同的是，在藏式村寨及宅院布局的基础上，普遍使用了汉式的坡顶、垂花柱、柱角花、翘屋角、圆洞门等处理。此外，普遍置白石于女儿墙转角处或门楣、窗楣上，与茂县、汶川、理县等地羌族民居的"白石崇拜"不谋而合。

九寨沟藏族信奉苯教，藏语称"苯波"，原为藏族古代盛行的一种原始宗教，俗称黑（苯）教，崇奉天地山林水泽等自然的神鬼精灵，后因受藏传佛教——喇嘛教影响，新创了教理教义，演变出类似藏传佛教的一个教派，俗称白（苯）教，以示和藏传佛教的主流教派——黄教（格鲁派）、红教（宁玛派）等相区别。苯教在四川藏区影响较大。

（资料来源：http://www.huaxia.com/20040713/00221035.html）

表3-5 九寨沟五绝一览表

五绝名称	特　　色

五绝名称	特　色

提示：

九寨沟五绝为：彩林、叠瀑、翠海、雪峰、藏情。

评估：你会做内容归纳了吗

将上述两个活动的答案在小组同学面前展示，讲述你获取答案的理由，并进行自我评定和同学互评：

表3-6　评估表

项　　目	优	良	一般	差
答案齐全				
能找到段落中心句				
准确理解文章的观点				
正确描述段落大意				

中

第三节　根据实际需要　整理汇总资料

目标：学会整理汇总有用信息

认真阅读搜集到的资料后，要把这些原始素材中潜在的有用信息挖掘出来，就需要对资料进行科学的整理、分析与汇总，使收集到的资料更加系统化和条理化，更好地为自己所用。

通过本节的学习和训练，你将能够：

从收集和整理的文字资料中，归纳、汇总出自己需要的文字资料。

示范：归纳、汇总资料，整理所需信息

张林为完成工作任务，收集到了大量的资料，但他发现这些原始资料，有些对他的工作很有帮助，有些则用处不大，他需要认真地整理汇总有用的信息。为完成写九寨沟导游词的工作任务，他把这些原始资料按照地理位置、气候特点、景点成因、自然景观、人文景观、当地特产 6 个方面进行分类和合并，为他完成写导游词的任务打下了坚实的基础。

准备：如何归纳汇总资料

一、怎样分类整理

在整理资料时，可以将同一方面或相近的资料归类，即分类。主要的分类方法有以下两种：第一种，主题分类法，就是按照一定的观点把资料编成组，这些观点可以是综合而成的观点，也可以是自己拟定的观点。第二种，项目分类法，即按照一定的属性，把收集的资料分项归类。在分类的同时可以进行合并工作，即把内容相近的资料，归纳合并在一起。

整理资料时，力求真实、准确、完整、统一和简明，并且尽可能做到新颖。

二、整理资料要注意什么

1. 整理出的资料要准确，有适用性。什么资料可用，什么资料不能用，要围绕主题选内容，根据指定的任务来决定。

2. 要鉴别资料的真伪。对材料进行筛选、取舍，资料应真实，选择时不能夹杂个人的好恶与偏见，不能歪曲资料的客观性、真实性，寻找出完成任务所需要的材料。

3. 整理出的资料具有典型性、代表性。

4. 汇总的资料要全面、完整。避免缺失或遗漏、前后矛盾。如果材料不全面，缺少了某一方面的材料，可能会出现偏颇、漏洞，或由于证据不足难以自圆其说。

5. 汇总资料时，要尽可能简单、明确，有条理，并注明资料的来源和出处。

行动：练练整理汇总信息的能力

活动一：帮张林完成整理任务

请你和张林一起认真阅读本单元中的 3 个资料，以及从网上或图书馆搜集到的其他资料，按照下表，对这些资料进行整理汇总：

提示：可参照表中第一项的写法。

表 3-7　资料归类汇总卡

资料来源	汇总项目					
	整体介绍	地理位置	景点成因	自然景观	人文景观	当地特产
资料 1	第 8 段					
资料 2	/					
资料 3	/					
其他资料						

活动二：资料归类汇总

请你和张林一起认真从本单元的 3 个阅读资料以及其他资料中，

找出张林为完成写导游词的工作任务所需的下列信息（打√）：

表3-8 资料归类汇总卡

资料 来源	导游词所需资料					
	地理位置	气候特点	景点成因	自然景观	人文景观	当地特产
资料1						
资料2						
资料3						
其他资料						

活动三：完成九寨沟导游词的写作

请你再搜集几篇主题明确的资料，认真阅读，并按地理位置、气候特点、景点成因、自然景观、人文景观、当地特产6个方面进行整理汇总，完成导游词的写作。

评估：你会整理汇总资料了吗

1. 请你将整理到的资料在小组同学面前展示，并进行自我评定和同学互评：

表3-9 评估表

项　目	优	良	一般	差
所选资料符合主题需要，简明扼要				
所选资料适用性强、有代表性				
所选资料真实客观、来源可靠				
资料归类汇总系统、有条理				

2. 角色扮演。分组活动，每个学员扮演九寨沟导游，使用自己写作的导游词讲解九寨沟，选出最佳导游。小组互评打分。

单元综合练习

活动一：搜集整理去年我国软件出口（外包）状况资料

阅读政府或软件协会的年报白皮书，上网搜集相关资料，整理归纳，提供一个简短的报告，内容包括：

1. 出口总值、增长率；
2. 全国出口排名前 3 名的城市；
3. 全国排名前 50 名的企业；
4. 与过去比，发生变化的几个特点；
5. 今年的增长额（率）预测等等。

活动二：收集居庸关长城的资料，写导游词

阅读长城的旅游资料及人文背景资料，写一篇有特色的居庸关长城的导游词。

最后，请你的小组在班上展示你们整理汇总出的材料，并请大家为你们打分：

表 3-10 评估表

项　目	优	良	一般	差
找到资料（思路）				
找到需要的信息（了解资料大意）				
看懂资料所表述观点				
看懂资料的思路和要点				
整理汇总所需资料				

第四单元　书面表达

能力培训测评标准

在与人交流的过程中——

就简单的主题写两篇较长的工作报告或论文（文中至少包含一幅图表或图片）。

在进行书面表达时，能够：

1. 选择基本文体——根据工作任务要求，选择或确定适合工作和业务需要的应用文体撰写较长的文稿。

2. 采用各种书面形式——采用各种文字编排的书面形式，以及示意图、略图或图像等方式，在较长的报告中突出说明文章内容。

3. 利用和组织材料——利用和组织各种素材，充实论据或推理的内容，说明文章的要点。

4. 掌握基本写作技巧——通过起草、修改和重新改写文件的方式，清楚地表达主题思想，且文稿的层次清晰、逻辑概念清楚，语句通顺、用词规范、标点恰当、书写工整、版面编排符合要求。

5. 采用适当的写作风格——根据文章主题的特点，采用适当的写作风格，支持自己的观点，提高文章的说服力。

（摘自《职业核心能力培训测评标准（与人交流能力单元）》中级）

写作是对阅读的一种消化和运用，是与人交流过程中不可或缺的重要表达形式。在与人交流书面表达的初级阶段，我们要求掌握如何选择文体、借助图表、利用资料、规范清晰地表达主题。在中级阶段，我们需要掌握：如何选择基本文体，采用各种书面形式，充分利用和组织材料，运用基本写作技巧并采用适当的写作风格，增强说服力，准确表达。

上引的《职业核心能力培训测评标准》与人交流能力模块"书面表达"能力单元，有5个能力点，分别是：

1. 选择基本文体。

2. 采用各种书面形式。

3. 利用和组织材料。

4. 掌握基本写作技巧。

5. 采用适当的写作风格。

本单元将分 4 节训练以上 5 个能力点。第二个能力点在初级已作了训练，其余每节训练一个能力点。第一节训练第一个能力点，掌握应用文体，注意行文格式；第二节训练第三个能力点，组织利用素材，充实内容要点；第三节训练第四个能力点，掌握基本技巧，清晰恰当表达；第四节训练第五个能力点，注意文章风格，增强说服力量。本单元在实操训练中举例性地重点训练行政公文和事务公文中的常用文体，第一节举例训练"请示"与"报告"的写作；第二节举例训练"述职报告"的写作；第三节举例训练"简报"、"会议纪要"的写作；第四节举例训练"计划"、"总结"的写作。其他的应用文体，培训师可以补充训练，你也可以在系统的应用文写作中训练。

第一节　掌握应用文体　注意行文格式

目标：掌握行政公文的文体与格式

行政文书，或称公务文书，是人类在治理社会、管理国家的公务实践中使用的具有法定权威和规范格式的应用文。它是特殊规范化的文体，具有其他文体所没有的权威性，有法定的制作权限和确定的读者，有特定的行文格式，行文规则和办理办法。作为职业人，应当掌握的应用文体主要是行政文书。

通过本节学习，你将能够：

1. 掌握行政文书的种类和基本写作要求。

2. 根据工作任务的需要，撰写请示、报告。

基本文体的功用和规范有哪些，怎样撰写求职简历

示范：学习行政公文的写作方法

在科学技术突飞猛进，经济竞争日趋激烈，人类社会快步走向信息时代的今天，公文在为党政机关、人民团体和企事业单位实施管理、处理公务、沟通信息、联系事务、传达企业决策中发挥着越来越重要的作用，公文的写作也正在从旧模式中解放出来，逐步走向科学化、规范化、制度化。本节的任务就是要学习和掌握行政公文的基本文体与写作格式。

准备：了解公文的基本特点和一般格式

一、什么是公文

公文是公务文书的简称，它是国家机关在行政管理过程中为处理公务而按规定格式制作的书面材料。公文的种类主要包括：命令、议案、决定、公告、通告、通知、通报、报告、请示、批复、意见、函、会议纪要等。

企业中的公文一般为商务公文，主要分为介绍、报告、请示、会议纪要、工作计划、公司及产品介绍、信函、讲话稿、可行性报告、工作总结、市场调查报告、说明书等。

二、行政公文的格式

行政公文的写作有固定的格式与要求。一份完整的行政公义一般由三个部分组成。即文头、主文和文尾。其中，主文部分尤为重要，它包括：标题、主送机关、正文、落款，是行政公文的核心部分，也是写作的一个难点。

怎样拟发会议通知，
做好会议记录

（一）标题

1. 规范式

分三部分，即：发文机关＋事由＋文种，这种规范式标题一般用于重要、庄重的公务。

2. 灵活式

（1）分两部分的：一是发文机关＋文种（标题下可加时间）；二是事由＋文种；三是转发＋始发机关及原通知标题。

（2）一部分的只有文种。这种灵活式标题一般用于不大重要的、带周知性的公文。

（二）主送机关

机关名称要清楚、正确，机关简称要规范。

（三）正文

1. 原由

交代行文的依据、目的、作用和意义，叙述时间、单位、地点、人物和事件等，常用"目前……"，"根据……"，"为……"。

2. 事项

（1）并列式。一般写的是横向的、静态的情况。各部分之间无紧密联系，独立性强，但共同为说明主旨服务。其好处是概括面广，条理性强。

并列式内容的序码可用数字式，也可用分段式。段中并列的内容可用数字、分号，也可用句子并列式。要求重轻有序，重要的放在前边，依次类推。

（2）递进式。一般写的是公务纵向的动态过程或者事理。各部分层层递进，每一部分不可缺少，前后顺序不能颠倒。其好处是逻辑严密。

在一篇公文中，两种方法可以交叉使用，即以一种方法为主，在某一部分或某一层次中用另一种方法。

3. 结尾

常见有：一是各文种专用语如："请予批准"、"特此通知"等。二是希望、号召类。有的公文结尾部分可以省略。

（四）落款

写清楚成文日期（用汉字书写），并加盖印章。

三、公文写作的步骤

（一）明确发文主旨

任何一份公文都是根据工作中的实际需要来拟写的。因此，在动笔之前，首先要弄清楚发文的主旨，即发文的主题与目的，包括以下几项内容：

1. 文件的中心内容是什么。比如，相关工作的改善，主要提出目前情况怎样，存在哪些问题，解决方式，需注意的事项等。

2. 根据文件内容，准备采用什么文种。比如，汇报工作情况，是写专题报告还是写情况简报。

3. 明确文件发送范围和阅读对象。比如，向上级汇报工作，还是向有关单位推广、介绍经验；是给领导、有关部门人员阅读，还是向全体人员进行传达。

4. 明确发文的具体要求。例如，是要求对方了解，还是要求对方答复，是供收文机关贯彻执行，还是参照执行、研究参考、征求意见等。

总之，发文必须明确采取什么方式，主要阐述哪些问题，具体要达到什么目的，只有对这些问题做到心中有数，才能够落笔起草。

（二）收集有关资料，进行调查研究

发文的目的和主题明确之后，就可以围绕这个主题搜集材料和进行一定的调查研究。当然，并非拟写每一份公文都要进行这一步工作。例如，拟写一份简短的通知、公告，一般来说不需要专门做搜集材料和调查研究工作，在明确发文主旨之后，稍加考虑就可以提笔写作了。但对于问题较为复杂的，还要进行具体的分析和归纳，如拟定篇幅较长的文件，拟订工作计划，进行工作总结，起草规章、条例，拟写工作指示等，往往都需要搜集有关材料和进行进一步的调查研究工作。

（三）拟出提纲，安排结构

在收集材料的基础上，草拟出一个写作提纲。提纲是所要拟写的文件的内容要点，把它的主要框架勾画出来，以便正式动笔之前，对全篇做通盘安排，胸有成竹，使写作进展顺利，避免半途返工。

（四）落笔起草，拟写正文

结构安排好后，要按照提纲所列顺序，拟写正文。写作中注意：开宗明义，紧扣主题，清楚地表达主题思想，同时注意文稿的层次清晰、逻辑概念清楚，语句通顺，用词规范，标点恰当，书写工整，版面编排符合要求。

（五）反复检查，认真修改

初稿写出后，要认真进行修改。写文章，需要下工夫。自古以来，好文章都是要经过反复修改的，写文件也一样，尤其是重要的文件，往往要经过几稿才能完成。要推敲主题是否明确，论述是否集中，观点是否正确，材料是否适当，结构和行文是否规范、严谨，语言是否准确、简明、得体等等。

四、实操举例：写请示、报告

在本节中，我们重点掌握请示与报告的文体特征与写作要点。

（一）怎样写请示

请示是用于向上级机关请求指示、批准的一种行政公文。请示是常用的上行文。

行政文书的种类和基本
写作要求有哪些，怎样写请示

1. 特点

（1）请求性。请示与批复是公文体系中唯一的双向对应的文体。请示的行文必定带有一定的意愿和要求，具有鲜明的请求性。

（2）专一性。一份请示只能就一项工作或一种情况、一个问题进行请示，不可以在一份请示件中提出多个事项，作为一种上行文，请示对"一文一事"的要求最为严格。

（3）时效性。请示所涉及的问题和情况，大多较为重要和紧急，需要在一定的时间内及时办理和解决，所以，请示应该及时撰写，及时呈报，否则有可能耽误解决问题的时机。

（4）针对性。请示的针对性很强。必须是本机关没有政策依据、没有审批权限或没有解决能力的重要事项，才能用请示行文。不能事无轻重，频繁向上级请示，这样会加重上级的负担，无益于问题的处理与解决。

2. 写作要求

（1）不越级请示，不横向请示。请求平行职能部门审批其管辖范围内的事项，不应使用请示，应该使用"函"。

（2）不应该多头主送。请示件主送机关只能是一个，那就是制发主体的直接上级机关。多头主送，有可能因受文机关责任不清而不予回复，或几个主送机关同时回复而意见不同时导致请示事项无法解决。

（3）注意"一事一文"。如果同一份请示罗列相关或不相关的多个请示事项，则有可能上级机关同意某项、不同意某项，或者这几项请示事项由上级机关不同的职能部门分管，这份请示就无法及时得到批复。如果一项工作涉及多个方面问题需要上级批准解决，应该将专题分解，分别行文请示。

（4）除了请求指示内容外，要有发文机关的明确意见。"请示"内容必须具体，要提出明确要求，切忌请示事项模棱两可或不提具体要求，诸如："以上问题如何解决，请上级决策"之类的话是不可取的。

（5）注意实事求是，理由充分，语言简洁明了，准确具体。提出的问题、意见或建议，合情合理，有法有据。不能夸大困难，弄虚作假。

3. 请示与报告的区别

从实际作用看，请示是"办件"，要求上级机关给予批复，报告是"阅件"，供上级机关参考，不需要办理、回复。

从内容上看，请示强调"一文一事"，内容单一，篇幅短小，报告内容广泛，涉及面可大可小，篇幅也可长可短。

从写作格式上看，请示原则上只报送一个主送机关，报告则没有严格规定。联合报告比较多见，联合请示较为少见。请示的结束语一般较为固定化，如"当否，请批复"等，报告的结束语则较为多样。

从行文时机看，请示必须事前行文，待上级机关批复以后，按上级要求开展工作或处理相关事项。报告可以根据实际情况随时行文，事中、事后均可。示例：

写作情境：××市位于浙江省的西北部，隶属于省会杭州市。《××市人民政府办公室所属事业单位改革方案》经市人民政府办公室党组讨论通过，2010年7月25日，市人民政府办公室将其上报给杭州市编委，请求审批。

·例文· 关于要求批准××市人民政府办公室
所属事业单位改革方案的请示

×政办（2010）12号

市编委：

《××市人民政府办公室所属事业单位改革方案》已经市人民政府办公室党组讨论通过，现予上报，请审批。

特此请示

（××市人民政府办公室印章）
二〇一〇年七月十五日

标题模式：
关于××的请示
称谓模式：
××（主送机关）
正文模式：
《××》已经××讨论通过，现予上报，请审批。（缘由与事项）
特此请示。（请示结语）
落款模式：
发文机关印章
×年×月×日

（二）怎样写报告

报告是适用于向上级机关汇报工作，反映情况，答复上级机关的询问的一种行政公文。

1. 特点

（1）应用的广泛性。报告属于上行公文，应用十分广泛。它可以用于定期或不定期地向上级机关汇报工作、反映情况；也可以答复上级机关的询问，使上级机关在全面掌握情况的基础上，准确、有效地指导工作；还可以用来向上级机关陈述意见，或对某些问题提出解决

怎样写报告

建议，为上级机关当好参谋。

（2）语言的陈述性。报告一般多使用叙述、说明的表达方式。

（3）行文的单向性。下级机关向上级机关呈递报告，常常在事情进行中或事后行文，是为了让上级了解掌握情况，不需要上级机关批复。

（4）内容的既定性。报告的内容都是对已经做过的事情或已经发生的情况的报告，而绝非展望和推想，即使报告中涉及的对解决问题的看法，也是以客观现实为基础的，并不是茫然的猜测。

2. 种类

从广义上讲可以分为两大类，一类是法定公文，另一类是非法定公文。法定公文是指《国家行政机关公文处理办法》中所规定的报告，包括工作报告、情况报告和答复报告；非法定的公文，即事务公文，是指出现报告字样的事务性公文，包括工作报告、情况报告、述职报告、咨询报告等。

本节重点掌握工作报告和情况报告。

（1）工作报告：用于汇报工作，供上级了解工作进展情况，接受上级的指导与监督，并为上级机关制定政策、部署工作提供依据。

（2）情况报告：向上级反映工作的新情况、新问题以及重大事件和特殊情况等。它以陈述事实为主，并注意对原因、对策、意义的分析说明。

3. 写作要求

（1）观点正确鲜明。

（2）材料真实可靠。

（3）用词准确，行文简洁，结构严谨，条理清晰。

（4）报告不能夹带请示事项。

示例：

写作情境：按照党中央和国务院的要求，××市环保局积极开展"创建省级文明单位"工作，并将这一工作的具体情况向上级汇报。

·例文· **关于××市环保局文明单位自查报告**

××市文明办：

二〇〇九年以来，我局上下团结一致，按照省级文明单位的标准做了大量具体而细致的工作，现报告如下：

一、建立组织，加强领导

年初，我局就把"创建省级文明单位"工作列入目标之中，成立了由党委书记××为组长，副书记××、工会主席××为副组长的创建领导小组，全面负责此项工作，制订了创建规划，增强了全局的创建意识。

二、高标准、严要求，以"一学三争"为契机，加强思想作风建设，努力塑造

高素质的环境管理队伍。

三、积极开展各项活动，陶冶职工情操，增强党组织凝聚力

一年来，我们利用五一等重大节日，组织全体干部职工开展丰富多彩、形式多样的主题活动。其中五一期间举行了300多名职工参与的"庆五一，迎五四"文体友谊赛，调动了大家的积极性；"6·5"世界环境日期间和市委宣传部联合举行了"我为建设生态××做贡献"为主题的演讲比赛；7月上旬组织职工向云岩宫、青屏山"捐绿"活动，向贫困地区饮水工程捐款2000多元；在七一建党89周年活动中，具体安排了纪念主题、宣传内容活动，召开了表彰大会，举办了"颂歌献给党"的文艺活动，活动开展得既轰轰烈烈，又扎实有效，得到了市委组织部、宣传部高度评价；在十一庆祝建国61周年全市"歌颂祖国歌咏比赛"中荣获三等奖；10月下旬组织了为全市中、小学捐书活动，共捐书4500多本，并组织了团员"爱心献山区"捐助活动及扶贫帮困活动。

四、完善各种基础设施，创造宽松工作环境

我们在抓好"软件"建设的同时，不断完善办公设施、改善办公条件。一是为各科室安装直拨电话、内部电话，并配备电脑；二是整修了篮球场，为党员活动室、职工娱乐室、阅览室购置了乒乓球、台球、桌球等活动器材及大量图书，丰富了职工生活；三是绿化、美化环境，更换草坪，整修花房，修建迎宾喷泉。

通过以上努力，我局创建省级文明单位的工作取得了很大进步，我们将不断完善，争取更大进步！

××市环境保护局

二〇一〇年十二月二十日

行动：学写请示、报告

活动一：撰写工作报告

经过多方努力，"爱心大行动"取得了一些成绩，请根据提供的材料，写一份工作报告。

1. 此次爱心大行动得到上级领导和社会各界爱心人士的大力支持。

2. 行动期间，举办爱心义演和爱心募捐2次，募集爱心款十余万元。

3. 行动期间举办对口扶贫帮困活动3次，126名失学儿童和孤寡老人得到不同程度的帮助。

4. 此次行动引起了媒体的关注，各大报纸都给予了报道。

活动二：撰写会议筹办请示

红星技工学校档案室要筹办全市学校档案工作会议，请你就此事向学校呈报一份请示。

要求：格式正确，表达清晰，内容突出。

活动三：评析案例

请从标题、主送机关、缘由、事项、结语、成文日期以及语言表达等方面评析下面的案例是否规范。

关于申请增设 ×× 派出所的请示报告

×× 市局领导：

我分局下属的淮河派出所管辖战线长、地域广，近年来由于城市经济的快速发展，导致人口迅猛增多。该派出所所辖区又系城郊结合部，治安情况极为复杂。据此我分局向市局请示，拟增设 ×× 派出所，管辖原淮河派出所管辖的部分地段。这样可以加大管理力度，缓解淮河派出所警员的工作压力，从而提高工作效率，确保一方平安。请领导尽快研究，早日答复。

当否？请批示。

×× 分局（公章）
2004 年 5 月 10 日

（引自《应用写作》2005 年第 9 期）

评估：看看自己是否掌握了本节内容

一、小组评估

在你的小组同学面前讲述你模拟写作的过程，并展示你的写作文稿，请小组同学为你打分：

表 4-1　评估表

内　容	优	良	中	差
选择的文体合适得当				
所写事实与任务相关				
行文规范，语言表达准确、精炼				

二、自我评估

请你以"报告"和"请示"为例，谈谈它们的区别。

表4-2　评估表

区别＼文体	报　告	请　示
行文目的	呈报性　单向	呈请性　双向
行文时间		
内容和容量		
收文处理		

第二节 组织利用素材 充实内容要点

目标：学习如何利用和组织材料

俗话说："巧妇难为无米之炊"，没有材料，再高明的写作者都无法写出文章来。材料在未经提炼之前都是感性的、零碎的、分散的、不系统的，需要作者在行文之前进一步选择、加工和提炼，本节重点训练加工素材的能力。

通过本节的学习训练，你将能够：

1. 从相关的材料中选取素材，并利用和组织素材充实文章的内容，说明文章的要点。

2. 能够组织好相关的材料撰写述职报告。

示范：学会利用并组织材料

怎样围绕主题选取资料，说明文章要点，怎样写信函

先看案例：

·案例·　　　　　慰问信

××公安局全体女民警：

　　在第98个国际妇女节来临之际，局党委谨向局939名女同志致以诚挚的慰问和节日的祝贺！

　　"警花"——这是人们对女警察的昵称，因为在男性居多的警察队伍中，你们如一枝鲜艳的花朵分外耀眼。然而有谁知道作为一名女性，自从你们选择了警察这个职业，就意味着选择了艰辛和奉献，你们不知放弃了多少温馨的家庭生活，耽误了多少花前月下的浪漫，在与犯罪分子正面较量的战斗一线有你们的飒爽英姿，在人流如潮的社区有你们奔忙的脚印，在为民服务的窗口中有你们可亲的笑脸，在繁杂劳累的内勤工作中有你们勤奋的身影，你们以巾帼不让须眉的豪情，全身心地投入到了宏伟的公安事业，用自己的实际行动诠释着"妇女能顶半边天"的豪言壮语。

　　美丽的城市因为你们才更加安宁祥和，闪亮的警徽因为你们才更加璀璨夺目。现在，为期两年的创建"平安××"的号角已经吹响，更加艰巨的任务正等待你们

103

去完成。衷心地希望全局女民警们能够在各自的岗位上努力工作，团结战斗，再立新功，再创佳绩，为公安工作做出更大的贡献。

节日就要来临，在这一天里，母亲会因为儿子献上的一束鲜花而微笑，妻子会因为丈夫操持的一桌晚餐而倍感温馨，就让我们，默默祝福你们——节日中的女警。

××公安局党委办公室

××年×月×日

这是一封常见的慰问信，作者为了表达观点，在组织和利用材料上下了一番工夫，表现出：

1. 在平凡的材料中渗进作者的真情实感。该慰问信紧紧抓住反映女民警特征的材料，如"警花"的昵称、"在男性居多的警察队伍中分外耀眼"等，情真意切，言辞动人。在表达思想感情的方式上，超越了一般慰问信实用文体材料的套路，亲切中融进了职业的使命感，如："更加艰巨的任务正等着你们去完成"。

2. 在同类材料中优化出典型材料。该慰问信既选择了社会影响力较大的事件——"在与犯罪分子正面较量的战斗一线有你们飒爽的英姿"，又排列了平凡小事——"在人流如潮的社区有你们奔忙的脚印，在为民服务的窗口有你们可亲的笑脸，在繁杂劳累的内勤工作中有你们勤奋的身影"。然后笔锋陡转，直面"现在，为期两年的创建'平安××'的号角已经吹响，更加艰巨的任务正等着你们去完成。"材料涉及当前公安工作最迫切问题的核心，使慰问内容最具表现力。作者在警察工作同类材料中优化出三个方面的典型，在三方面典型材料的差别和组合中构建了一个面向新任务、新工作局面的新女民警的形象，展示了崭新的时代精神。

学会选择、加工材料是书面表达的重要基本功。

准备：如何选择真实典型的材料

一、怎样选择材料

（一）选择真实的资料

实用文章的生命在于真实。正确的观点是建立在真实的资料基础上的。资料准确无误，确凿可靠，观点、要点就有说服力。能否运用真实资料，是衡量撰写者有无基本知识的表现。使用不真实的资料，向人传播的就是虚假信息，就给社会造成损害。刘熙载在《文概》中提出"是非戒失实"，资料失真，古人列为文章的七戒之一。

资料真实的第一要点是确切。也就是说，不但要真有其事，而且其事中的时间、地点、数字、引文等细节均要确凿无误。

资料真实的第二要点是全面。有些资料从某一点看，从某一角度看，是真实的，但是由于它只是一个总体事物中的某一个片断的真实，因而不能代替总体事物。因此，如果用这一片断的真实资料去反映事物的总体面貌，以偏概全，从总体上说，也是偏颇的，不真实的。

> 其文直，其事核，不虚美，不隐恶。
>
> ——司马迁

（二）选择典型的材料

所谓典型材料，是指那些最有特征，最有代表性，能有力地揭示事物的本质，能集中地表现文章主题的材料。我们强调围绕主题选材，但没有必要，事实上也不可能把与主题有关的材料都写进去。因为文章的容量有限，这就需要优化组合，优中选优。选那些最能表现主题的资料。典型资料有两个最突出的特点：一是代表性，典型资料可以以一当十、以少胜多；二是深刻性，典型资料可以揭示事物的本质。因此，典型资料具有很强的说服力。

二、实操举例：写述职报告

述职报告是各级机关、企事业单位、社会团体的各级领导干部、管理工作人员，向上级管理机关或群众陈述自己在任职期间履行岗位职责的书面报告。

（一）述职报告的特点

第一，个人性。述职报告要求述职者对自身所负责的某一阶段工作进行全面的回顾，从中总结出成绩和经验，找出不足与教训，对个人履行岗位职责的情况做出正确的评价。

第二，真实性。述职报告是干部考核、评价、晋升的重要依据，述职报告一定要实事求是、真实客观地陈述，力求全面、真实、准确地反映述职者履行职责的情况。

第三，通俗性。述职报告通常由述职人在会议上口头陈述，这就要求语言必须通俗易懂，尽量口语化，让所有与会者都能听懂、理解。

（二）述职报告的写作要求

第一，实事求是。真实地反映述职人履行职责的实际情况，无论陈述成绩还是缺点，都应该抱着实事求是的态度，决不能弄虚作假。

第二，突出特点。述职报告具有强烈的个人性，因此要选择有代表性的典型事例，切忌千篇一律，人云亦云。

第三，语言要简洁朴实，通俗易懂、口语化。

怎样选择素材，充实内容要点，怎样写述职报告

行动：学习充分利用和组织材料

活动一：学写述职报告

请你根据以下材料，为红星技工学校档案室负责人写一份2015年的述职报告。

要求：

1. 提炼观点，选取典型事例说明观点；组织利用真实具体的材料。
2. 注意述职报告写作的基本格式。

阅读材料

材料一：红星技工学校的档案室成立于2009年9月，在2015年，档案工作有了较大的发展。档案室的网站于3月开始建立，12月又进行了全新的改版。

材料二：档案室重新调整改造了库房，增加了40多平方米的库房面积，安装了60立方米的密集架。并购置了六台计算机、三台打印机及其板台、沙发、文件柜等办公家具。

材料三：档案室举办了两期兼职档案员培训班。就档案的地位、作用及其归档方法、要求向51名兼职员做了讲解。

材料四：2015年，综合档案共归档3435卷、件；人事档案归档6000余份；综合档案利用4112卷、件；接待学生参观200多人次；人事档案查阅1309人次，借阅298人次，转递702件。

材料五：在2015年本系统的三次档案工作会上，红星技工学校档案室只是口头介绍了学校的档案工作情况，没有论文参加交流。教学档案积压未归现象仍然存在。

活动二：评析案例

下面是某企业办公室主任张欣的述职报告，请你评析他的述职报告在利用和组织材料方面存在什么问题。

·案例·   述 职 报 告

回顾2016年一年来的工作，我在公司领导及各位同事的支持与帮助下，严格要求自己，按照公司的要求，较好地完成了自己的本职工作。现将一年来的工作情况总结如下：

一、办公室的日常管理工作

办公室对我来说是一个全新的工作领域。作为办公室的负责人，自己清醒地认

识到，办公室是总经理室直接领导下的综合管理机构，是承上启下、沟通内外、协调左右、联系四面八方的枢纽，推动各项工作朝着既定目标前进的中心。办公室的工作千头万绪，在文件起草，提供调研资料上，都要为决策提供一些有益的资料及数据，另外还有文书处理、档案管理、文件批转、会议安排、迎来送往及用车管理等工作。

二、加强自身学习，提高业务水平

由于感到自己身上的担子很重，而自己的学识、能力和阅历与任职岗位都有一定的距离，所以总不敢掉以轻心，总在学习，向书本学习，向周围的领导学习，向同事学习，这样下来感觉自己一年来还是有了一定的进步。经过不断学习、不断积累，已具备了办公室工作经验，能够比较从容地处理日常工作中出现的各类问题，在组织管理能力、综合分析能力、协调办事能力和文字言语表达能力等方面，经过锻炼都有了很大的提高，保证了本岗位各项工作的正常运行，能够以正确的态度对待各项工作任务，热爱本职工作，并认真努力贯彻到实际工作中去。积极提高自身各项业务素质，争取工作的主动性，具备较强的专业心、责任心，努力提高工作效率和工作质量。

三、存在的问题和今后努力方向

一年来，本人能敬业爱岗、创造性地开展工作，取得了一些成绩，但也存在问题和不足，主要表现在：第一，办公室主任对我而言是一个新的岗位，许多工作我都是边干边摸索，以致工作起来不能游刃有余，工作效率有待进一步提高；第二，有些工作还不够细致，一些工作协调得不是十分到位；第三，自己的理论水平还不太适应公司工作的要求。

办公室主任　张欣
二〇一六年十二月

提示：张欣的述职报告从格式上来看是合格的，但内容显然不够具体，材料的组织不够充实。难以真实、客观、全面地反映履行岗位职责的情况。

怎样写产品说明书

评估：你是否掌握了本节内容

一、小组评估

在你的小组同学面前讲述你模拟写作的过程，并展示你的写作文稿，请小组同学为你打分。

二、自我评估

学习了本节内容，请你想一想在应用文写作中选取和组织材料应该注意什么？

怎样写调查报告

第三节　掌握基本技巧　准确恰当表达

目标：掌握基本技巧，准确恰当表达

公文写作中，除了选择恰当的公文格式，组织和利用好材料外，还需要有基本的写作技巧，要做到：主题突出，观点明确；逻辑严密，条理清楚；结构严谨，布局恰当；表达方式正确，语言准确、规范。通过本节学习，你将能够：

1. 掌握基本的写作技巧，准确恰当表达。
2. 掌握简报和会议纪要的写作方法。

示范：学会公文写作的基本技巧

应用文写作看似简单，似乎没有什么技巧，实际上要写一篇主题清晰，逻辑层次分明，语句通顺，用词规范，版面编排符合要求的应用文并不是一件容易的事情。这就需要我们多写多练，多琢磨，多比较。

公文写作的基本技巧
有哪些，怎样写简报

准备：如何运用基本技巧

一、公文写作基本技巧

（一）主题突出、观点明确

公文的主题就是贯穿于全文的行文目的。在材料充实、情况确实的基础上形成的观点，必然表现在发文目的和用意上，这就是主题。主题在公文构思中起着"统帅"作用，决定了材料的取舍、详略，决定了结构的划分与顺序，甚至决定了标题的拟写。清晰的主题应具备三个条件：

正确　主题要符合上情（路线、方针、法律、法规，政策、规定和上级精神、领导意图），符合下情（准确反映客观实际情况）。

集中　一件公文只能有一个主题，即使篇幅较长的公文，文中有若干观点，也要集中概括成一个基本观点。篇幅再长，也要"目标始终如一，方寸丝毫不乱"。一文一旨，观点明确。

鲜明　主题要直陈文中，显露于外，要做到观点和材料统一，神骨如一。

（二）条理清楚，结构严谨

1. 层次和段落

一篇公文的结构，起码的要求是层次清楚，段落分明。

所谓层次，就是指公文的几个组成部分。安排层次要注意突出主题，顺序合理，避免交叉。常见的方式有：

总分式：开始先作总的概括（前言，似"导语"，总结报告中则是总体评价），接着分别叙述。分别叙述的各层次间有一定联系（前后、因果、重轻都可以根据用意来安排），形式上是并列（用序号、小标题或"跳行"），最后一个小结（强调式、升华式、号召式、无尾式或惯用结语）。指示性通知、奖惩性通报、工作计划、调查报告、综合报告等文种，常用这种结构形式。

递进式：各层次内容层层推进，前后有一定关系。例行报告、情况通报、工作总结等文种，常用这种结构形式。

时序式：也叫贯通式。按事物进程、时间推移来安排结构。情况报告、事故报告、专题报告等文种，常用此种结构形式。

所谓段落，就是公文结构的基本单位，也叫自然段。划分段落，可以按中心意思（主旨）、条项内容、时间发展阶段等来划分。

2. 照应和过渡

照应就是公文内容的前后要有关照和呼应。常用方法有三种：首尾照应，前后照应，题文照应。

过渡就是上下文之间的衔接和转换，起到承上启下的作用。一是内容转换时需要过渡，二是由总括到分述之间需要过渡。过渡的形式有三种：过渡词（于是、就、因此、总之、可是、由此可见、综上所述，等等），过渡句（公文用在总括文字（前言）的段落末尾，如"现将具体情况报告如下"），过渡段（将过渡句提出来单设一个自然段，一般用在较长的公文中表示内容的明显转换）。

3. 开头与结尾

开头的方法很多，如引叙式、目的式、概述式、说明式、提问式，等等。公文的开头一定要开门见山，直扣主题，文字简短凝炼，引人注目。古人说开头要如"凤头"，就是这个意思。

结尾常用的方式有总结式、强调式、要求式、呼应式、号召式，等等。结尾要写得实在，干净利落，不能拖泥带水。古人说结尾要如"豹尾"，是要求短小有力，令人回味。

（三）表达准确、规范

公文写作的语言有群体性、书面性、明确性、客观性、程式性等特质，其特点表现为准确、庄重、简要、平实等。这里集中谈谈准确。

准确、鲜明、生动是语言的"三性"要求，公文更重视的是准确。表述准确，是一条十分严格的要求。因为公文是用来指导工作、反映情况的，一词一句，一个概念、判断、推理，表达不准确就会误大事。所谓准确，就是语义清晰明确，不能产生歧义。产生歧义，是公文表达的大忌。要做到语言准确，可以从三个方面入手：一是词的内涵与所要表达的意图完全一致。二是对词的外延要作适当和明确的限制。三是多用"直笔"，不用"曲笔"。直笔叙述，就是有什么说什么，平实叙述，直接表达，不用比喻、借代、比拟等手法委婉表达。

二、实操举例：写简报和会议纪要

（一）怎样写简报

1. 简报的概念

简报是机关、团体及企事业单位编发的简明扼要的反映情况、报道工作、交流经验、揭露问题的一种事务文书，也叫"动态"、"简讯"、"摘报"、"工作通讯"、"情况反映"、"情况交流"、"内部参考"等，它是内部编发的常用文书，内容涉及面非常广泛，是对内对外交流的一种很好的媒介。

2. 简报的特点

（1）快捷性。简报具有一定的新闻性，强调时效性，要求在发现、汇集情况以及撰写、编印制发时都必须迅速快捷。

（2）真实性。简报所包含的内容要真实、准确、客观，不能随意拔高或缩小。

（3）新颖性。简报在反映情况、交流经验、揭露问题时要求新，只有这样，才能增强简报的指导性和交流性，简报使用才有实际意义。

（4）简明性。简报一般文字简短，内容精炼，开门见山，尽可能一事一议。

（5）对象性。简报对阅读范围和阅读对象有严格的限制，特别是涉及机密的简报，在一段时间内具有保密性质。机密简报常常在报头部分标明"机密"或"内部刊物，注意保存"等字样，作为提示。

3. 简报与报告的区别

（1）法定地位不同。简报不是法定文种，而报告是法定公文。

（2）行文方向不同。报告是下级机关向上级机关汇报工作、反映情况、答复上级机关的询问时使用的，是上行文种；简报不限于上行，在上行的同时，也可以平行或下行。

（3）人称不同。简报用第三人称，报告用第一人称。

（4）篇幅不同。报告篇幅长短皆可，对字数没有限制；简报要求篇幅短小，一般不超过1000字。

4. 简报的种类

简报按其性质可以分为四种：（1）工作简报：反映本地区、本单位、本部门日常工作情况的经常性简报。它包含的内容较为广泛，定期或不定期编发，在一定范围内发行。（2）会议简报：是会议期间反映会议情况的，内容包括会议的进行情况、讨论发言及会议决定等。（3）动态简报：包括情况动态简报和思想动态简报。（4）专题简报：是将某一项专门工作或中心的动态、进展、问题、经验向有关部门通报的简报。内容集中，事件单一，及时地将动态、进展、问题、经验反映出来，以利于推动工作。如例文：

·例文·　**×× 市国税局工作简报**

（2006）第 9 期　总第 87 期

×× 市国税局　二○○六年六月五日

全国国税发票专项检查情况表明事业单位发票管理亟待规范

5月份以来，市国税局组织6个检查小组，在全市范围内开展发票专项大检查。截止到5月底，共检查用票户××××户，查处违章普通发票××××份，违章增值税专用发票×××份，补税××万元，罚款××万元，取得了显著的成效。

检查情况表明，当前发票管理秩序混乱，事业单位使用、索取发票违章现象尤为突出，其主要表现在如下方面：

一是白条入账多，占违章情况的××%，造成大量的税收流失；二是自印收据代替发票入账，这种情况在有收费职能的医院、广播电视等事业单位和土地管理、城建等所属的事业单位表现比较突出；三是使用过期发票；四是跨行业填开，如将商品零售发票作酒席款入账，国税、地税发票混用；五是开出的发票不规范，大多数事业单位财会人员为图省事，项目填写不全。

事业单位发票管理问题如此之多，究其原因，至少有四点：一是部分事业单位税法观念淡薄；二是事业单位财会人员疏于学习，缺乏发票使用的常识；三是国税部门对发票管理的宣传不力；四是国税部门对事业单位的发票使用检查监督不力。

针对检查中出现的问题，市国税局要求全市国税系统采取五条措施，推动发票管理工作扎实整改。一是各国税分局要转变观念，改变只管企业、个体户等纳税人，而忽视事业单位；二是加强发票宣传工作，使事业单位理解发票的意义、作用，增强依法使票、管票意识；三是大力争取地方党委、政府的重视与支持；四是严格发票审批，坚持实行"以票控税"的制度；五是进一步加大发票违章查处力度，发现一个查处一个，必要时可在新闻媒体公开曝光。

报：省局领导及有关处（室）
送：市局领导、市直有关单位
发：各分局、机关各科室

（共印 30 份）

（二）怎样写会议纪要

会议纪要是专门记录会议基本情况和会议内容的文书，是根据会议记录和会议文件以及其他有关材料加工整理而成的。会议纪要是反映会议基本情况和精神的纪实性公文，是会议议定事项和重要精神，并要求有关单位执行的一种文体。有的需要下发执行的会议纪要，可以"通知"形式发出。

怎样写会议纪要

1. 会议纪要格式

会议纪要通常由标题、正文、主送、抄送单位构成。

标题有两种情况，一是会议名称加纪要，如《全国农村工作会议纪要》。二是召开会议的机关加内容加纪要，如《××省经贸委关于企业扭亏会议纪要》。

会议纪要正文一般由两部分组成。

（1）会议概况。主要包括会议时间、地点、名称、主持人、与会人员、基本议程。

（2）会议的精神和议定事项。常务会、办公会、日常工作例会的纪要，一般包括会议内容、议定事项，有的还可概述议定事项的意义。工作会议、专业会议和座谈会的纪要，往往还要写出经验、做法、今后工作的意见、措施和要求。

2. 会议纪要的三种写法

根据会议性质、规模、议题等不同，大致可以有以下三种写法：

（1）集中概述法。这种写法是把会议的基本情况，讨论研究的主要问题，与会人员的认识、议定的有关事项（包括解决问题的措施、办法和要求等），用概括叙述的方法，进行整体的阐述和说明。这种写法多用于召开小型会议，而且讨论的问题比较集中单一，意见比较统一，容易贯彻操作，写的篇幅相对短小。如果会议的议题较多，可分条列述。

（2）分项叙述法。召开大中型会议或议题较多的会议，一般要采取分项叙述的办法，即把会议的主要内容分成几个大的问题，然后加上标号或小标题，分项来写。这种写法侧重于横向分析阐述，内容相对全面，问题也说得比较细，常常包括对目的、意义、现状的分析，以及目标、任务、政策措施等的阐述。这种纪要一般用于需要基层全面领会、深入贯彻的会议。

（3）发言提要法。这种写法是把会上具有典型性、代表性的发言加以整理，提炼出内容要点和精神实质，然后按照发言顺序或不同内容，分别加以阐述说明。这种写法能比较如实地反映与会人员的意见。某些根据上级机关布置，需要了解与会人员不同意见的会议纪要，可采用这种写法。

3. 会议纪要的特点

（1）内容的纪实性。会议纪要如实反映会议内容，不能离开会议实际搞再创作，不能搞人为的拔高、深化和填平补齐。否则，就会失去其内容的客观真实性，违反纪实的要求。

（2）表达的要点性。会议纪要是依据会议情况综合而成的，撰写会议纪要应围绕会议主旨及主要成果来整理、提炼和概括。重点应放在介绍会议成果，而不是叙述会议的过程，切忌记流水账。

（3）称谓的特殊性。会议纪要一般采用第三人称写法。由于会议纪要反映的是与会人员的集体意志和意向，常以"会议"作为表述主体，常用"会议认为"、"会议指出"、"会议决定"、"会议要求"、"会议号召"等称谓表述。

4. 会议纪要与会议记录的区别

会议纪要有别于会议记录。二者的主要区别是：第一，性质不同，会议记录是讨论发言的实录，属事务文书；会议纪要只记要点，是法定行政公文。第二，功能不同，会议记录一般不公开，无需传达或传阅，只作资料存档；会议纪要通常要在一定范围内传达或传阅，要求贯彻执行。

行动：学写简报和会议纪要

活动一："爱心大行动"项目（8）：写活动情况简报

请就"爱心大行动"的活动进展情况，写一份专题简报。

活动二：写会议纪要

红星技工学校的档案工作会议经过精心筹备，于 2015 年 11 月 28 日顺利召开，请你根据以下材料，为会议写一份会议纪要。

要求：

1. 主题突出，真实、客观、全面。

2. 逻辑层次清晰。

3. 语言通顺流畅，标点正确。

阅读材料

材料一：会上，校长张金山同志出席会议并作了2015年度档案工作总结报告。市档案局、市劳动和社会保障局有关负责同志也出席了会议。

材料二：共70余人参加了这次会议。包括校领导、处级干部、各系部档案管理人员，档案室全体员工，校办公室相关人员等。

材料三：档案室负责人作了书面述职报告。

材料四：会议表彰了2015年档案工作先进集体和先进个人。

材料五：会议部署了2016年档案工作目标与任务：①加强档案工作的领导；②进一步规范档案工作管理制度；③进一步加强校级和各部门档案管理信息化硬件建设；④迎接市档案达标验收，争创市一级档案单位。

评估：看看你学得怎么样

一、小组评估

在你的小组同学面前讲述你模拟写作的过程，并展示你的写作文稿，请小组同学为你评估。

二、自我评估

通过本节的学习，请你想一想：

1. 你是否清楚会议记录与会议纪要的关系与区别？

2. 你是否能区别简报与报告的区别？

3. 你是否了解会议纪要和简报的常见种类与写法。

练一练：

选一二种自己感兴趣的简报类型，尝试写一写，自我评估是否掌握了本节训练的能力点。

第四节 注意文章风格 增强说服力量

目标：选择合适风格，增强文章说服力

写文章要"言之得体"。不同的文体有不同的语言风格，如果你用应用文的语言表达形式去写艺术散文，就会使人食之无味，不忍卒读。反过来，如果用写艺术散文的笔调去写应用文，寻求词藻之华丽、修辞之丰富，结果也会给人不伦不类的感觉。所以，书面表达时，必须注意文章的语言风格，只有这样，才能达到良好的书面交流的目的。

通过本节训练，你将能够：

1. 在书面表达时注意文章的语言风格，以便更好地进行交流。

2. 撰写计划和总结。

应用文语言的基本风格
特征有哪些，怎样写工作计划

示范：学会选择合适的语言风格

老舍先生说："最好的思想，最深厚的感情，只能被最美妙的语言表达出来。"这话不仅适合文学作品的创作，也同样适合应用文的写作。根据文章主题的特点，采用适当的写作风格，支持自己的观点，提高文章的说服力，是书面交流中应该掌握的基本技能。以计划和总结为例，计划和总结是日常工作、学习、生活必不可少的书面交流文种，会写计划和总结能帮助我们更好地进行各种交流活动，提高工作和学习效率。那么，撰写计划和总结应该采用怎样的写作风格来增强文章的说服力呢？

准备：如何选择合适的语言风格

一、应用文语言的基本风格特征

（一）规范

　　规范，是指语言形式要遵守约定俗成的语言习惯，不随意打破语言常规，不自造新词，不滥用方言。应用文的语言要求合乎社会的、时代的、科学的语言标准。

　　首先，使用名词要规范。应用文特别是公文、事务文书和专业文书，使用名称、时间、数量都要规范。机关名称要用全称或规范的简称，使用缩略语要慎重。

　　其次，遣词用语要规范。不能随意生造新词，不能任意紧缩词语，如"装布"（"装饰布置"）、"败乱"（"败坏搞乱"）、"妥确"（妥当确切）之类的词，容易费解。不能随意将成语、惯用语等固定词组中的词素更换，如"五波三折"、"离题万丈"等词语，特别是当前网络上出现的一些新造词语，在约定俗成之前，不能随意运用在公文中。

　　另外，语法也要规范，要遵守通用的表述习惯。

　　（二）准确

　　准确就是表达明白清楚，做到不产生歧义，不引起误解，能够使人们看了就懂，并可以付诸实践。叶圣陶先生曾经说过："公文不一定要好文章，可是必须写得一清二楚，十分明确，句稳字稳，通体通顺，让人家不折不扣地了解你所说的是什么。"例如，有份通知这样写道："今天下午在学院礼堂举行'校园十大歌手总决赛'，请参赛者准时参加。"通知上的时间就不明确，13—18点都可以算下午，却要求参赛者"准时"，岂不成了笑话。因此，为了做到明确，对内容有关的时间、地点、范围、条件等，必须表述准确、周密。

　　在书面表达时，为了体现准确的语言风格，必须做到：

　　1. 所用的词语有明确的单义性，表意确切，避免歧义。

　　2. 一般不用语气词、感叹词、儿化词。

　　3. 不用富于描绘性、形象性的词语。

　　4. 不用口语词语和方言。

　　5. 不滥用简称、略语。

　　6. 正确运用各种数量的概念。

　　（三）简约

　　简约就是叙事简洁完备，约而不失一词；说理精辟透彻，简而不遗不缺；既不冗长累赘，又不能言不及义。简约风格的文字开门见山，直截了当，实话实说，不绕弯子，不穿靴戴帽，不故弄玄虚，不矫揉造作，而是力求简明扼要，不枝不蔓，干净利索地表达。

　　书面表达要达到简约的语言风格，必须做到：

　　1. 词语精当

　　（1）根据不同的需要，采用专业词语。

　　（2）适当使用单音节的文言词。

　　（3）使用介宾短语，使表述简洁、严密。

2. 句式简洁

（1）普遍运用成分共用句，即利用联合短语作句子成分，把若干个相关的意思凝聚在一个句子里，使句子结构紧凑，语言简洁。

（2）使用"的"字短语。具有名词功能的"的"字短语，省略了表示客观对象的词语的中心部分，既简洁，又明确。

（3）运用无主句。几个句子省略了主语，意思还是十分明确，不会引起误解。

3. 篇章严谨

（1）标项撮要，要项叙述。即将各层次、段落用序码标明，并把每一层次或每一段落的要点写在该层次或该段之首，既使内容简洁明了，又省却了词语的过渡，显示出清晰的条理性。

（2）结构简明，眉目清楚。即开头直叙其事，或提出行文的依据缘由，或提出要点，简要说明目的或结论。中段申述事理。结尾或总述归纳，或提出希望要求等。结构简明，眉目清楚，它排斥文艺语体常用的倒叙、补叙、穿插呼应等结构方法。

（四）平实

平实就是所使用的句子平淡无奇，实实在在，朴实不虚浮。其特点是不用或少用形容词之类的附加成分，不用或少用比喻、夸张、渲染、烘托之类的各种修辞方式，而是实实在在地叙述事实、铺陈景物、解析事理。古人历来推崇平实的语言风格，古人说："文章不难于巧，而难于拙（朴实无华）；不难于细，而难于粗（抽象概括）；不难于曲，而难于直（直截了当）；不难于华，而难于质（内容质朴）。"可以说，这是对应用文语言，特别是事务语体平实风格的概括。用现代的话来说，就是办实事的语言，不必追求华美，而华美的语言不实在，容易引起不同的理解，产生歧义。一般地说，实用文章都采用平实的语言风格。

> 信言不美，
> 美言不信。
> ——老子

二、实操举例：写计划、总结

（一）怎样撰写计划

计划是各级机关、企事业单位、社会团体或个人对未来一定时间内的活动拟定出实现目标、内容、步骤、措施和完成期限的一种事务性文书。因为计划涉及内容和期限的不同，计划还有以下不同的叫法：

规划——具有全局性的、较长期的长远设想。

设想——初步的草案性的计划。

打算——短期内工作的要点式计划。

安排——对短期内工作进行具体布置的计划。

要点——列出工作主要目标的计划。

方案——从目的、要求、工作方式方法到工作步骤做出全面部署与安排的计划。

1. 特点

（1）针对性。计划是根据党和国家的方针、政策和有关的法律、法规，针对本系统、本部门或本人的实际情况制定的，要求目的明确，具有指导意义。

（2）预见性。计划是事前行文，计划中所提出的目标、任务，所制定的措施、步骤，虽然有现实的依据，但都是对未来行动的设想和策划，可以说，没有预见就没有计划。

（3）可行性。制订计划的目的，是为了指导工作和任务的顺利完成，是为了付诸实践。否则，就没有意义。因此，制订计划就必须坚持实事求是的原则，一切从实际出发，提出一些切实可行的指标、方案、步骤和措施，既要科学先进，又要留有余地，要能够通过艰苦的努力最终完成任务，达到目标。

（4）灵活性。由于计划在执行的过程中可能会出现一些不以人的主观意志为转移的因素，在完成的时候，可能超出计划的指标，也有可能完不成。因此，制定者在确定工作指标、完成时间、进度时一定要留有适当余地。

2. 种类

（1）按内容分：有工作计划、生产计划、学习计划、科研计划、教学计划等，其内容与各单位、各行业的业务工作有密切的关系。

（2）按性质分：有综合计划和专题计划。

（3）按范围分：有国家计划、单位计划、部门计划、个人计划等。

（4）按时间分：有长期计划、短期计划、年度计划、季度计划、月计划等。

（5）按表达方式分：有条文式计划、表格式计划、文表结合式计划。

3. 写作方法

条文式计划一般由标题＋正文＋落款三部分组成。

标题　标题的写法有5种：

（1）单位名称＋时间＋事由＋文种。如《××公司2015年工作计划》。

（2）时间＋事由＋文种。如《2014年科研计划》。

（3）单位名称＋事由＋文种。如《××公司员工培训计划》。

（4）事由＋文种。如《业务进修计划》

（5）文种。如《计划》。

正文　前言＋主体＋结尾

（1）前言：是计划的开头部分。简明扼要地概述制订计划的指导思想、依据、意义、本单位情况及总目标等。

（2）主体：一般由目标和任务、措施和步骤、其他事项及应注意的问题三部分构成。

目标任务：明确写出要达到的目标、指标和数量上、质量上的要求，即"做什么"。

措施和步骤：说明完成任务的具体措施和行动步骤、时间分配、人力、物力、财力安排等，即"怎么做"。

其他事项及应注意的问题：计划执行过程中可能出现的问题，以及应对的方法。如下面的案例：

·案例· **上海港扬尘污染防治管理计划**

《上海市扬尘污染防治管理方法》已于2004年7月1日起实施。为依法实施防治管理，保护上海港大气环境质量，实现港口的可持续发展，促进生态型港口建设，提高上海港的国际竞争力，我局特制订如下计划。

一、总体目标

不断完善上海港环境保护管理体制和机制，全面推进扬尘污染控制，切实减少扬尘引起的环境影响和社会影响，2010年上海港总体大气环境质量达到国内港口先进水平。

——通过港口总体规划的实施，逐步实现港区功能调整，使扬尘污染较严重的港区作业远离市区、居民区和旅游区。

——新建港口项目，在选址、设计、建设和营运之后严格执行建设项目环境保护法律、法规和规章的要求。

——已建老港区和货主码头，加强环境保护设施的投入、更新和技术改造及环境综合治理，控制和降低扬尘污染。

二、主要措施

（一）加强港口专项规划和建设项目环境影响评价工作（略）

（二）加强港口建设项目建设期管理（略）

（三）加强港口经营人营运期扬尘污染防治（略）

（四）建立网络，加强信息管理（略）

（五）加强监督管理和查处（略）

（六）科技创新和课题研究（略）

上海市港口管理局

二〇〇四年九月

（二）怎样写总结

总结是各级机关、企事业单位、社会团体和个人通过对过去一段工作的回顾、分析和研究，从中找出经验、教训，得出一些规律性的认识，用以指导今后工作的事务性文书。

1. 特点

（1）过程性。总结不仅仅是对过去的工作做出的评述，更重要的

怎样写工作总结

119

是对下一阶段工作的启示。因此，在总结中应该侧重展示整个工作过程的具体做法，一方面使实践者从这个阶段的工作中，真正看到成绩和不足，另一方面也使他人从中得到某些有益的启迪。

（2）评论性。总结除了回顾以往的情况之外，主要是引出对已经做完的工作做实事求是的评价，肯定成绩，指明存在的不足。因此，写总结的时候，要通过对大量事实材料的深入分析和研究来揭示带有规律性的结论和认识。

（3）实践性。总结是对以往实践的回顾，是本地区、本部门、本单位或作者本人自身实践活动的产物。因此，总结的对象必然是从自身实践中抽象出来的认识，总结中所选用的材料必然是自身实践活动中真实的具体材料。

2. 类型

按内容分，有学习总结、工作总结等；按范围分，有单位总结、个人总结等；按时间分，有年度总结、季度总结等；按性质和作用分，有综合性总结、专题性总结等。

行动：选择合适的语言风格

活动一："爱心大行动"项目（9）：比较不同语体的写作风格

分组完成两种不同的文体写作，一组写"爱心大行动"工作计划，另一组完成文艺语体（诗歌或散文）的写作，如"用我们的手温暖你的手——致贫困山区的失学儿童"。比较两种不同文体的用词和语法上的差别，总结应用文体的语言特点。

活动二：阅读分析

下面的句子都有歧义，请在其前面或者后面加些词语，使原句的意思变得明确。

1. 召开学生家长会议。
2. 我要炒肉丝。
3. 开刀的是他父亲。
4. 这饭不热了。

评估：是否能识别文体风格

一、小组评估

展示活动一的成果，根据讨论发言，评估打分。

二、自我评估

阅读下面一则计划，说说文章的风格特点。自我评估本节能力点掌握的程度。

·案例· ××市 2016 年春季关于全民义务植树造林的工作安排（草案）

根据全国人民代表大会通过的《关于开展全民义务植树运动的决议》，希望全市广大人民群众立即行动起来，积极响应党和政府的号召，在今年春季开展大规模的全民植树造林中，人人争当义务植树的突击手，争当保护林木的哨兵，人人为绿化祖国贡献力量。

一、任务和要求

（一）全市今年春季计划造林×××公顷，植树×××××株。要求每人平均 3—6 株，栽下后要有人管理，保证成活。植树宜在路旁、沟边、荒山坡进行，不占用好地。植树任务应在今年植树节（3 月 12 日）前基本完成。

（二）以市政府为领导，各区成立植树造林指挥部，以协调和指导全市性的植树造林活动。各地绿化办公室具体负责此项活动，划定各机关、团体负责植树造林的地区或地段，分片包干。

（三）各地苗圃要及时做好挖苗工作和树苗的供应工作。

（四）将 3 月 4 日定为全市义务植树造林宣传日，各区绿化办公室要会同市容办公室、园林系统做好宣传日的布置工作。

二、措施

（一）于 2 月下旬召开一次植树造林会议，参加人员：全市各机关、团体、学校、公司有关负责人等。重点研究植树造林的各项准备，采取必要措施予以落实。

（二）加强各单位、各部门植树造林的领导工作，认真解决各单位存在的问题。抽调×××名干部到植树造林第一线做具体工作，直到今年植树造林活动结束。

××市人民政府

二〇一六年一月十六日

单元综合练习

活动一：情境写作

根据以下情境，请以××区政府的名义向××市政府办公厅写一份关于×××超市火灾后情况报告。

××××年×月××日凌晨×时××分左右，××区劳动服务公司所属"××超市"起火酿成了特大火灾事故。事发后，各部门组织人员做了一系列具体工作。

材料一：该区常务副区长×××同志、主管副区长××同志立即赶赴现场，并组织消防人员、区房管局、××街道办事处、派出所等单位全力以赴投入救灾抢险和善后工作。

材料二：×月×日开始，组织力量清理火灾现场马路路面、废弃建筑物，保证了交通畅通，同时，得到该区供电局×××副局长的支持，把住户被切断的电源接好，保证了居民用电。

材料三：火灾原因正在调查。

活动二：写总结

根据自己的实际情况，写一篇不少于800字的学习或者工作总结，要求具有准确、规范、简约和平实的语言风格。

提示：

总结要写清楚做了哪些事情，是怎样做的，取得了哪些成绩或经验，有什么体会，存在问题以及今后的打算等等。

II

与人合作能力训练

第一单元　制订计划

能力培训测评标准

在一对一或团队工作环境中——

与本部门的同事、组织内部横向部门和组织外部相关部门共同制订合作计划。

在制订合作计划时，能够：

1.提出工作任务、所涉及的资料、设备和工具、工作进程表、合作人、合作地点。

2.确定自身的合作优势，挖掘合作的资源，明确自己在合作中所能够起到的作用，并使得合作者能够认识这种优势。

3.知道他人的优势和合作资源、影响；知道相关部门的合作资源，并且在合作计划中充分利用这些优势和资源。

4.明确合作过程的基本规则及出现异常情况时候的应急措施。

（摘自《国家职业核心能力培训测评标准〈与人合作能力单元〉》中级）

　　蜜蜂是群体活动昆虫。它们能够密切合作，通过大规模的、有组织的活动，建造出精美绝伦的六角蜂巢，令人叹为观止。但是，蜜蜂不能设计图纸，建造蜂巢凭借的是本能。如果仅仅凭借本能，人类造蜂巢的能力远远不及蜜蜂。而人类却可以通过精心的设计、周密的计划，进行分工合作，造出胜过蜂巢百倍的建筑物。

　　在合作之前，必须要有一份合作计划，作为大家共同行动的依据。具备中级合作能力的人，能够与他人共同制订合作计划，并且在计划的制订中起主导作用。具体的工作任务有四个方面，分别是：挖掘合作资源，确定合适人选，明确工作任务，商议合作规则。

　　四个技能点分别有四个案例和四项行动。案例讨论和训练活动中，具有合作经验的队员，特别是小队的队长，要发挥主要作用，不能推脱和过分客气。缺乏工作阅历的小队成员，要调整心态，扮演配角，为小队的整体进步甘当绿叶。

你准备好了吗

什么是与人合作能力

怎样组建工作团队

怎样形成组织文化

中

第一节　挖掘合作资源

目标：将可以利用的合作资源列入计划

制订合作计划的时候，要有可以利用的资源。"巧妇难为无米之炊"。在你的职业圈中，合作资源不是显露的，隐藏在难以发现的地方。"蒿草之下，或有兰香；茅茨之屋，或有贤良。""挖掘"一词所表达的意思是，要采用各种方法，使得资源从隐性变为显性。挖掘资源要有章法。东一锄头、西一铁锨，难以挖出宝物。善于挖掘者，能够根据合作目标，将各种资源聚合到一起。

通过本节训练，你将能够：

根据工作任务，掌握他人或者相关部门在能力、资金、设备、信息等方面的优势，将合作资源列入合作计划之中。

怎样表达合作意愿

> 蒿草之下，
> 或有兰香；
> 茅茨之屋，
> 或有贤良。

示范：绘制合作资源表

制订合作计划的基础工作是绘制合作资源表。表格中展示的内容有：

第一，完成工作任务，有哪些人可以纳入合作的范围。

第二，这些人所拥有的资源，包括其职业能力、所掌握的技术、所拥有的信息、可以调动的设备、可以安排的资金等要素。

第三，通过这些人，可以获得的间接合作资源，尽可能地扩大合作范围。

怎样挖掘合作资源

准备：丰富的合作资源

· 案例 ·　　　　　　　暗室盲人

残疾人联合会的孔部长负责就业安置，这项工作的难度比较大。盲人、聋哑人

的就业存在障碍。尽管国家有扶持政策，怎么说也没有健全人的就业机会多。他经常奔波于各家企业，说服人力资源部门负责人，尽量招聘一些残疾人，为社会减轻压力，为残疾人造福。但是，工作很艰难。一些企业宁可交纳相关的费用，也不愿录用残疾人。

　　某照相器材厂，胶片车间需要增加若干操作工，要求是能在暗室工作。这个岗位的就业训练难度很大。正常人要摸黑做事，容易出错，而且不安心长期工作。为了这个部门人员的招聘问题，工厂人事部的曹经理很犯愁。

　　某次会议上，曹经理遇到孔部长。互相诉说工作的难度。谈话中，说到春节电视播出的舞蹈《千手观音》。舞蹈是由一群聋哑人表演的，非常美，非常感人。受这个舞蹈的启发，他们想到，招聘一些盲人到暗室工作，不是两全其美吗！

　　二人马上联手落实这个设想。半个月后，稍加训练的十位盲人开始工作。他们工作态度端正，人心稳定，而且，作为视力残疾者，在暗室工作非常适应。曹经理非常满意，孔部长更满意。既解决了工厂的用人问题，又解决了残疾人的就业问题。

　　你要组织他人共同做事，这是评价一个人是否达到中级合作能力的主要标准。一个团体，如果无人组织，大家各自为政，必然造成资源浪费。人越多，心越散，可以说是乌合之众。

一、没有人会拥有所有资源

　　你需要通过一份合作计划，主导合作进程，使他人认识到，资源聚集、合作共事的好处。完成一项任务，所涉及的因素，一般为五个方面，即：人、资金、设备、信息、技术。这些资源不可能被某人全部拥有，也不可能被某个部门或者某个企业全部拥有。

　　制订合作计划的前提是，在接受工作任务之后，能够充分认识自身的局限性。对于职业能力强，在资金、设备等方面具有明显优势的人，更要注意强与弱的辩证关系。

　　通过建立合作关系的能力训练，已经明确了自己的职业合作圈。手头有一份名单，分成内圈、中圈和外圈程度不同的合作关系。

　　在职业合作圈的基础上，绘制出合作资源表。所列出的人数，少则三五人，多则八九人。名单后面，要标明他们的岗位、职务、联络方式，以及合作关系的密切程度。

二、注意有价值的合作资源

　　不能忽视那些表面看来比较弱的人。有些合作资源，是巧遇而得来的。

　　一部反映我国情报侦听工作的电视剧中，主人公要寻找一位听力超常的人。到了上海音乐学院，要找到的人却坠楼身亡。无奈，只好到乌镇找到一位盲人。这位盲人不仅视力残疾，而且智力也有障碍。

后来，恰恰是这位盲人，为监听电台做出了重大贡献。真是"有心栽花花不开，无心插柳柳成荫"。

有位名气很大的导演，发现一个值得拍摄的剧本，却苦于资金不足。烦恼中，被女朋友拉去参加一个私人聚会。他不喜欢热闹，躲在走廊吸烟，遇到另一位男士，也是被太太拉来做陪衬的。那位男士主动提出开车送导演回家，一路交谈，彼此很投缘。分手时，担任司机的男士提出，投资一千万给导演。导演又喜又惊，原来那位男士是可以调动数千万资金的老板，也正苦于没有适合的投资项目。一个对我国电影界有重大影响的合作项目，就是这样促成的。

人们很容易忽略自己身边丰富的合作资源。可以采用罗列表格的作法，将自己的同事、社会关系列出，分析其职业能力、所掌握的技术、所拥有的信息、可以调动的设备、可以安排的资金等要素。所涉及的要素尽量具体、详细。

三、合作资源如同宝藏

通过这些人，你还可获得间接的合作资源。人有血缘、地缘、业缘等社会关系，其所处的社会位置，对于完成某项任务，将起到十分重要的作用。通过列表你将发现，自己所拥有的合作资源，是非常丰富的。这些资源如同宝藏，平时并不显露，也不是人人可以见到。有些资源容易被忽略，就在身边、在不经意的地方。

曹经理与孔部长遇到就业难题时，受到舞蹈《千手观音》的启发，挖掘盲人在暗室工作的优势，将弱者转化为强者。实际上，这是发现了潜伏在残疾人身上的宝藏。这些盲人到工厂就业，不是求得他人的恩赐，而是与工厂建立了相互协作、共同发展的关系。这样的合作关系，可以长久地保持。

对于残疾人的独特优势，人们早有认识。旧时代的战争中，攻城的一方以挖地道的方式，克服巨大的城墙障碍。守城的一方为防备地道挖通，在地下埋一些缸，伏在缸上，可以听到远处的挖掘声音。安排盲人来负责听声，效果很好。

人有视觉、听觉、触觉、味觉、嗅觉。其中，视觉所获得的信息量，占全部信息的83%。一旦视觉丧失，必然产生沟通障碍。"物极必反，否极泰来"。恰恰由于视觉的丧失，盲人的听觉、触觉高度发达。听远处的声音，需要借助盲人。由于触觉的灵敏，优秀的按摩师，也大都是盲人。

四、从《水浒传》中学习挖掘资源

你可以从古典文学作品中，学习古人是如何挖掘合作资源的。特意邀请的人，可能没有建立合作关系。无意碰到的人，却成了合作的好伙伴。《水浒传》讲述的是草莽英雄，聚义山林，合作举事，以弱胜强的故事。书中的领袖人物宋江，县衙文书出身，没有什么杰出的本领，却可以聚集众多人才，靠得就是与人合作的本事。宋江挖掘合作资源的本事，很值得借鉴。

在《水浒传》第七十一回，忠义堂石碣受天文，梁山泊英雄排座次，列出三十六天罡星、七十二地煞星，共一百零八位好汉。排在前面的，一个号称山东呼保义，另一个号称河北玉麒麟。宋江为实现"替天行道"，招安归顺的目的，他想方设法挖来北京大财主卢俊义。到了梁山，他为了发挥其作用，不惜得罪吴用等弟兄，坚持要卢俊义坐第二把交椅。

除了林冲、李逵、武松等著名好汉，梁山泊的好汉中，还有一些不引人注意、但不可忽略的人物。在第七十一回中，作者用详尽的笔墨，列出一百零八个人的职责分工。这是关于合作资源开发的典型案例。你要查阅原著，参考梁山好汉的分工情况。

在《水浒传》一百零八个位好汉中，有许多小人物，平素被众人轻视。譬如，在智取生辰纲中卖酒的白日鼠白胜，号称地耗星；善于偷鸡摸狗的鼓上蚤时迁，号称地贼星。对于这样的人，宋江、吴用安排他们担任步军头领，主要负责通报消息。

书中还有许多人物，专门掌管监造诸事，担当某一个方面的头领。如圣手书生萧让，负责写标语、檄文；如神算子蒋敬，负责算账记账；如玉臂匠金大坚，负责篆刻；如神医安道全，负责治病疗伤；如操刀鬼曹正，负责处决犯人；如险道神郁保四，负责打旗。

宋江挖掘合作资源的本领，很值得借鉴。

行动：自驾出游的合作计划

活动背景：

临近国庆节，同在一家公司的两位同事酝酿，组织一些人，自己驾驶车辆，到附近三百公里以内的景点旅游，活动时间为三到五天。

活动的发起人中，一个人刚购买了一辆捷达牌轿车，是二手车，已经行驶8万公里；另外一人有驾驶执照，无车，也缺乏驾驶经验。两人都25岁，未婚。一个人大学本科学历，父母在外地，住单身公寓。另外一人中专学历，与本市的父母住在一起。

以小队讨论的方式，帮助这两个人制订一份自驾出游的合作计划，重点解决三个问题：

第一，这次自驾出游活动需要多少人参加？（困难在于，人数太少不成规模，太多难以控制。）

第二，需要哪种类型的人参加活动？这些人应该具备哪些资源？

能够组成完全自愿参加的旅游团队，对于制订计划者，是一次全面的检验。

（如车辆的来源、经费的支持、赞助商、广告商等。）

第三，如何找到能够加盟这个活动的人？寻找的范围多大，寻找的方式有哪些？

评估：是否具备挖掘合作资源的能力

一、培训师评估

完成自驾出游的方案，是个难度较大的作业。这个活动实际上是完成一个合作资源的开发计划。组织活动的两位年轻员工，自身的优势不明显。如何挖掘合作资源，需要各个小队的成员为他们多出一些主意。

检查每个小队的合作计划，判断每个小队挖掘合作资源的能力。

在活动计划中，必须明确，所有参加这个活动的人有可能获得的利益。每个人参加活动的目的不同，如何整合众多人的目标，形成一致的活动目标。譬如，邀请新闻媒体、保险公司、车辆销售公司、修理商、当地土产经销部门的加入。

在活动计划中，这两位发起人也要获得利益，不能简单地奉献或者牺牲个人利益。通过邀请众人的加入，这两人可以获得需要的资源。

> 在合作计划中，必须明确，所有参加这个活动的人有可能获得的利益。

二、自我评估

1. 认识合作资源的强弱辩证关系

如果你在完成任务的人员、资金、设备等方面，具有明显优势，是否从本节的案例中得到启发，充分注意到合作资源的强弱辩证关系。你发现了哪些原本忽略的合作资源？

2. 通过古典名著获得的启发

你是否已经查阅了《水浒传》的原著，熟悉梁山好汉的合作分工情况。你能够背诵一百零八位好汉的姓名、绰号和岗位吗？你是否查阅了《三国演义》中曹操的用人计划，或者《红楼梦》中探春的用人计划。注意，不能观看名著改编的影视作品，一定要看原著，还要做笔记。你要向培训师和同一个训练班的学员汇报自己阅读原著的情况。

第二节　确定适宜人选

目标：使每一位合作者都发挥作用

要能够让适宜的人做适宜之事。合作，是各个方面取长补短，充分发挥各自的优势。"凡人不可貌相，海水不可斗量"。不能忽视每一位合作者的作用，不是将所有的事情包揽在自己身上。制订合作计划的时候，要充分了解合作伙伴，考虑到各位合作者的长处，

通过本节训练，你将能够：

通过制订合作计划，使每一位合作者都能够发挥作用。

> 凡人不可貌相，
> 海水不可斗量。

示范：依照各自特点安排工作任务

怎样定位职业角色

根据所掌握的合作资源，依照每个合作者的特点，把工作安排下去，让每一位合作者都起作用，避免凡事亲力亲为。

根据工作任务，安排适宜的人，去做适宜的事。不能忽视那些普通合作者。越是处于基层位置的人，做事情就越专注。合作的本质就是每个人都专心做自己最擅长的事。

掌握心理测试的方法，识别合作者的个性特点，在完成某种特定工作任务的时候，发挥那些所谓有明显缺点的人的优势，去做常人所难以完成的工作。

准备：安排适宜的人做适宜的事

> ·案例·　　　　事必躬亲的导演
>
> 　某市举办大型公益演出，年近六十的严导演，被文化局请来负责演出策划、编导。
>
> 　这台节目时间紧、任务重，参加演出的人员来自四面八方，要反复协调、磨合，才能形成一台整体节目。严导演精力过人、能力全面。他事无巨细，全部抓在

手里。每天，从早上九点一直忙到次日凌晨四点。

华主任是文化局办公室的副主任，负责演出费用日常支出、审核等管理工作。每逢有经费支出，作为总负责的严导演都要在费用报销的审批单上签字。华主任为人谨慎、工作精细。可是，严导演比华主任还仔细，几元钱的开支，都要过问。

华主任劝严导演，不要过于操心，把主要精力放到节目的编导上。严导演不听。一天，某小品演员对快餐不满，发脾气。华主任好言劝告，另外叫了一份快餐。那位演员还是不满意，又提出要买香烟。华主任当即安排专人买香烟。那位演员还不满意，挑剔香烟牌子。必须是某某牌，还要软包装的。

严导演听说这个情况，非常不高兴。他指责华主任办事不力。华主任解释说，特殊人物可以特殊对待。严导演大怒，斥责华主任软弱、无能、乱用政府的钱。说着说着，又去指责那位演员。那位演员声称罢演，拂袖而去，严导演见状，愤怒地将手中的杯子摔向那位演员。杯子没有飞出去，他却倒在地上。

大家急送严导演到医院。因突发脑溢血，医治无效身亡。华主任大悲："严导演呀严导演，这点事情完全可以由我来处理，你这样走了，太不值了！"

合作计划必须体现出群体的作用。根据所掌握的合作资源，依照每个合作者的特点，把工作安排下去，让每一位合作者都起作用，拥有发挥自身优势的机会。

一、尽力将工作安排下去

在合作计划里，处于合作主导地位的人，所承担的工作量应该少于其他合作者。这样安排，是保证合作的主导者能够有更多的精力，发现合作中存在的问题，控制合作进程，弥补他人的过失。而不应该忙得无法分身。

怎样确定适宜人选

严导演的工作方式，存在着致命的缺陷。作为一场大型演出的总导演，他的主要任务是发挥群体的作用，让每个人都参与进来。不应该将什么事情都揽到自己的身上。按照分工，管理账目、审核经费、协调演员关系等工作，完全可以由华主任承担。严导演却要亲力亲为，做不过来，大为愤怒，导致悲剧。

即使是自己很熟悉的工作，也不一定就分派给自己。只要有合适的人选，能够安排给他人，就要尽量安排出去。这样做，不是推卸自身责任，不是偷懒，目的是发挥群体的作用。其实，由别人来做，可能效果要比你直接做好得多，不能总觉得他人不如你，"青出于蓝而胜于蓝，冰生于水而寒于水"。

> 青出于蓝而胜于蓝，冰生于水而寒于水。

有位办公室主任，每逢聚餐宴请，点菜的任务都由他承担。开始，他觉得点菜很辛苦，揣摩客人口味，观察领导脸色，还要考虑费用控制。做久了也就习惯了。提升为副局长后，每逢宴请，他都会习惯性地拿起餐牌，亲自点桌菜。大家对于他点的菜，表示一致的赞誉，有人说他是美食家，有人说他是艺术家。这是他做办公室主任时，从来没有的情况，使他很有成就感。以后，每逢宴请，还是他亲自点菜，一直很辛苦。

二、避免凡事亲力亲为

你必须要提示自己，不能陷入亲力亲为的误区。这位副局长所陷入的误区，与那位导演是一样的。其实新任的办公室主任，可能在点菜方面，比他做得更好，只因为他是局长，大家才恭维几句。他却陷在这样的事务堆里。

多数人都可能亲历这样的问题。由别人安排自己工作的时候，感觉不到什么，而由自己来安排别人工作的时候，总是觉得别人做不如自己亲自做。

很多人喜欢自己驾车上下班和外出办事。这样的安排，不适合每一个人。一些人的操作能力不强，费了好大劲才拿到驾驶执照，不熟悉交通路况，不熟悉车辆维修保养。在快速路上，以每小时30公里的速度行驶，严重影响交通，被称为马路杀手。

不必自己养一部车，也不一定自己充当司机。解决交通问题，要积极地与城市巴士、地铁、出租车等公共交通服务机构合作。不仅可以节省费用、节省时间，还可以促进环保。确实觉得公共交通不方便，可以与出租车司机建立合作关系，保证随叫随到。也可以与驾驶技术优秀的同事合作，付一些费用，合作上班下班。

> 自己来安排别人工作的时候，总是觉得别人做不如自己亲自做。

三、安排适宜之人

考虑工作任务的人选，不能只是注意那些所谓的杰出人士。杰出与否，是个相对的概念。"牡丹花好空入目，枣花虽小结实成"。要根据工作任务，安排适宜的人，去做适宜的事。这是保证合作成效的基本点。

集体性体育比赛中，选择的队员，必须是适宜的，而不能都是超级明星。一个分工适宜的团队，可以获得杰出成绩。而一群超级明星组成的队伍，整体战绩会流于平庸。

你可以通过观看比赛，发现很多典型的案例。我国是世界乒乓球强国，拥有足够的世界一流运动员。但是，两个乒乓球单打的世界冠军组合，往往无法战胜一对单打水平都并非顶尖的双打选手组合，其原因就在于后者的配合更胜一筹。

你要考虑到，每个人在团队中的位置。可以从篮球队员的责任分工，来掌握分派合作任务的技巧。五名队员的岗位名称是，控球后卫、得分后卫、中锋、大前锋和小前锋。控球后卫是掌握得球机会最多的人，其任务是把球从后场安全地带到前场，再把球传给其他队友。小前锋的主要任务是得分。接到球，小前锋就要把球往网篮塞。

> 牡丹花好空入目，枣花虽小结实成。

> 一群超级明星组成的队伍，整体战绩会流于平庸。

133

大前锋的主要任务是得篮板球。抢篮板、防守、卡位都少不了大前锋。在投篮、得分方面，大前锋却经常是最后一个。中锋是一个球队的中心人物，他在攻守方面，都是球队的枢纽。

如果要取得一场篮球比赛的胜利，就要明确五个人的合作关系。教练员要根据队员的情况，制订详尽的计划，确定每个人的位置，设计各种配合模式。在一些地方，几个人凑在一起，打场球，没有职业教练，也要有个人起主导作用，大致了解几个人的特点，分配适宜的位置。五个人抢到篮球，都拼命投向篮筐，拼命自己得分。这样的球队，一定是乌合之众。

你要尽量将工作分派给他人，不能忽视那些普通的合作者。在完成任务的时候，越是处于基层位置的人，做事情就越专注。合作的本质就是每个人都专心做自己最擅长的事。各个方面能力很强的，不一定是合适人选，因为这样的人往往注意力不集中。

> 越是处于基层位置的人，做事情就越专注。

如果你参与一个课题研究，从报刊上选择了几十万字的资料，需要录入电脑，转化为电子文稿。你没有时间，需要有人帮助你完成任务，将从研究经费中支付一些加班补贴。自己所在的部门有两个人可以考虑。一个人是大学生，文字能力很强，电脑录入水平中上。另一个人只有中专学历，电脑录入水平上等。经过比较，你会选择请后者帮忙。这样的人，更容易接受指令，做起事来更专心，更能保证时间和质量。

四、通过测试安排适宜之人

分派工作任务的时候，心理测试可以帮助你，让适宜的人，去做适宜的事。为了完成特定的工作任务，可以让一些有明显缺点的人，去做某一项工作。一个人喜欢吹毛求疵，正好从事质量检验。一个人争强好胜，可以安排开拓市场。一个人非常斤斤计较，可以负责原材料的保管与办理进出仓库手续。

> 为了完成特定的工作任务，可以让一些有明显缺点的人，去做某一项工作。

如果尚未掌握心理测试技术，也可以通过一些简单的测试，来了解合作者的特长、能力。譬如，公司召开运动会，你所在的部门报名参加4×400米接力赛。确定人选的直接方法，就是请那些平时喜欢跑步打球的人，到运动场跑上几圈，测试他们的爆发力、速度、耐力。群众运动会上的接力项目，能够凑齐人数，就有可能拿到名次，特别是凑齐跑400米的四个人。根据特点编排次序，爆发力好的人，跑第一棒，冲刺能力强的人，在最后一棒。最弱的人，跑第三棒，只要能够顺利跑下来，不摔倒、不掉棒。所以，这个第三棒的稳定性要好一些。

行动：公司庆典筹备工作分工

活动背景：

某集团公司拟举行公司创立25年庆典，筹备工作交给集团办公室的三位员工。他们将与集团公司的公共关系部、财务部、工会办公室、物业部、销售部、技术开发部、人力资源部等部门，共同筹备这个意义重大的庆典。董事会高度重视这个活动，组成筹备组，安排公司董事、党委书记担任组长，办公室抽调三人，其他7个部门各抽调一人，在14天内，做好庆典大会的全部准备工作。

按照筹备组长的要求，办公室的三人要写一个初步计划，明确这11个人的工作任务分工。主要工作项目有：对外宣传、拟订会议文字资料、推选优秀员工、确定奖品礼品规格种类以及购置、邀请嘉宾、组织文艺演出、租用和布置会场、预算费用、调度车辆、安排宴会等。

每个小队选择三个人，用15分钟时间，确定庆典筹备的分工方案，然后交给全队讨论。

评估：是否具备合理分派任务的能力

一、培训师评估

讲评各个小队的分工方案。在方案中，充分考虑到每个部门的特点，发挥各自的优势，要注明理由。根据分工的安排，评价每个小队的成绩。

注意观察，各位队长如何指派完成这项任务的三个人。要求队长列举测验合作者能力的方法，特别是一些心理测试的方法。

二、自我评估

同事合作驾车上下班，或者住在某一栋楼内的邻居合作驾车接送在同一个幼儿园、小学的孩子，这种情况可以称为"拼车"。你是否主张这样的作法？

如果你的同事或者邻居缺乏这样的愿望，你如何成功地将这个道理说清楚，并制订一份合作解决交通问题的合作计划。如果你做到了。可以确认已经了解并掌握了分工合作的原理，具有发挥各自优势的策划能力和实施能力。

第三节 明确工作任务

目标：通过适宜的方式明确工作任务

在挖掘合作资源、确定合适人选之后，你需要将工作任务布置下去。你所制订的合作计划，合作者难以马上就理解，也无法积极地接受工作任务。"相识满天下，知心能几人"。通常的思维误区是："我以为你知道我正在想什么？"其实，对方与你的思想差距很大。合作过程的任务布置，不能是命令式的。各方的地位平等，命令的方式无法达到合作效果。

> 相识满天下，
> 知心能几人。

通过本节训练，你将能够：

使多数人参与合作计划的制订，通过适宜的方式来明确工作任务。

示范：按照基本步骤指派工作

采取商议的方式布置工作。将一项看起来很庞大的工作，分解成若干个分项，根据所掌握的资源，确定人选，与相关的人进行正式的沟通。完成三个基本步骤：讲清合作目标、说出工作需要、阐述分工情况。在必要的时候，集中精力，在限定的时间内，审核合作计划，进行必要的修订。一旦决定的事情，不能再七嘴八舌。如果有不同意见，只能保留，不能再临时更改。注意文字和口头沟通的互补，整理出正式文字，使他人真正理解合作计划，采取复述的方式，检查他人的理解情况。

怎样明确工作任务

准备：凡事皆有序

·案例·	三请总经理

金志远先生从事多年国际贸易，现在想投资办个美容院。他无暇直接管理，也

不熟悉这个行业，只能请内行来担任总经理。正巧，中学同学魏菁菁是这个方面的行家，目前正在一家美容院担任多年常务副总经理。金先生打算以当地行情的最高工资，聘请老同学担任总经理。

第一次谈到这个事情，魏菁菁没有答应。她认为，老同学对于美容产业了解很少。自己虽然内行，但是，毕竟金志远是老板，难免出现经营管理的分歧。几十万元投进去，如果效益方面出现问题，自己无法向老同学交代。如果金先生投入资金，她投入技术和管理，二人合作创业，风险共同承担，则可以考虑。她间接地表达了这个意愿。

第二次约见老同学，金先生同意合伙创业，并给予20%的管理股份。可是，魏菁菁还是没有马上答应，而是提出做一份商业计划书。通过这份计划书，魏菁菁才知道金先生创办美容院的目的：以美容院为窗口和基地，销售某国际品牌的产品，拓展客户关系。这家美容院的服务收入，只起到辅助作用。美容产品销售，才是利润来源的主渠道。

到了第三次约见，金志远携自己的太太，并请来魏菁菁的丈夫，还邀请了一位在政府担任处长的老同学作为见证。在一家茶馆，正式邀请魏菁菁加盟。在大家的见证下，魏志远、魏菁菁分别在合同书上签字。

魏菁菁举起茶杯，对魏志远说："话说清楚，做起事情才能顺利。老同学，我以茶代酒，谢谢你的邀请和信任。"金志远深切感到，合作要经历一个过程，沟通更需要到位。

经过合作资源的挖掘，通过合作人选的确定，你已经有了初步的合作计划。接着，你要通过适宜的方式，使合作者了解这个初步计划，提出建议，了解合作目的，掌握自己所要承担的职业角色，积极地接受工作任务。

一、商议过的计划更容易落实

合作计划不可是一个人独立制订。必须在其他人的参与下完成。你只能写出一个初步的设想。要以适宜的沟通方式，征求合作者的意见和建议。"做事须循天理，出言要顺人心"。表达方式非常重要，要有必要的形式。

> 做事须循天理，
> 出言要顺人心。

金先生创建美容院，在资金、产品、渠道等方面，有一个初步的设想。魏菁菁对于工作任务，需要一个理解过程，所以负责任的人不会马上接受邀请。她一定要参与策划，明确自己的角色、位置、任务和合作的目标。

通过商议而形成的合作计划，落实起来更容易一些。避免简单地布置、指派工作任务。即使是上级对直接下属，也要采取商议的方式，才能建立合作关系。

在工作之前，主管以平等的态度，征求下属的意见和建议，采取商议的方式布置任务，很多悲剧有可能避免。所以，在合作计划确定前，必须要沟通，征求意见，至少打个招呼，通个气。

二、将工作任务分解

你要将工作任务分解。将一项看起来很庞大的工作，分解成若干个分项。根据所掌握的资源，确定人选。然后，与相关的人进行正式的沟通。可以采取集体沟通，对于关键人物要个别沟通。不仅是一次沟通，有些情况需要多次沟通。沟通的步骤如下：

第一步，讲清合作目标。清晰地讲出要做什么事情，达到什么目标。必须掌握合作目标的讲述方法，你要用直接、简单并且能够打动人心的方式，引起合作者的注意。你可以读读毛泽东的《愚公移山》，这是在中国共产党第七次全国代表大会上的闭幕词。领袖毛泽东描绘一个打败侵略者、建设新中国的宏伟目标，合作者是亿万老百姓。

第二步，说出工作需要。列举其特点、优势，使合作者感到自己参与的价值与意义。态度诚挚，用请求的语气。《三国演义》第三十八回中，刘备三顾茅庐，又在屋外等候多时，才见到诸葛亮。刘备向诸葛亮说出工作需要的口气十分谦卑。他说："备虽名微德薄，愿先生不弃鄙贱，出山相助。备当拱听明海。"诸葛亮推辞，刘备哭泣："先生不出，如苍生何！"哭泣有些过分，但思路可以借鉴。承认自身不足，适当地表示弱小，是邀请能人的切入点。建议用这样的表达方式："请你来，是我们迫切的需求，必须聘请你这样具有技能和经验的人来帮助我们，而且你是满足需求的最佳人选。"

第三步，阐述分工情况。详细地向合作者描述工作任务，有哪些项目，缺什么人材，承担什么责任。要不厌其烦，避免笼统简略。譬如，在生存能力实验中，大家在荒芜的海边野炊，负责人不能笼统地说：大家做饭吧，而是说出有哪些具体工作，诸如拾柴草、搭锅灶、钓鱼虾、找淡水、造火种等。提出工作分工建议的时候，要认真征求对方的意见。

完成这三个步骤后，你要集中精力，重新审核合作计划，进行必要的修订。在经过有关部门、上级领导审批后，将合作计划以文字的形式确定下来。然后，将确定的合作任务布置下去，使每位合作者各就各位。

三、区别过程和结果

你要注意过程与结果的区别。征求意见、商议问题，是制订计划的过程。这个阶段，思维是开放、发散的。布置合作任务，是制订计划的结果。到了这个阶段，思维是集中的、收敛的。一旦决定的事情，不能再七嘴八舌。

可以采取集体沟通，对于关键人物要个别沟通。不仅是一次沟通，有些情况需要多次沟通。

怎样学会项目管理

如果有人还有不同意见，只能保留，不能再做更改。除非出现极为特殊的情况。即使更改，也要履行必要的程序。合作的主导者，负责指引方向，确定目标，分派任务。

参与合作的人，对于合作计划不具备最后决定权。主导者可以最后确定合作计划，指派任务。这也就是通常说的最后"拍板"，也就是一锤定音。

四、保证合作计划的传递效果

你要注意文字和口头沟通的互补。在商议计划、征求意见的时候，多采用口头沟通的方式。口头沟通，比较生动亲切、能够及时反馈，但是，这种方式的信息传递不准确，很容易造成曲解。"差之毫厘，失之千里"。虽然文字沟通比较麻烦，又有距离感，却比较准确，可以反复阅读，能够长时间地保存。

> 差之毫厘，
> 失之千里。

在合作的目标、方式、任务分工确定以后，要将合作计划整理成为正式的文字。每位合作者掌握一份。行动的时候，不是凭各自的记忆，而是依据这份资料。

你还要注意，有些处于基层位置的合作者，很少有机会参与合作计划的讨论。这些人只是按照分派的工作，完成具体的任务。在布置工作任务的时候，要使这些人真正理解合作的计划。

有些合作者做事情的时候，受自身习惯的影响很大。看到合作计划，听到工作安排，好像听清楚了，其实并不知道自己要做什么，应该怎样做。这样的沟通现象，广东话称为"鸡与鸭讲"，意思是"与你说不通"。

你在布置任务的时候，不仅要将合作计划以文字的形式发布，还要再以口头沟通的方式，向全体合作者讲述。你要采取复述的方式，检查他人的理解状况，即要求合作者以自己的表达方式，将合作目标、任务复述一次，从中可以发现很多问题。

> 将合作计划整理成为正式的文字。每位合作者掌握一份。行动的时候，不是凭各自的记忆，而是依据这份资料。

行动：将水瓶子叠起来

每个小队事先准备50个以上塑胶水瓶。要求寻找那些已经使用过的，必须是圆柱型的，规格基本一致。

活动要求：

在小队全体成员的共同努力下，将这些瓶子叠放起来，尽可能叠放得高一些。在叠放之前，必须做出活动计划，确定叠放的方法，并且画出示意图。

活动中，不得互相观望其他小队的做法。示意图是确保各个小队独立思维的依据。由于叠放后的瓶子堆不稳定，建议采用数码相机留下精彩的瞬间，也作为横向比较的依据，看看最多可以叠放多少层。

评估：是否正确理解了行动要求

一、培训师评估

通过这个活动，可以获得评价合作能力的第一手资料。从三个方面判断成绩：

1.小队如何获得活动的器具，瓶子。在第一次训练课程的时候，就要布置这个任务。如果没有准备好，看看各小队是否能够克服困难，准备充足的水瓶。如到商场买水（没有说自己购买的瓶子一定不行，只要喝掉就可以了）。

2.判定各个小队的示意图，如果将瓶子立着放，高度上将占据优势。看起来很高，但层数并不多。如果将瓶子横着放，如同砌砖墙，纵横交错地叠放起来，层数很多，但是，在基座上要摆很多的瓶子，稍有扰动，将散落下来。观察队长如何指挥大家制订计划，并且执行计划。

3.记录瓶子叠高的情况，与已经创造的记录进行比较。在实际的演练中，已经有叠放10层以上的纪录。看看哪个小队能够通力合作，达到或者超过这个指标。在适当的时候，如何理解活动规则，突破思维的局限，充分发挥其他资源的作用。

古人讲：君子善假于物。在叠放瓶子的过程中，如果有队员看到这个提示，是否可以依托一些物体，使瓶子的叠放突破极限呢？

可惜，你们只顾眼前的事情，没有注意到这条提示。

二、自我评估

1.学生时代的班级活动回顾

在小学、中学时代，每当组织班级活动的时候，班级干部是如何布置任务的。如果你曾经是班干部，通过这个小节的训练，是否发现当时自己分派任务方面的不足之处？

2.叠高瓶子活动的总结

在活动中，你是如何理解培训师的指令的？你所在的小队在制订计划、完成任务方面有哪些可圈可点之处？对比其他小队，还要做哪些改进？

第四节　商议合作规则

目标：确定共同认可的合作规则

所有的合作过程，都将出现矛盾和冲突。制订合作计划者，要能够预见到"三个和尚无水吃"的情况。解决矛盾，缓解冲突，不是单纯依靠合作者的道德自律，而是依靠明确的规则，将丑话说在前面。"勿临渴而掘井，宜未雨而绸缪"。凡事都要做最好的努力，也要做最坏的打算。一旦不希望的事情出现，要有应对的措施。

通过本节训练，你将能够：

确定大家共同认可的规则，列入合作计划之中，为执行合作任务、实现合作目标提供保障。

> 勿临渴而掘井，宜未雨而绸缪。

示范：与合作者讨论有关规则

充分估计到合作过程的矛盾，预测可能导致冲突的因素，控制合作过程的内部损耗。对于合作中可能出现的问题，做最坏的假设，能够考虑到人性阴暗的一面。

与合作伙伴详细地讨论有关规则，不要担心出现争议。即使最终的意见无法达到一致，也要经历讨论这个过程。

在不同的规则出现冲突的时候，具体情况具体分析，小道理服从大道理。

怎样商议合作规则

准备：没有规矩不成方圆

·案例·　　　　　　行李丢失

七位工程师同去欧洲访问，公司的总工程师陶总带队。在这个七人团队中，小姜的年龄最小。她是第一次出国，兴致盎然，很想为大家多做一些事情。

因气候差异，大家带了不少行李，一些行李要到香港机场托运，一些需要随身携带。从公司出发的时候，小姜拖着行李箱，背着行军包，又腾出一只手，帮助陶总拖箱子。陶总坚持自己拿，与小姜争执了好一阵。小姜争不过，转身又帮助另外一位同事拿背包。

一行人乘公司的面包车，从广州来到深圳蛇口港，直接办好检验手续后，将大部分行李托运，每个人只剩下一件可以随身携带的提包。小姜又积极地帮助其他人拿提包。

七人换乘大巴车，来到香港机场。在等候登机的时候，小姜想去洗手间。她发现，自己的手袋不见了。大家一起检查物品，所有人的提包都在，唯独少了小姜的手袋。

陶总问小姜，手袋里面有什么物品。好在证件、机票都在陶总手里，手袋里面只有一些现金、化妆品，估计是遗忘在从蛇口到香港机场的大巴车上。

已经到了登机时间，陶总请求机场方面，帮助寻找手袋，留下联络方式。同时，安排一位女性陪同小姜，迅速在机场的商店临时买了提包和零用物品。

风波过后，陶总召集大家，讨论这件事情的教训。陶总说：外出活动，需要互相帮助，但必须明确每个人的分工。在旅途中，能够手提的物品，要自行照管，不提倡互相帮忙，以免出现失误。

只要合作，必然会有矛盾。矛盾导致冲突，冲突造成内部损耗，使合作无法正常进行。

一、冲突所造成的损失难以弥补

四个人玩纸牌，开始好好的，过不了一会儿，就吵了起来。这一个说那一个不按照规则出牌，那一个说这一个根本就不懂规则，闹得不亦乐乎，甚至桌子都掀翻了。刚才谈笑风生，转眼剑拔弩张。玩纸牌是休闲，即使吵了起来，问题还是不大。既然无法继续在一起玩，大家散伙就是了。但是，工作过程的矛盾冲突所造成的损失，是无法弥补的。

> 既然无法继续在一起玩，大家散伙就是了。但是，工作过程的矛盾冲突所造成的损失，是无法弥补的。

四人合抬一张桌子，桌子很重，还要上六层楼。两人在前，两人在后，后面的人很吃力，前面的人很别扭。可是，再吃力再别扭，也不能互相指责，更不能撒手躲开。一旦有人轻易撒手，将给另外三人造成伤害。

在一所中学，老师安排初中二年级的学生搬桌子，两个十四岁的男生边打闹边斗嘴边搬桌子上楼梯。正在半楼梯处，处于上方的男生突然撒手，处于下方的男生被桌子撞到胸部，被紧急送到医院，由于伤及要害位置，抢救无效死亡。为了这个事件，家长、学校都付出了沉重的代价。

二、规则可以起到约束作用

你和他人共同制订的合作计划中，必须有合作规则。规则是供大家共同遵守的制度或者章程。加入一个政党组织，学习掌握党的章程，举手宣誓后，就要遵守相应的规则，如交纳费用、严守机密、参加活动等。这就是"民有合约、官有正条"。

民有合约，
官有正条。

几个人在旅行中相遇，为了消磨时间，凑在一起打牌，就要说好扑克牌的游戏规则。不同地区、不同城市的规则不一样，事先不讲清楚，就无法在一起玩。

解决矛盾，不能单纯依靠合作者的道德约束。合作共事的人，需要具备基本的道德素质，有职业良心，做事负责，能够考虑他人利益。

你要做一个假设，把人的道德素质估计到最低位置，很可能自私、计较、懒惰。这种假设不一定符合实际情况，却揭示了复杂人性中阴暗的一面。如果人人都不自私自利，而是大公无私，舍己为人，合作将不会有任何问题。

规则不一定能彻底改变人的弱点，但是，可以抑制自私、计较、懒惰等本能反应。现实是残酷的。前面提到的初中生搬桌子，家长追究学校的责任，校长指责老师的失职，老师斥责那个惹祸的学生。处于上方的学生辩解，桌子太宽、楼梯太窄，手撞到墙上太痛才撒手的。

惹祸的初中生说的是实话。遇痛撒手，是人的本能反应。如果明确规则，人们可以控制本能反应。老师在劳动前，必须向没有经验的学生讲规则："合搬桌子，一定要互相照应，不能撒手，即使是手痛、脚痛，也要忍耐，确保共同的安全。"在每个工作小组指派一位负责人，协调行动，其他人要服从指挥。

三、规则能起到调节作用

有一个"七人共食一锅粥"的寓言，讲述了分粥规则的调整作用。七人共食一锅粥，粥量有限，不足以让大家随意拿取，必须分到每人碗里。没有精确的称量用具，只能用勺子来分。一个人分，另外的人眼睛盯着。这么分，那么分，还是无法十分均匀。七个碗里的粥，有的多，有的少，有的稠，有的稀。为公平分配，大家争得面红耳赤。七天一个周期，每个人可以轮到一次分粥的机会。轮到谁，谁就分给自己碗里的粥最多。结果，每个人在一周中只有一天吃得饱，而且有剩余，其余六天都吃不饱。

经过商议，改变了分粥的规则。每天，还是轮流主持分粥。但是，粥分好后，主持分粥的那个人，要等到别人取完后，才能取自己的那一份。如果每个碗中粥的多少稠稀差异太大，最后剩下的只能是最差的。这样的规则，使分粥者要尽量做到七只碗里的粥一样多。

大家共事合作，有些问题事先讲好，可以免除误解和麻烦。"咸菜拌豆腐，有言（盐）在先"。有些话说出来，可能不太好听，但是，也要事先说出来。不能等到渴的时候，才去挖井。趁着天还没下雨，先修好门窗。

你要与合作伙伴详细地讨论有关规则。如，遵守时间的规则、沟通汇报的规则、共同进退的规则、保守秘密的规则、市场开拓的规则、技术开发的规则。不能怕麻烦，许多事情事先讲好规则，做起来就顺利多了。

台湾政治人物在开会的时候，时而发生殴斗的场面。不同党派，有不同主张，分歧、争执是必然的。可是，一有分歧，就煽嘴巴、扔鞋子，是不能解决问题的。

有个美国人在1876年写了一本书，书名是《罗伯特议事规则》。详细叙述了会议主席规则、会议秘书规则、与会者规则、针对意见的提出和表达规则、辩论的规则、不同情况下的表决规则。

书中确定了在国会和法院，不许争执的规则。有不同意见，首先要想到，自己的发言时间和机会是什么。如果要表达不同意见，只能向主持人说，而不能向对手说。法庭的律师，不能直接对话，只能和法官对话，向陪审团呈示证据。在整个审判过程中，陪审团的人只能是"哑巴"。

四、小道理服从大道理

你和同伴商议规则的时候，将遇到自相矛盾的问题。多人同出差，案例中的小姜年龄最小，按照社会公德，应该帮助他人。陶总却宣布，不得互相帮着拿物品，自己照顾自己。

这是因为，情况不同，规则也不同。一定要具体情况具体分析。"天上众星皆拱北，地上无水不朝东"。在规则发生矛盾的时候，小道理服从大道理。

多人出差，安全第一。大家各负其责，是大道理；扶老携幼，是小道理。现在人们出差，大件行李可以托运，小件行李装有拉杆、轮子等设施，很是方便。

有的女性出差带很多行李，却不肯托运，途中又买很多物品，大包小裹，指望同行的男性帮忙提行李。如果无人帮忙，她就抱怨，说大家不合作，不帮助人。这种抱怨不要理睬，因为她颠倒了规则。

几个人去吃自助餐，其中有人不熟悉规则，要事先沟通一下。在档次较高的酒店，自助餐品种丰富，有生吃的鱼片、虾片，有现场煎制的牛扒、鸡扒，有汤、面包、甜品、水果、咖啡，有炒饭、面条、蔬菜。吃自助餐的基本规则是少量多次取用，避免取到盘中的食物吃不掉。那么，大家要约定好，切实要自助，不要所谓的客套，谁也不要代替他人取食物，自己吃自己拿。

> 咸菜拌豆腐，有言（盐）在先。有些话说出来，可能不太好听，但是，也要事先说出来。

> 详细地讨论有关规则。如，遵守时间的规则、沟通汇报的规则、共同进退的规则、保守秘密的规则、市场开拓的规则、技术开发的规则。

> 天上众星皆拱北，地间无水不朝东。

行动：制订开会电话控制规则

活动背景：

维持会议秩序，一直是令人头痛的问题。特别是十几人的小型会议，总是有人在现场接听手机，或者频繁地出去接听电话。如何避免电话的干扰，成为提升会议效率的关键因素。可是，有些人要参加许多会议，其中一些会议时间很长，参加会议的人不可能与外界割断联系。除非极为重大的会议，否则不能要求关闭与会者的手机。那么，如何不中断联系，又能够保证会议秩序，需要确定开会的规则，特别要在细节方面考虑得周全一些。

经过小队讨论，制定一份《会议期间手机管理规则》，字数不超过200个。所考虑的因素有：（1）如何控制振铃、短信息、报时钟声音。（2）与会者可否小声接电话，如何控制通话时间，可否阅读短信息或者发短信息，可否到外面接听电话。正在发言的人，有重要来电，可否停下发言来接电话。（3）多长时间留出一个会议的休息段，以方便大家接、打电话。（4）有人失误违反规则，将付出什么代价。如何掌握惩罚的尺度，由谁来监督落实。

美国人崇尚自由，对待开会却是严肃认真的。会少规矩多，世界上恐怕没有人比得上美国人的开会规矩多了。

评估：能否制订共同认可的规则

一、培训师评估

对比各个小队所完成的作业，进行讲评。

1. 是否在一个小时内完成任务，已经拟订200字的管理规则，内容是否全面。可能有的小队争论不休，最终也没有拿出一份东西。发生这样的情况，要注意追究队长的责任。

2. 每个小队的规则，是否经过了大家的讨论，是否获得大家的共同认可。如果没有得到认可，了解队长是如何拍板的。不要求大家认可，但是要重视集体讨论的过程。

二、自我评估

1. 复述关于分粥规则的寓言，是否理解其寓意？你是否能够接受"人很可能自私、计较、懒惰"的这种假设，你能够理解"婚前财产公证"这样的作法吗？在制定合作规则方面，你有哪些具体的建议？

2. 通过行李丢失的案例，你是否可以清晰地区分"互相帮助"与"各负其责"的差异？

怎样拓展合作范围

单元综合练习

本单元的技能点：

挖掘合作资源，确定合适人选，明确工作任务，商议合作规则。

根据下列情景，列出行动计划：

某民办学校的几部大巴校车在年度审核时，相关手续不全，暂时无法接送学生，预计要一个星期后才能恢复正常。正值期末考试之际，必须解决学生接送问题。校长知道，如果能够取得家长的支持与帮助，有可能渡过难关。

假如你是校长办公室主任，请制订一份与学生家长合作解决学生接送问题的计划。计划所要考虑的内容有：

活动一：从家长中挖掘适宜的合作资源

学生有几百人，如何迅速掌握家长的情况，动员那些有能力解决问题的家长参与到这项工作中来。

提示：学生家长的社会阶层有差异。有些家长从来不必安排自己的孩子乘学校的大巴车，自己就有接送能力。是否考虑到这部分人的合作资源。

活动二：选择家长代表与校方共商对策

解决学生接送的办法有许多种，可以乘公共车（有成年人护送），可以合租的士，可以求助于某个家长的社会资源。在商议这些对策的时候，选择哪些家长来做代表。

提示：学校无法与所有家长直接沟通，必须通过家长代表。这些代表要能够表达多数人意愿，同时，还能够影响大家。

活动三：如何向全体家长布置合作任务

学校在接送学生方面有过承诺。现在由于年审的原因，给学生和家长造成不便。所采取的补救措施必须得到家长的支持。如何让多数家长理解学校的作法，并积极配合学校，互相合作，保证学生的安全，需要适宜的渠道，将合作任务布置下去。

提示：是召开会议，还是通过短信息、网络、信件，要分析各种渠道的利弊，给校长决策提供参考。

活动四：明确学生接送过程中的各自责任

突发事件出现的时候，动员家长参与接送学生，是积极的作法。否则学校停课，遭受损失的不仅是学校，也包括学生。时间是无法逆转的资源，耽搁学生的学习时间，任何家长都不愿意。如果学校愿意承担一些经济补偿，动员有能力的家长携手接送学生，那么需要明确相应的合作规则。

提示：主要是指采取互助形式接送学生的家长们。

第二单元　完成任务

能力培训测评标准

在一对一或团队工作环境中 ——
与他人协同工作，处理合作过程中的矛盾，完成合作任务。

在完成合作任务时，能够：

1. 及时沟通合作进程中的工作进展情况；遇到障碍和困难，及时处理，避免延误、失误，使全盘工作得以整体推进。

2. 取得上级的信任，获得同事的信赖，发挥自身的合作优势，及时调整自己的工作状态。

3. 与不同文化背景的人相处，理解个性差异；理解他人性格的缺陷、工作能力的不足和工作过程的过失，及时弥补工作的损失。

4. 能够处理影响工作进程的例外事件，包括个人事情对于工作进程的影响。

（摘自《国家职业核心能力培训测评标准〈与人合作能力单元〉》中级）

在初级合作能力的训练中，侧重于合作任务的执行能力。到中级合作部分，需要提升一个层次，要保证任务的完成。不仅是自己的任务要完成，还要保证总体任务的完成。

这个单元的技能点是：按合作计划控制工作节奏，推进工作进程，创造互相信赖的状态，理解不同个性或不同文化背景的合作者，能够应对影响合作的突发事件。

在第一节的案例中，讲述组织会议的技巧，谢经理的分段开会法，解决了戚经理的难题。第二节的案例体现了相互信任的难点，邹博士要喻院长写个借条，导致工作机会的丧失。第三节的案例体现对于异端的容忍，柏经理接纳了怪异的水先生，拓宽合作的领域。第四节的案例中的窦历和章越，在高速公路上克服障碍保证了时间。

这个单元通过四个活动，训练完成任务的能力。"齐唱歌曲"，是典型的控制节奏训练，能够组织业余歌手合唱队是不容易的。"引导下楼"，体现合作伙伴的相互信任。"点菜"，是很有趣味的活动，这个最好是实战练习。"走向目标"，是难度很大的练习，这样的集体活动，对于合作能力的训练，是非常有效的。这个活动的目的，是训练大家共同完成一项工作任务的能力。活动中，小队负责人要充分发挥主导作用。

中

第一节　控制工作节奏

目标：保证工作同步进展

多人共同完成工作任务，必然有人快一些，有人慢一些。需要把握整体工作的速度，均衡不同合作者的快慢，保证工作的同步进展。"未晚先投宿，鸡鸣早看天"。做到这一点，需要具备一定的估算能力，充分考虑到合作的时间要素，能够影响其他合作者把握时间，根据情况调整工作节奏以及顺序。

通过本节训练，你将能够：

估算可能出现的工作不同步状况，根据不断变化的现场情况，及时调整工作状态，控制工作节奏。

> 未晚先投宿，
> 鸡鸣早看天。

中

示范：控制工作节奏

每进行到一个工作阶段，及时检验工作进度，使之符合事先安排的时间表。与整体工作进度保持一致，排列多项工作的顺序。

凡是与整体工作有关的事项，凡是涉及他人配合协作的事项，要优先安排。

影响他人的工作进程。使合作者都能注意时间，保持一致的工作节奏，切实保证质量、保证时间地履行各自的责任。当有些事情无法在预定时间内完成的时候，能够放弃一些次要事情，顾全整体利益。

准备：按照时间计划完成任务

·案例·　　　　　　　分段开会

戚经理负责公司的销售部。最发愁的事情，就是业务例会员工迟到。每次开会都拖拖拉拉，甚至晚一个小时。没等讲上几个问题，先来者急着要走。

这不，事先通知下午两点开会，只差五分钟了，偌大个会议室空空荡荡。应该

来四十位销售员，现在只有十几位。急得戚经理一会儿进来，一会儿出去。如果严厉批评，也可能起一些作用。但是，无法解决根本问题，还可能得罪这些拥有丰富客户资源的销售员。

新来的部门副经理老谢，在政府机关工作多年，比戚经理年长六岁，具有丰富的沟通协调经验。老谢建议，马上开会，不再等待。戚经理担忧地说，人还不到一半，怎么开呀。谢经理说，已经来了三分之一，可以开了。戚经理说，晚来者无法听到有关要求，怎么办哪？谢副经理微微一笑：我自有妙计。

戚经理只好宣布开会。谢副经理走到会场中间，劝大家坐在前面的一侧。有人不愿意挪动，谢经理拿出数码相机，对着那些坐在指定位置的人拍照，边拍边说，作为考勤记录，又在另外一侧放了个"迟到席"的牌子。那些不愿意挪动的人，都坐过来了。

这边，戚经理开着会，那边，销售员陆续到位。到了两点半，又到了三分之一。到了三点，人才全部到齐。谢经理用数码相机拍下坐在不同位置的场景。到了四点十分，预定的会议内容完成了。谢经理用投影仪在墙上打出三张照片。第一张的人准时出席，第二张的人迟到半小时，第三张的人迟到一小时。谢经理请第一张照片的人退席，留下的人，补开会议，补两点到两点半的内容。然后请第二张照片上的人退席，留下其余三分之一，补开两点半到三点的内容。

如此操作，早来者没意见，晚来者无话说，大家对于谢副经理的作法拍手称绝。逐渐，销售部形成良好的会议风气，迟到现象被基本控制。

你和你的合作者，按照计划共同完成任务的时候，将遇到同步问题。同步，是大家同一个步调；异步，是大家有各自的步调。

一、一个人的节奏将影响大家

合作过程中，人与人互相影响。数十人列队齐步走，中间有一个人不按照口令的节奏迈步，整个队伍都将混乱。这就是通常所说的，"一人偾事，众人受累"。案例中，戚经理所遇到的就是这样的问题。开会有人迟到，迟到浪费时间。大家习惯这种情形，开会总不能准时开始，也就越发拖沓起来。大家是合作关系，无法严厉地批评惩处，久而久之，造成恶性循环，无法完成预定的任务。

> 一人偾事，
> 众人受累。

一人慢，必然拖累大家。例如，一架民航客机等待出发，有九十九位乘客购票并按照时间到机场办理登机手续。九十九人的利益捆绑在一起。大家要共同完成的任务是，配合机组到达目的地。有一人动作慢，大家已经登机，他还在洗手间里。有关工作人员用广播呼喊这个人的姓名，他还稳稳地坐在马桶上。乘客、机组等上百人等他一个人。一耽搁，这个航班错过排定的起飞时间，还要再等待航空管制部门的起飞命令。

一人快，也会产生不良后果。商务聚餐，大家坐在一起，目的不是吃饭，而是沟通信息、增进友谊。某人吃饭速度快，在餐桌上不管不顾，风风火火，大口吃饭、快速喝酒。别人还没有怎么样，他已经吃饱了。这样的聚餐，还有什么意义呢？

工作中确实有这样的人。大家在一起做事，他速度很快。别人正在忙着，他的那份工作已经完成。完成之后，他东瞧瞧、西望望，到这里说说风凉话，到那里挑挑毛病。不仅影响他人的工作，更破坏了众人的工作情绪。

二、控制自己和他人的工作节奏

你必须控制自己的工作节奏。每进行到一个阶段，检验工作进度，是否符合计划安排的时间表。注意与他人的工作进度、与整体工作进度保持一致。太慢不行，太快也不行。一旦发现差距，要及时调整。如同齐步走，注意倾听口令，一旦步伐错了要及时调整。

你还要能够影响他人，使合作者都能注意时间，保持一致的工作节奏。对于解决迟到问题，案例中谢副经理的作法值得借鉴。珍惜时间、遵守诺言的人，行为可以潜移默化地影响周围的人。会议准时开始的行动表明，组织者的态度是认真的。采取分段开会的方法，既保证先来者的利益，又保证会议的效果。

如果你有多项工作要做，应该排列好顺序。凡是与整体工作有关的事项，凡是涉及与他人配合协作的事项，要优先安排。自己可以单独完成的事项，可以随机安排在空隙时间。宁可自己等待大家，不能让大家等你一个人。

三、掌握排序的基本要领

有些事情，要事先考虑周全。如何正确排序，可以从一个练习中得到启示。有一只铁桶、若干大石块、一些碎石子、一袋细沙、一瓶水。要求在桶内尽量装入种类多、数量多的物品，并且不允许有物品撒出来或者掉出来。

如果你先装水，然后装沙子，再装碎石。由于很难掌握，水很容易溢出，碎石装入很少，而大石块无法装入。如果你在空桶中先装入大石头，足可以装入几块。在空隙中再装入碎石，也可以装入一些沙子。边晃动铁桶，还可以再慢慢装入沙子，直到桶满。至此，你慢慢将水倒入桶中，还可以装入很多水。

铁桶的容量，象征着一段时间内，一个人的最大工作量。大石块象征着全局工作，碎石象征着涉及他人的工作，细沙象征着自己单独完成的工作，水象征无关紧要的工作。所以，你要将全局的工作、涉及他人的工作排在优先地位。

四、该放弃的事情必须放弃

> 每进行到一个阶段，检验工作进度，注意与他人的工作进度、与整体工作进度保持一致。太慢不行，太快也不行。

> 宁可自己等待大家，不能让大家等你一个人。

当你察觉有些事情，根本无法在预定时间内完成的时候，要能够放弃。有些事情很急，但是无足轻重。时间不足的时候，就不要去做。不等于所有的急事，都要马上去做。舍得不去做急事，而是做重要的事。

严格按照计划去做事，避免一些干扰。别人出现问题，你会很焦急，很想放下自己的事情去帮助别人。遇到这样的情形，你要冷静。你要能够判断，自己的帮助是否有效及时。

多人做事，总是有人会发生失误。有些事情已经发生了，不是别人可以帮得了的。由于地位、角度、角色的差异，你的帮助很可能已经无济于事。"既坠釜甑，反顾无益；翻覆之水，收之实难。"

攀岩运动富有挑战性，但是十分危险，其合作规则很特殊。攀岩要求运动员有强健的体魄、过人的胆识和稳定的心理素质。运动员轮流攀在上面，为下面的同伴试探附着物。相对来讲，谁在上面谁的位置更危险。当攀登在峭壁半腰时，大家必须集中精力照顾自己。倘若上面的同伴失手，也不能轻举妄动。挂在陡壁悬崖的人，无法去救同伴，只能自保，尽管这样的场面是非常残酷的。

合作出现问题，需要及时补救，但是补救要得法，不能盲目。第三单元将讲述弥补他人过失的方法和步骤。在完成任务、实现目标的过程中，合作的各方按照计划，切实保证质量、保证时间地履行各自的责任，这是最佳的选择。

> 既坠釜甑，
> 反顾无益；
> 翻覆之水，
> 收之实难。

行动：齐唱歌曲

这个活动需要30名以上的人员参加。培训师根据学员情况，选择一首可以齐唱的歌曲。

如，通过中央电视台春节晚会广泛传播的《难忘今宵》。歌词为："难忘今宵，难忘进宵，不论天涯与海角，神州大地共欢笑，共祝愿祖国好、祖国好。"

如，一首广泛流传的儿歌《两只老虎》。歌词很滑稽："两只老虎，跑得快，一个没有眼睛，一个没有尾巴，真奇怪。"

再如，在部队服役时候学唱的一首歌《三大纪律八项注意》。第一段歌词为："革命军人个个要牢记，三大纪律八项注意。第一——切行动听指挥，步调一致才能得胜利。"

根据大家的意见，选择一首多数人熟悉的歌曲。如果有体现公司、学校文化的司歌、校歌，则更为理想。

安排一位略通音律的人，收集歌谱，抄录到一张大纸上，让众人复习旋律，注意高低长短和快慢。也可以借助录音机、影碟机来听歌，熟悉旋律。由一个人指挥，组织大家齐唱。必须是清唱，没有伴奏，不播放录音机和影碟机。先按照正常速度唱。要求整齐一致。将速度放慢一倍，控制抢拍情况。再将速度加快一倍，控制拖拍情况。把人员分成两部分，进行轮唱。即第一组先唱一个小节，第二组再开始，同样的旋律，却不同时开始。至结束前的适当时刻，第一组重复一个小节，与第二组汇合，一同结束。轮唱控制的难度较大。每个部分保持适度的节奏，不能被另外部分干扰。如果成功地进行二部轮唱，再尝试三部、四部轮唱。

评估：是否具备同步工作的能力

一、培训师评估

这个活动的控制难度比较大，需要多次练习才能成功。建议在每次课程开始之前，都齐唱歌曲，形成一种风气，并且可以使大家的齐唱水平逐步提升。

培训师注意观察合唱的训练过程。对于起到核心作用的队员，要给予充分的注意。敏感地发现那些总是无法跟上节奏的队员，控制滥竽充数现象。必要时，要求这样的队员暂时离开队伍。

在轮唱的时候，每个组成员中，会有一个人节奏稳定、声音洪亮，可以在自己所在的轮唱部分，按照指挥要求，不快不慢、强弱分明地歌唱。要注意发现这样的核心学员，对于控制齐唱的节奏有很大的帮助。

怎样遵守合作承诺

具有齐唱、合唱能力的人，通常具有比较强的与人合作能力。

二、自我评估

1.在同步推进的工作进程中，你如何保持和他人的一致，控制工作节奏的快慢？

2.你是否理解大石块、碎石子、细沙、水的正确排列顺序，能否优先安排涉及他人配合协作的事项？

3.通过案例"分段开会"，你得到什么启发，是否能够影响他人按照时间完成工作任务？

4.你能够深刻理解"既坠釜甑，反顾无益；翻覆之水，收之实难"所表达的含义吗？

第二节　达到相互信赖

目标：与合作者达到相互信赖

与人合作是有风险的。你的合作者是否恪守承诺、是否高度负责、是否自律严谨，在合作之前并不能完全掌握这样的信息。对合作者的怀疑和猜忌，是正常的心理现象。可是，"水至清则无鱼，人至察则无友。"猜忌与怀疑将影响合作效果。既然你不信任我，当然我也不信任你，合作无法实现。

通过本节训练，你将能够：

控制合作过程的怀疑和猜忌心态，承担合作的风险，与合作者达到相互信赖。

> 水至清则无鱼，
> 人至察则无友。

示范：控制自己的怀疑和猜忌

了解与人合作的风险概念，通过相关的案例分析，认识到怀疑和猜忌对于合作的负面影响，把握所需要承担的合作风险的底线。

适时地向合作伙伴表达自己的合作心意，亮出自己的合作底牌，通过实际的活动过程，探知合作者的虚实，为建立良好的相互信赖关系奠定基础。

控制自己的怀疑与猜忌，掌握不同合作关系的信赖尺度。在合作过程中，不能期望与所有的合作者都建立同等程度的信赖关系。

怎样求得相关帮助

准备：风险无处不在

·案例·　　　　　要院长写借条

专攻自动控制的邹博士，到某大学参加面试。他穿着整齐，提着一部笔记本电脑，带着学位证书、论文以及相关的资料，装满一个大包，来到机电学院喻院长的办公室。

　　喻院长为人和气，重视人才。已经通过阅读简历和电话沟通，了解了邹博士的基本情况。他给邹博士倒了一杯水，详细地介绍了学院的情况和需求。邹博士打开电脑，飞速敲击键盘做记录。

　　喻院长对于邹博士的总体感觉很好，初步决定可以接受，便电话通知有关教研室和学校人事处，开个碰头会商议一下。喻院长建议邹博士，到学院的实验室参观一下，更多地了解情况，以便决定具体的岗位。过一会儿，再回来听取具体安排。

　　邹博士收起电脑，拿起重重的提包，客气地告别。喻院长建议，提包可以放在这里，免得提来提去。邹博士非常在意自己的电脑，犹豫片刻说："谢谢院长，我可以将提包寄存您这里，但是，请你写个借条。"

　　喻院长对于邹博士的请求，一下子没有反映过来。博士又说了一遍。院长非常惊异，他拿起笔来，不知如何落下。思考片刻，院长站了起来说："邹先生，提包不必寄存了，你还是自己拿着吧。"

　　邹博士诺诺地退出。喻院长拿起电话，告诉教研室和人事处，碰头会取消，不再考虑录用这位博士。

　　在完成任务的过程中，你要承担一定的风险。这种风险表现为：合作者是否可靠，是否值得信赖。按照合作计划，大家分头做事。工作期间，如果有人滥竽充数、阳奉阴违、得过且过、敷衍了事，那么，共同的目标难以实现。

一、纯水养不活鱼儿

　　你必须面对这样的风险，而且无法彻底消除这样的风险。完全纯净的水中，无法养活鱼儿。有家生产销售纯净水的公司，在广告中反复表达，他们生产的水，过滤了几十次，多么干净、多么令人放心。可是，实际的宣传效果适得其反。如果你把合作伙伴看得太透彻了，或者想弄清楚每个人完全真实的想法，你将无法与任何人合作。你可能会觉得，每一个人都不十分可靠。

　　尽管存在风险，你还是要继续与人合作。当风险降到零的时候，机会也没有了。博士要求院长写个借条，作法令人惊诧，也使人哭笑不得。可是，如果你站在那位博士的角度，其作法也不无道理。博士想，第一次见面，彼此不了解。电脑中有重要资料，万一出差错，还是留个字据好些。

　　有人说，博士的错误在于，措辞不当，礼貌不周。这样的看法有道理，再怎么说，也不能让院长写借条。可是，博士这样做的深层原因，是对于他人的不信任。院长提议博士将电脑放在办公室，这是一个重要的信息，表示已经接纳了博士，把他当成自己人来看待。以此为切入点，可以建立良好的相互信赖关系。可惜，博士的愚笨作法，

　　尽管存在风险，你还是要继续与人合作。当风险降到零的时候，机会也没有了。

155

使院长改变了决定。

这位博士的失误，有可能在你的身上再现。例如，财务部电话通知你，领取2000元现金。你出差在外，部门的同事代为领取。几天后，同事将现金交给你。你会想到假币问题吗？一般不会。但是，当同事说，你点一下。那么，你会当面清点吗？有人认为，现金往来，当然要当面清点。但是，多数人会笑着说，你办事我放心，不必点了。因为，同事之间的资金往来，不同于在财务领取费用。同事之间的这点信赖都没有，还谈什么合作。

二、信赖激发责任

你应该知道，人生的风险无处不在。只要做事，就有风险。过马路可能被车撞，乘飞机可能失事，考大学可能落榜，收现金可能遇到假币。只要与人共事，就可能有失误。但是，善于合作的人，能够承受这个风险。"精诚所至，金石为开"。

> 精诚所至，
> 金石为开。

你可以通过一个调查来了解人的信赖心理。坐在银行的角落休息，从远处观察窗口，注意那些取现金的客户。你将发现，总是有人取到现金后，不再清点，也不使用复点机，收起钱转身就走。这样做的人，还不是一个两个。之所以这样做，是他们对自己所熟悉的银行柜员，对其业务操作有着基本的信赖。只要操作正常，自己再清点一遍的意义不大。

人与人的相互信赖，有利于合作任务的完成，可以激发合作者的责任感。信赖，可以使人感受到被尊重。这是较高层次的心理需求。再完善的契约、制度、合同、规章，都无法取代人与人之间的基本信赖。信赖可以节省时间、精力，提高合作的效率与效益。

三、达到相互信赖的作法

达到相互信赖，有三点做法：第一，表达心意；第二，亮出底牌；第三，探知虚实。

表达心意，就是主动表达对他人的信赖。敬酒的基本礼仪为"先饮为敬"。古人担心酒中有毒，酒斟满杯后，自己先一饮而尽，并向对方亮出杯底，消除对方的疑虑，以示诚意。这个规矩流传至今，演变成主动表达心意的仪式。你要通过拜访、信函、电话、邮件等方式，与合作者做正式的交流，表达对于合作机会的珍惜，说出信赖。也可以通过商务的宴请，来增进感情。有的时候，要参考恋人之间的交流方式。

取得信赖，应该先他人一步。双方合作，手要握在一起。开始阶段，总要有一方先伸出真诚热情的手。如果自己的手伸出来了，对方迟疑了一下，这是很正常的。你发出邀请，对方做出回应，需要一些时间。你要等待，要有足够的耐心。小伙子爱上一个姑娘，在二月

> 取得信赖，应该
> 先他人一步。

十四日情人节那天，送出九十九朵玫瑰。接到玫瑰，姑娘没有马上回复，而是思考、观察、比较。小伙子再心急，也要等待。

你可以适当地亮出自己的底牌。这是借助扑克牌的语言，形象地表达了一种方式。在合作中，将自己所拥有的资源与合作者共享。必要的时候，与合作者分享某些秘密。这样做，对于加深了解、取得信赖是很有帮助的。在职业中圈、内圈的合作中，达到可以共享资源的时候，才能配合默契。

你要控制自己的怀疑与猜忌。信赖的后面，可能跟随着欺骗。但是，既然要合作，还是多给予他人一些信赖。信赖他人可能要吃一些亏，但是，怀疑和猜忌，会造成更多合作机会的丧失。总体来讲，信赖他人，利大于弊。过度防范，会让你变得谨小慎微、患得患失、疑神疑鬼。谨小慎微，处处设防的人，难以与他人建立信赖关系。关起心灵的窗，防范了蚊蝇，也隔绝了空气。

> 过度防范，会让你变得谨小慎微、患得患失、疑神疑鬼。

在表达心意、亮出底牌之后，你要注意信息反馈，把握信赖关系的深浅程度，这就是探知虚实。二月十四日，求爱者送出玫瑰，等待一个月。到了三月十四日，称为白色情人节，被追求者应该反馈消息，表达态度。探知虚实，要听其言，更要观其行。

四、信赖程度有区别

不能期望与所有的合作者都建立真诚的相互信赖关系。"酒逢知己饮，诗向会人吟"。在不同的职业合作圈，合作者的相互信赖程度有很大的区别。

> 酒逢知己饮，诗向会人吟。

达到相互信赖，主要是内圈、中圈的一些合作者，特别是内圈的合作者。在一段工作期间内，内圈合作者的人数比较少，有足够的精力达到相互信赖。

同外圈合作者的关系，受到时间、精力的局限，一般只能达到初步的了解。有些人仅仅凭一次酒宴，就和他人建立密切的联系，推杯换盏，推心置腹。这样的关系是不可靠的。

喝酒的时候，气氛再热烈，也喝不出真正的朋友。酒桌上的一些话，可能是豪言壮语，也可能是胡言乱语。次日酒醒，所说的话全不算数。

行动：引导他人下楼

找一座大楼，至少要八层，每层有折返两挂楼梯。每小队派出两个人，参加这个活动。

将其中一人的眼睛蒙上，另外一个人引导这个人，沿着楼梯快速下楼。引导的时候，只能采用语言沟通的方式，不允许拉手等身体接触。

为了保证安全，要有辅助人员全程监护，并记录活动是否符合规则。用秒表计算全程所用时间。然后将各个小队的成绩加以比较，选出优胜的小队。

也可以全员参加，每个小队派出三到四个小组，记载所消耗的时间，然后计算每个小队的平均成绩。

组织这个活动，训练导师对于队员要熟悉，人员搭配得当。允许各个小队进行多次实验，选择配合默契的人选。活动中两人可以交换角色。

在条件允许的情况下，利用摄像机录制活动过程。在活动之后，使参加活动的队员，能够看到自己潜意识支配的行为。对于那位眼睛被蒙住的队员来讲，录像资料的启发会更大。反复观看，可以发现许多有价值的素材。

评估：检视相互信赖程度

一、培训师评估

通过这个活动，可以充分检视小队成员之间的相互信赖程度。与人合作能力训练的进程已经过半，小队成员互相已经熟悉。队长可以根据情况，适当地安排人选。这对于队长的能力是一次检验。

如果被蒙上眼睛接受引导的那个人，对于伙伴比较信赖，就可以按照声音的引导，快速下楼。让其转弯就转弯，让其停止就停止。如果对于伙伴不够信赖，听到指令后，犹豫不决，不敢相信。结果是自己摸到楼梯的扶手或墙壁后，才放心前行。一次迟疑、两次耽搁，延误积累起来，下楼的速度就要慢一些。本来是相互合作完成的任务，由于不够信赖，成为那个被蒙上眼睛的人的独立摸索。

对于那些行动明显慢于其他小组的学员，培训师要引导他们分析原因。不能归因于自己的身体情况，而是要从相互配合的默契程度方面寻找原因。评定成绩的主要依据是每个行动小组的默契程度。

二、自我评估

1.评估自己在"引导下楼"活动中的表现。下楼的时间记录不是重要的，重要的是判断自己对于他人的信赖程度，以及他人对于自己的信赖程度。

2.在日常社会交往中，你能否积极地表达对于他人的信赖。如，

当你不信赖某人的时候，你很难信赖他的建议或者帮助，即使建议是正确的，而且你十分需要帮助。

正式宴请的敬酒程序，再如恋爱中首先向对方表达自己的情感。你需要列出具体的例证，证明自己能够适当地亮出底牌，控制怀疑和猜忌，达到信赖他人。

第三节　尊重人的差异

目标：宽以待人、容忍差异

世界上没有两片相同的树叶，更没有两个相同的人。"君子和而不同，小人同而不和"。与人合作，不能仅仅寻找那些与自己相同的人。为了完成工作任务，需要与那些个性差异很大的人合作。合作的过程是求同存异的过程，不能试图改造那些貌似怪异的合作者，应该给予合作者的个性以充分的尊重。

通过本节训练，你将能够：

消除求同观念的影响，理解个性差异，换位思维考，宽容地对待某些合作者的"怪异"行为，形成合力。

> 君子和而不同，小人同而不和。

示范：克服对于他人的偏见

克服对于他人的偏见，消除第一印象的错觉，全面看待合作者的个性特点。按照人的需求层次的不同，理解人的差异，给予他人的个性以充分的尊重。

不用统一的模式去要求合作者，允许异类的出现，具备宽容的心态。说服其他合作者，以宽容的心态对待那些性格古怪的人。

能够及时换到对方的位置，设身处地地思考问题。理解性别、学历、地域、年龄、行业等阶层差异。

怎样尊重人的差异

准备：可以与所有人合作

· 案例 ·　　　　　　　左撇子

柏树青先生创办一个服装设计工作室，有一位文员，三位设计师，大家一起共事，为多家服装生产厂家提供服务。

这个工作室的生意还可以。但是，一直没有杰出的设计产品，在竞争激烈的设

计市场，工作室难以打开局面。一天，有人来应聘设计师的岗位。此人满脸落腮胡子，脑后却梳个辫子，脸色苍白，语气傲慢，指名道姓地要见柏树青。柏先生放下手中的工作，出来询问，这人姓水，名叫伶伶。他打开带来的电脑移动硬盘，其设计产品很有创意。尽管第一印象不好。但是柏先生有些动心。

水伶伶走后，文员告诉柏树青，此人是服装设计行业的有名怪人。在多家公司做过，设计很有创意，但是，生活潦倒，年近四十，还是单身，女朋友却有十几个。文员接着说，看这个人多怪，连姓带名，都怪怪的。几个设计师也附和文员的意见。

柏树青说："我看你们是少见多怪。姓水有什么怪的。中央电视台有个节目主持人，就姓水。"他经过慎重考虑，决定登门拜访，请水伶伶加入公司。

这个水先生真是怪，习惯于用左手，吃饭用左手，写字也用左手。来到公司就要求，他的工作台上，所有办公用具都要左手的。什么左手剪刀、左手鼠标等。文员只得满城去购买这些东西，一边买一边抱怨，这个左撇子真是怪。

然而，就是这个左撇子，来到公司不到半年，完成大量设计作品。其作品被企业采用的数量，是其他三位设计师的总和。公司上下暗暗称赞：柏先生真是慧眼识珠。

你的合作者，将是与你存在很多差异的人。可能性别不同、学历不同、地域不同，也可能所处年龄段不同、所处行业不同、所在社会阶层不同。世界上，没有两片完全相同的树叶，也很难找到完全相同的人。"龙生九子，各有不同"。即使是双胞胎的兄弟姐妹，个性、相貌也存在差异。

> 龙生九子，
> 各有不同。

一、克服偏见引发的排斥心理

你要理解这些差异，尊重他人。不能以自己的爱恶衡量他人。案例中的设计师，是个个性鲜明、我行我素的人，其外表、行为、习惯比较特殊。录用这样的人，还要照顾他的左手特点。为了共同的事业，就要与这样有个性的人合作。

怎样善用性格色彩分析

你必须要注意偏见的影响。每个人都存在着偏见。受第一印象的影响，容易以貌取人。第一印象是不准确的，却难以改变。看到这个人的发型，不符合你的审美观念，就可能排斥这个人。甚至看到对方的姓名有些特殊，也会产生排斥心理。

排斥心理的形成，来自于求同教育的影响。在幼儿园、小学，孩子们穿一样的衣服，唱一样的歌曲，同一个时间吃饭，同一个时间午睡，同一个时间去洗手间。久而久之，形成对于异常行为的排斥心理。应试教育的体制，将一切问题的答案标准化。一旦有异类出现，马上予以排斥。这种求同教育的影响，对于合作很不利。

杰出团队，都是由一些差异很大的人组合而成。大家越是不同，完成任务的能力可能越强。一些个性突出的人，可能与众不同，甚至有些怪异，但是有用。

有明显缺点的人，可能是难得的人才。这个人喜欢挑剔，达到吹毛求疵的程度，正好从事质量检验；那个人争强好胜，有着不撞南墙不回头的固执，正好适合从事市场开拓。

二、面对各种差异的合作方法

你要表现出对于合作者的尊重，就要了解差异，能够站在对方的位置，设身处地地思考问题。

第一，面对性别差异。尽管现代社会，男性女性的差别不断缩小，但是，与异性合作，还是会遇到相互理解的障碍。多数男性表现出开拓进取、坚定勇敢的性格特点，多数女性则表现得耐心细致、宽容和缓。当然不排除特例。不过，总体来讲，男性与女性的共事合作，比较愉快。东北人说："男女搭配，干活不累。"有些人在成长环境中，没有异性兄弟姐妹，与异性合作容易出现障碍。有的男性，很关注做事，不太关注人，包括与自己合作的女性，甚至觉得她们琐事多。有些女性，喜欢秩序和整洁，更多地关注过程，而不太注重结果，觉得男性过于专断。合作中遇到分歧的时候，可以寻求局外人的帮助。求助自己的亲人同学，如父母、早年的同学，帮助分析异性合作的特点、需求，从而加深理解。

第二，面对学历差异。一些工作，需要具有博士学位的研究生与初中生合作，这是比较悬殊的学历差异。还有本科生与专科生、专科生与技校生的合作。由于教育背景不同，处理问题的角度不一样。学历低的人，技能方面具备优势，并具备解决实际问题的经验。学历高的人，知识储备充足，学习能力强。但是，教育背景会导致隔阂。名牌大学毕业生，到车间实习，面对一台故障电机，可能束手无策，师傅们却在一边哂笑。凡是在一线成长起来的技工、技师，都有些脾气，自尊心特强。高学历者只要放低心理位置，时间一久，这些人反而很愿意提供帮助。难合亦难分，易亲亦易散。开始难以接近的人，一旦打破隔阂，相互配合会非常默契。

第三，面对地域差异。由于职业流动，合作者来自四面八方，不仅是全国各地，还是世界各地。有些人尽管生长在城市，但是，读大学在这个城市，就业还在这个城市，一直与父母住在一起，与外地人合作就比较困难。还有些人从北方来到深圳二十多年，顽强地拒绝广东话，从来不学，也从来不听。你要避免这种情况，注意了解各地的风土人情、风俗习惯。越是见多识广的，越容易与异乡人合作。有人到部队服役，从广东到黑龙江当兵三年，回到南方，就容易与东北人合作，而且，还习惯了吃饺子。从一个人的饮食风格，可以看出合作

杰出团队，都是由一些差异很大的人组合而成。大家越是不同，完成任务的能力可能越强。

怎样学会宽容接纳别人

难合亦难分，易亲亦易散。

能力。广东人尝尝湖南的剁椒鱼头，贵州人吃吃四川的麻婆豆腐。不能局限在家乡的小圈子，多看他乡人的优势，如东北人的豪爽、湖北人的梗直、上海人的精细、北京人的见识。还要看到外国人的特点，如德国人的认真、日本人的敬业、美国人的直率。

第四，面对年龄差异。与年龄相差十几岁、二十多岁的人合作，存在着代沟。所谓代沟，主要是时代变迁造成的。社会环境的迅速变革，给不同时期成长的人，打上不同的烙印。中年人看不惯年轻人的举止行为，年轻人也不理解中年人的为人处世。理解差异、消除隔阂的简便方法是，阅读观看不同时代的文艺作品，如电影、电视、小说等。年轻人看些老片子，中年人看看当前最流行的影碟。相差一二十年的合作者，通过共事合作，可以结成忘年交。老、中、青的合作，是难得的组合，老年的经验、中年的稳重、青年的进取，可以做出突出的成绩。

> 老、中、青的合作，是难得的团队组合。结合老年的经验、中年的稳重、青年的进取，可以做出突出的成绩。

第五，面对行业差异。职业中圈、外圈的合作，要遇到其他行业的人。三百六十行，隔行如隔山。没有进入某个行业，容易产生偏见。有人认为，当官的一定贪污，当医生的一定收红包，当装修商的一定偷工减料。偏见导致隔阂，无法尊重他人。每个行业都有其特定的存在、发展方式。跨行业的合作，注意对他人职业的尊重。譬如，有三个与职业有关的节日，五月十二日的护士节、九月十日的教师节、十一月八日的记者节，都是表示尊重的时机。在介绍自己行业情况的时候，讲究表达方式，多说对方容易理解的话。

第六，面对阶层差异。在团队中，将会有处于不同社会分层的人在一起共事。某企业，小车队司机为总监驾车，总监很绅士，张口"请"、闭口"谢谢"，司机却觉得这个胖胖的德国老头很虚伪，总是敬而远之。一次路上车出故障，司机无法处理，急得满头大汗。总监挽起袖子，帮助修好车，令司机大为惊奇。只要相互尊重、及时沟通，经济地位、社会地位差距很大的人，同样可以建立合作关系。自卑与自傲，常常是一对孪生兄弟，越是自卑的人，在与人合作的时候，反而容易表现得十分自傲。

> 只要相互尊重、及时沟通，经济地位、社会地位差距很大的人，同样可以建立合作关系。

行动：聚餐时共同点菜

活动背景：

十人聚餐，采取AA制，即大家分摊餐费。选择一家餐馆，在点菜的时候，要照顾到每个人的口味。饮食方面，每个人都有各自的偏好和忌讳。假设各自的特点为：

A喜清淡忌麻辣；B喜甜食忌酸辣；C喜肉食忌海鲜；D喜羊肉忌猪肉；E喜鸡鸭忌蛇肉；F喜豆制品忌虾蟹；G喜白酒忌洋酒；H喜酸辣忌鸡肉；I喜麻辣忌面食；J喜啤酒忌烈酒。

采取抽签的方式，确定每个人的饮食特点。大家的任务是，照顾到每个人的特点，确定十个菜一个汤，并确定酒与饮料的种类。由于存在明显差异，无法让所有酒菜满足每一个人。但是，在确定的菜单中，每个人至少有八个菜合乎自己的特点，至少可以喝其中一种酒或者一种饮料。

在确定的菜单上，不仅要有菜的名称，还要有原材料、烹调特点、口味等简单介绍。

评估：能否与个性突出的人相处

一、培训师评估

记录聚餐点菜过程中的学员动态。在餐桌上，直接反映出一个人的宽容能力。在七嘴八舌的点菜过程中，容易暴露人们的真实情感。对于那些充分考虑他人的感受的学员，给予特别的注意。

在训练课堂上，只是拿着菜单的模拟点菜。评估各个小队长的控制能力，是否事先做了准备，安排队员了解饮食文化，说出菜名，了解其烹饪特色。

对于各小队确定的菜单，采取相互审核的方式，判断满足工作任务所提出的要求。

二、自我评估

1. 在经济条件允许的情况下，选择一家餐馆，小队成员集体聚餐一次。这样的活动，可以增进互相的了解，尊重个性，检验包容能力。共同进餐，是判断合作精神的极好机会。

2. 到餐馆、酒店做调查，了解粤菜、鲁菜、川菜、湘菜、徽菜、东北菜、西北菜等风格。由于饮食文化的交流和融合，各种菜系交叉发展。粤菜中还要细分不同种类，有客家菜、潮州菜等。东北菜中，吉林、黑龙江、辽宁等地也有很大差异。如果能够了解这些差异，表明已经具备较强的宽以待人、容忍差异的能力。

第四节　应对例外事件

目标：排除干扰完成任务

在完成任务的过程中，可能遇到例外事件，影响了工作进程。有时候，倒霉事情的出现是一连串的，倒霉了还要倒霉。正所谓"屋漏更遭连夜雨，船迟又遇打头风"。

善于合作的人，对于这样的例外事件，事先能够做好充分的准备。事先能够预见可能出现的干扰因素，充分考虑到自己的工作延误给他人造成的影响。

尽管造成延误的原因不在于己，但是，能够承担责任，一旦遇到不期望的事情，想方设法克服困难，保证合作进程。

通过本节训练，你将能够：

预见可能影响工作进程的因素，遇到困难，不埋怨，不推诿，想方设法完成任务。

> 屋漏更遭连夜雨，
> 船迟又遇打头风。

示范：掌握应付例外事件的步骤

了解完成任务的客观限制。如，交通方面的天气限制，生产企业的电力供应、设备完好程度等方面的限制。

在工作过程中，事先预想到最坏的情况。遇到例外情况，不能全部归因于客观。找到主观方面的原因，并且积极采取措施。

掌握应对例外事件的五个步骤，即有准备、留余量、早警觉、想办法、快调整。

怎样应对例外事件

准备：凡事要考虑到最坏的情况

·案例·　　　　　　**高速路上**

窦历和章越是总公司规划部的两位才女,学历高,人漂亮,善开拓。这天,她们驾车从深圳到广州,参加一个项目论证会议。

会议的第一项议程是窦历的30分钟情况介绍。已经委托广州分公司的同事邀请到有关专家;论证资料打印装订完好,已经放在车上。正常情况下,路上时间要一个半小时。她们驾车提前四个小时从深圳出发。准备到广州后,先到熟悉的西餐厅吃饭,再找个美发馆洗洗头、吹个风,精神焕发地参加会议。

她们在广深高速公路行驶了一个小时,前面的车速明显地慢了下来,接着停了下来,一停就是好一会儿。坐在驾驶位置上的窦历说:"计划没有变化快,再塞下去可就没有时间洗头休息了。"

过了半小时,车依然没动。窦历探头望去,车龙蜿蜒,没有尽头。章越担忧地说:"这样等下去,不仅仅洗头吃饭的时间没有了,可能会议也被耽误了。"窦历说:"不会那么倒霉吧,还有两个小时时间,而我们只剩半个小时的车程了。"

章越当机立断地说:"不行,这样塞下去太被动了,要行动起来。"她打开电脑,用无线上网的方式,将资料发到广州分公司。并将塞车情况告诉那边的同事,要求速印30份资料。然后,她坐到驾驶的位置,让窦历下车,步行约一公里,到附近的村镇雇了一辆摩托,通过普通公路进入广州。章越和窦历约定,谁先赶到会场,谁就做会议发言。

后来的事情证明,章越的决策十分正确。窦历用35分钟的时间找到摩托车,用40分钟到了广州。在快餐厅买份汉堡和咖啡,叫了一辆出租车,边吃边赶往会场,市内路上用了35分钟。到会场,只有不到10分钟的准备时间。而章越一直等在车内,那段高速公路发生重大交通事故,堵塞五小时,高速公路管理部门动用直升飞机进行疏导,才解决问题。

两位年轻女士所碰到的事情,就是个例外事件。她们提前了四个小时出发,还是遇到很少发生的情况。高速公路塞车,而且塞了五个小时,这样的事情,不一定经常发生,也不一定都被每一个人遇到。可是,这种事情偏偏被她们遇到了。如果不是章越当机立断,采取积极的应对措施,专家论证会就开不成了。不怕出现问题,就怕想不到问题。"河狭水急,人急智生"。在关键时刻,只要冷静对待,总会有办法。

> 河狭水急,
> 人急智生。

一、倒霉了还要倒霉

做任何事情,都要做最好的努力,做最坏的打算。所要完成的任务,涉及多人。有些事情的发生与否,不依你的个人意志而转移。别人出错误,连累你的任务就无法完成。孙悟空保佑唐僧去西天取经,经历种种劫难,已经取到真经。可是,在回去的路上,又遇到那位千年老龟。取经路上，曾得益于老龟的帮助，却忘记老龟的托付，没有问及寿命。老龟见这师徒几人不守承诺，一生气，将他们抛入滚滚波涛，箱子进水，经卷不全。这个事件令唐僧很是尴尬。

与人合作，大家所做的事情是相互关联的。一个人的失误，将影响全局，还可能造成连锁反应。倒霉事情的出现，常常是一连串的。倒霉了还要倒霉。对于这样的情况，必须事先有足够的思想准备。《西游记》的经卷不全，寓意在于这一点。

怎样解决疑难问题

譬如，一笔原材料费用，需要在当天上午，通过某银行汇往另外一个城市。由于事故停电，无法利用网上银行系统，只好驾车去该银行，路上与其他车辆擦碰，耽搁了时间。到银行已经是下午。由于对方银行系统出现故障，第二天才到账。对方公司必须见款到账才能发货，因而原材料没有及时到达。因等待原材料，生产线停产半天。因出货时间延误，销售商中断了供销关系。这一连串的"倒霉事"，被一个企业摊到，有可能导致企业倒闭。

二、保证完成任务的五个步骤

假如你遇到这种情况，不能全部归因于客观。如果认为，就是运气不好，是自己太倒霉了，那么，再遇到例外情况，你还是觉得运气不好。为什么有些人总是运气不好？要找到主观方面的原因，才能控制合作进程，保证完成任务。应对例外事件有五个步骤，即有准备、留余量、早警觉、想办法、快调整。

为什么有些人总是运气不好？要找到主观方面的原因，才能控制合作进程，保证完成任务。

有准备，即对于例外事件的出现，做充分的思想准备。在完成任务的过程中，估计最坏的情况。例如，重要的合作伙伴因病无法到位，相关设备突然发生故障，病毒使电脑文件损坏，相关费用没有正常到账。还有，遭遇自然灾难，刮台风、下暴雨、闹地震等。有了这些思想准备，遇到例外情况，不会慌乱。在人员、设备、资料等方面，做一定的后备。比如，你去应聘一份工作，事先已经递送了自身的介绍资料，但是，你一定要准备一套备用资料。最好随身携带电脑软盘、U盘、移动硬盘等电脑存储器。如果对方找不到你的资料，备份的资料马上就可以发挥作用。

怎样缓解矛盾冲突

留余量，即做事留出余量，确保在遇到干扰时，有弥补机会。我国民间匠人说："长木匠、短铁匠。"其意思是，在准备原材料的时候，木匠要比计算的尺寸长一些，铁匠要比计算的尺寸短一些。如果尺寸有误，木料长些，用锯可以截去一段；铁料有误，用锤可以锻出一段。这就是留出余量的经验之谈。如，要保证合作的时间约定，与人约定的时间，给自己留一些提前量。加入一个旅行团出国观光，约定上午10点在市中心某酒店集合。平时，你自己驾车从家里到酒店只用30分钟。因为这次要乘出租车，必须留出50到60分钟。万一出现问题，有足够补救时间。既然合作，就要与人方便，与己方便，有些事情，就是一丝一毫的差距。提前一点点，就可以保证合作效果。正所谓"一毫之恶，劝人莫作；一毫之善，与人方便"。

早警觉，即尽早发现干扰工作进程的因素，将事故控制在萌芽状态。例外事件出现之前，一般会有一些征兆。案例中的章越，在高速公路上等待的时候，能够根据经验判断出，这次塞车不同往常，很可能出现重大问题。她及时意识到可能导致的严重后果。事后证明，这个判断是正确的。如果一味地等下去，任务根本就无法完成。在许多城市，广播电台都即时播放交通动态，可以帮助人们在路上避免堵塞。可惜总是有些人消息闭塞，从来不收听这些信息，只是被动地等待，经常延误。

想办法，即发现问题征兆，及时想出调整的办法。不要畏惧困难、推卸责任。成功者想办法，失败者找理由。当年，杭州灵隐寺的济公和尚，发现山体滑动，动员山底下村庄的人们迅速离开。但是没有人愿意听这个疯疯颠颠和尚的话。济公和尚急中生智，闯到一户正在娶亲的人家中，故意抢走了新娘。这个行为激怒了全村人。大家都在后面一起追济公。追呀追，跑得很远很远，逃过了被埋的劫难。

快调整，即有了办法要快速行动，及时调整工作的节奏与重心。不要拘泥于事先的计划。计划没有变化快。完成任务，必须注意关键的几步。关键时刻要快走几步。遇到例外事件，对于自己或者他人所提出的调整方案，不要顾虑太多，要当机立断。遇到堵塞，章越要求窦历改变路线、乘摩托赶往目的地。在紧急情况下，无法准确判断这个建议的对与错。但是，争论就要耗费时间。既然已经有了办法，而且有章越继续驾驶车辆作为保障。两人的分头行动，就多了一个完成任务的机会。这也是充分发挥合作的优势，多一个机会，就多一分成功的可能。

一毫之恶，劝人莫作；一毫之善，与人方便。

有准备，留余量，早警觉，想办法，快调整。

多人做事，可能互相妨碍，也可能互相创造达到目标的机会。多一个人的尝试，就多一次完成任务的机会。

行动：共同走向目标

场地在室外，选择一个平坦、空旷的地方，足球场最为适宜。如果考虑到草坪的保护，可以选择中学的操场、城市中心的广场。参加活动的人，要穿运动鞋，着长衣裤，防止跌倒时候擦伤。选择一个标识物作为目标，如一面有旗杆、可以插到地上的旗子，或者高一米半、可以立在地上的广告板。目标置于80米远的地方。

活动的第一阶段：每个小队派出两人。一人用红黑两色的布蒙上自己的眼睛，听另一个人的口头指挥，走向目标。蒙眼人最多只能走120步。到了限定的数字就停下来，测量离目标有多远。

活动的第二阶段：每个小队再派出两人，都蒙上眼睛，互相呼应

怎样进行团队激励

着走向目标。这次不限制步数，而是限制时间，150秒内完成。

活动的第三阶段：全体成员都蒙上眼睛，只有培训师在观察。大家一起走向目标。可以大声呼唤，彼此拉手、互相搀扶。完成任务的时间限制在3分钟以内。

群体走向一个目标，可能顺利到达，也可能一片混乱

评估：排除干扰完成任务的能力

怎样激发工作热情

一、培训师评估

通过行动，检验队员应对例外事件的能力。

活动的第一阶段，要求发出命令者必须停留在原地，不能跟着伙伴。选择其他小队的一个成员担任监督工作，观察蒙布是否起作用，并计算步伐。这个人可以跟着蒙眼者走，暗中"捣乱"，给蒙眼者错误的暗示。检验学员在干扰下，能否密切配合、达到目标。

到第二阶段，由于两人都蒙上眼睛，难度加大。如果两人拉手前行，不仅影响速度，还可能以偏带偏，导致南辕北辙。正确的作法，是用语言呼应，并且借助于其他成员的暗示。

到了第三个阶段，群体活动，可能顺利达到目标，也可能一片混乱。如果小队成员有10人，核心人物的引导作用非常重要。一旦有人达到目标，必须通过呼唤引导伙伴。这个时候，导师可以增加活动的难度。在学员不注意的时候，将目标移动位置，看全体成员在失去原来目标位置的情况下，如何应对例外情况。

二、自我评估

1.对于影响任务完成的干扰因素有哪些准备，是否能够想到可能出现的最不利因素？

2.是否理解"长木匠、短铁匠"的寓意，你在工作进程中是否留出适当的余量？

3.在工作进程中，你通过什么渠道获得信息，以便及早警觉意外事件的出现？

4.是否理解"成功者想办法，失败者找理由"的寓意，如何在遇到困难的时候，采取非常手段解决问题？

5.你能否提出开放式的解决问题方案，与合作者分头行动，尽快调整行动步骤。在本节案例中，假如窦历改变路线反而慢于章越，而塞车缓解，章越先于窦历到达会场，你又如何看待她们的作法呢？

通过回答以上五个问题，评估自己是否掌握应对例外事件的五个步骤。

单元综合练习

本单元的技能点：

控制工作节奏，推进工作进程，创造互相信赖的状态，理解不同个性的合作者，能够应对影响合作的突发事件。

通过一次小队的集体聚餐，来增强共同完成工作任务的能力。聚餐的主题是：自己动手包饺子。六人参加，共同参与包饺子的过程。完成这个任务是有难度的。我国南方一些地区不习惯吃饺子，北方的青年一代很少下厨房。正因为如此，才体现出活动的价值。培训师或者小队长熟悉包饺子程序，这个活动可以实际操作。如果不具备这个条件，可以到北方风味的餐馆或者北方籍的家庭访问，了解包饺子的程序。在全国各地城市都有北方人和北方风味的餐馆。通过实际操作或者访问，回答以下问题：

活动一：保证工作进度

这是一次"自己动手做"的活动，六人动手准备二十位朋友吃的饺子，从购买原材料、和面、调馅、擀皮、包、煮等，大约需要多长时间。六个人都要参与，应该如何分工，各道工序如何配合，保证整体工作进度。

活动二：达到相互信赖

如果六人的背景差异很大，有人自称厨艺精湛，有人自称对于包饺子一窍不通，如何分工合作？对于关键步骤，如饺子馅的调制，如何相信操作者的能力。

活动三：容忍特殊要求

如果20位来就餐的朋友中，有人提出了特殊要求，如何应对？其中有一人是少数民族，对于肉类有禁忌；另外有一人不吃葱花和姜，要求给他包不加任何调料的饺子。这些情况加大了工作的难度。可以到北方餐馆去了解，如何在很短时间内包出多种馅的饺子。食客中有人有洁癖，执意不肯使用已经准备的瓷碗和木筷，而要那种一次性的碗筷，另外有人是环保主义者，坚决反对使用一次性筷子，如何调节这些关系？

活动四：应付例外事件

饺子包好，热气腾腾地出了锅，装盘摆到桌上，众人开始品尝。这时出现一些问题：

（1）饺子非常可口，众人风卷残云地将盘中的饺子全部吃光，而事先估算的分量不足，怎么办？

（2）有三分之一的饺子味道偏咸，有二十分之一的饺子煮露了馅，如何让多数人吃得满意？

第三单元　改善效果

能力培训测评标准

在一对一或团队工作环境中 ——

保持各方工作进度方面的协调，改善与人合作的方式，以促进合作目标的实现。

在改善合作效果时，能够：

1.以多种方式，在适宜的场合，及时、得体地检讨自己合作过程中的不足和过失。

2.适当地表达不同意见,并向合作方提出自己的建议和批评。

3.妥善、积极地接受他人的不同意见，使合作的各个方面的意见得以集中、融合。

4.及时发现和弥补他人的过失或不足，以及工作中的缺陷或失误，使合作进程整体向前推进。

（摘自《国家职业核心能力培训测评标准〈与人合作能力单元〉》中级）

与人合作，需要一个磨合过程。多数合作不是一开始就很默契。这样的现象非常类似婚姻的磨合。无论恋爱时候多么甜蜜，婚后总是有矛盾。第一年的共同生活，争吵、矛盾必然出现，需要不断磨合，才能达到和谐。结婚第一年通常称为纸婚，生动地形容婚姻磨合期间的脆弱。

当合作出现问题的时候，就要谋求改善。及时发现工作中的问题，判断合作的障碍。以积极的方式提出不同意见，以诚恳的态度接受他人的建议，并且弥补他人的工作过失，达到改善合作效果的目的。

四个案例：通过云漫雪与苏立秋的文化差异，分析了合作的障碍；潘云霄打翻了餐盘，揭示葛正义的合作误区；奚小姐当着众人，深深地给范阿婆鞠躬道歉，是征求意见的恰当方式；郎班长推功揽过的作法，令彭师傅非常感动，建立有利的合作关系。

四项行动：报数是常见的聚餐娱乐方式，敲桌子报数，可以发现许多问题；换一种说法，帮助学员适宜地提出不同意见；寻找当年的老师，不仅是一次有价值的回忆，更是身心的一次洗礼；冲洗便器，是个难度极大的活动，需要足够的思想准备。

第一节　判断合作障碍

目标：判断合作障碍，调整合作关系

人与人的合作关系，涉及到各自的切身利益。这种关系不仅复杂，而且处于不断的变化之中。自己与他人的合作关系是否融洽，不能简单地说好或者不好，而是要捕捉微妙的、外人难以察觉的信息。如果不能及时察觉以及正确判断合作障碍，裂痕将逐步扩大，事情到了无法挽回的地步，合作关系将彻底中断。

通过本节训练，你将能够：

及时发现合作中存在的问题，准确判断影响工作进程的障碍，适当调整合作关系。

> 千里之堤，
> 溃于蚁穴。

怎样沟通工作进度

示范：回顾合作过程的得失

通过一个阶段的合作，你要冷静地回顾合作过程的得失，判断自己与他人的合作关系是否融洽，判断大家的合作目标是否一致。

将工作进展与合作目标进行不断的对照。不仅要看自己的情况，还要看其他合作者的情况。

一旦发现合作的障碍，要找到适宜的沟通、协调方式，检讨自己的行为，消除合作者的误解，保证下一步合作的顺利进行。

怎样判断合作障碍

准备：合作关系的裂痕

> ·案例·　　　　　AA制惹祸
>
> 公司市场部的云漫雪发现，财务部会计苏立秋有些不对头。以前，到财务部办事，苏会计很热情。作为市场部门的经理，云漫雪经常借支票、取现金、报销单据等，苏会计给予了很多方便。

半个月前。二人在一起吃了一次午餐。可是，自从那次午餐以后，苏会计态度变化很大，说话一副公事公办的口气。女性的直觉告诉云漫雪，一定是自己在什么地方出了差错。她从国外回来后，在这家公司工作不到半年。平时为人亲和、谦虚，与财务、人事、技术等部门合作得很好。为什么苏会计态度会发生变化？

她向部门同事请教。同事询问那次午餐的细节。当说到付费方式的时候，同事知道了原因。多年生活在国外的云漫雪，习惯于AA制度，自己付自己的那一份。由于沟通不足，苏会计以为是被人请客。当云漫雪只支付自己那一份费用的时候，苏会计心里觉得很难接受，可又无法说出。

云漫雪这才知道，是文化差异造成了隔阂。云漫雪在同事的建议下，打破自己从来不到同事家拜访的惯例。带着水果，来到苏会计的家，道出AA制聚餐的原委。话说透了，苏立秋积淀心头的冰块消融，并被她诚挚的行为所感动。

你要敏锐地发现合作的裂痕，及时判断出合作的障碍。合作是一种主动、自觉的行为，要求合作各个方面相互信任，做事靠的是默契，是真诚的努力。如果勉强地、被动地做事，貌合神离，合作就成为了空话。

一、情况时刻在变化

与人合作难免出现裂痕。因为观念的差异，云漫雪在无意中得罪了公司会计。这个裂痕不消除，将会影响部门之间的合作。她与苏会计之间不存在根本的利益冲突，只是中外交往礼仪的差异。消除的办法也不是很难。但是，如果没有同事的提示，云经理很可能无法判断问题所在。

> 当局者迷，旁观者清。

合作涉及到各个方面的利益关系，有公司利益、有部门利益、有个人利益。通过合作，期望的结果没有出现，合作者的心态就要发生变化。依靠相互信任、默契来维系的合作关系将出现缝隙。

通过合作过程，你可以感受合作是否存在障碍。但是，这样的直观感受不一定准确。仅凭情感因素来判断合作关系，缺乏依据。而且，"当局者迷，旁观者清"。作为合作的主导者，你不能简单地根据合作者的直观感受来判断，而要注意实际的例证。

二、时刻注意的三个问题

你要时刻注意三个问题：一是合作关系是否融洽，二是合作目标是否一致，三是沟通协调是否有效。

第一个问题：合作关系是否融洽。这个问题微妙而复杂。采用"是、非"形式的提问：你与某某同事关系如何？备选答案只有两个："好"和"不好"。多数情况下，你将选择"好"。再继续问：你与所有的同事关系如何？备选答案还是只有两个："好"和"不

> 合作关系是否融洽，这个问题微妙而复杂，无法简单做是非判断。

好"。这时，你将难以确定。其实，一个人无法与所有同事都保持融洽的合作关系。你可以这样认为，但舆论不是这样认为的。

在工作中，可能会遇到对你有反感情绪的人。为什么会有反感，这个人也无法确切地知道。可能是因为地域、年龄、性别、学历等方面的差异，也可能是因为说话的语气、人生态度存在不同。甚至一个人长得漂亮、富有才华，也会招致莫名其妙的敌视。

怎样调整合作关系

他人的反感你可以感觉到，但无法明确公开说出来。我国有一个"将相和"的故事，讲的是古代战国时期赵国大将廉颇与上卿蔺相如的合作。廉颇看蔺相如，怎么看怎么不顺眼，寻找机会多次挑衅。对于挑衅，蔺相如心知肚明，但是没有解决办法，只能回避。在你的职业圈中，特别是内圈合作中，可能会遇到廉颇式的人物。

遭遇他人敌视，要采取云经理的作法，积极地消除障碍，采取上门拜访的作法。"将相和"中的蔺相如，采取的是回避方法，甚至不与廉颇同时参加会议。但是，他通过其他渠道传递信息，让廉颇认识到自己的偏见，演出了一场"负荆请罪"，成为千古传唱的佳话。

第二个问题：合作目的是否一致。多人做事，在制订计划、分派任务、接受指令的时候，觉得大家已经清楚了要做什么事情，达到什么目的。一旦开始共同做事，发现仍然有些稀里糊涂。由于习惯的影响，有人不是按照目标来工作，而是根据习惯来做事。

有个外国寓言，讲的是天鹅、梭子鱼和虾合作的故事。它们看到路上有一辆车，车上有许多美食。大家合起来想把车子从路上拉下来。都使出了全身的力气，可无论怎么拖呀、拉呀、推呀，小车还是停在原处。原来，它们都按照自己的习性来做事。天鹅使劲往云里提，虾是用力往后拖，梭子鱼则卖力往池子里拉。

你的合作伙伴，很有可能在上演着"天鹅、梭子鱼和虾"的闹剧。合作目标不一致的现象，在开会中的表现最为明显。影响会议效率的主要障碍是离题。会议主持者明确了讨论的主题，还是有人发言离题太远。争论不休，却不知要讨论什么。如同一个相声中说的，大家讨论如何修建一个烟囱，一个人在喋喋不休地发言。仔细一听，风马牛不相及。原来是这个人看错了图纸，以为要挖一口井。

一旦发现目标偏差，要尽早提示，及时调整。在合作过程中，你要不断观察，将工作进展与目标不断对照。不仅要看自己的情况，还要看其他合作者的情况。有些时候，那些只顾做事、不辨方向的人，全然不知自己已经南辕北辙，做着毫无意义的事情。

你在组织或者参加会议的时候，要有文字形式的议题。在会前印发给与会者，或者写成大字挂出来，或者用电子屏幕显示出来。每位与会者可以时刻看到。一旦发现离题倾向，可以通过重现议题的方式，保证会议的方向。

中

只顾做事、不辨方向的人，全然不知自己已经南辕北辙，做着毫无意义的事情。

第三个问题是：关于合作关系的沟通协调是否有效。合作障碍的存在，多数为缺乏有效的沟通和协调。摩擦、矛盾，常来自于合作者之间的误解。

某新开张的餐厅，来了三位客人，点了四个菜一个汤。因为一个菜上得太晚，在多次催促无效后，客人要求结账。客人刚走，菜做好了。第二天，又出现这样的情况。餐厅经理召集员工开会，判断症结。大家七嘴八舌，分析原因。有的说，客人太性急；有的说，客人太多后厨忙不过来；有的说，厨师做事太慢。每说出一种原因，都有反对意见。两起情况，都是客人已将先上的汤菜吃光，第四个菜才上来。当时的客人并不多；厨房也没有消极怠工。

一位在餐饮行业服务多年的员工慢慢说出原因：前厅后厨配合沟通有问题。所有人都要知道每个菜的大致出品时间，如果客人点的菜中，有一个菜的烹制耗费时间，必须告诉客人。同时，冷盘部、小炒部有意拖延一点出品时间，等待一下其他部门。这样配合，就可以保证第一个菜与最后一个菜的间隔时间不超过一定限度。

三、注意蛛丝马迹

有了正确的判断，问题就解决了一半。影响合作的因素，不一定非常多，也不一定多么严重。可能仅是某一个环节、某一个人的一个曲解。但是，如果判断有误，就如同医生误诊。不仅给病人带来痛苦，还将拖延病情，小问题变成大隐患。

"耳闻不如目睹，口说不如身行"。判断合作障碍，要听取他人的看法和评价，更要依靠自己的观察。

有些合作状况，大家说起来没有任何问题，你好我好大家好，暗地却存在矛盾，甚至互相诋毁、拆台、使绊子。这种表面上的一团和气，是很危险的。需要注意合作过程中的蛛丝马迹，发现裂痕，及时控制事态的发展。

在生活中，偶尔争吵的夫妻，因为矛盾及时化解，关系反而融洽和长久。一些总是客客气气的夫妻，却离婚了。局外人感觉非常突然，当事人知道，有些矛盾积存已久，无法解决。在职业内圈合作中，尤其要注意这种情况。

> 影响合作的因素，不一定非常多，也不一定多么严重。可能仅是某一个环节、某一个人的一个曲解。但是，如果判断有误，就如同医生误诊。

> 耳闻不如目睹，口说不如身行。

行动： 连续报数

活动需要八个人参加。一个人担任监督，七个人围坐。每个人手中拿着一根筷子样的物品，用以敲击桌子。确定一个人为首位报数者，首先喊"1"，右转，依次接着报数。规则是，逢7或者7的倍数，不能读出来，而是以敲桌子来代替。7的倍数数字有14、21、28等，包括含7字的数字有17、27等。参与活动的人必须注意力集中，报数要有一定的速度，不能迟疑观望。

到了规定数字没有敲击桌子，或者边报数边敲击。监督马上叫停。找出酿成错误的责任者，在其头上戴一个纸帽子，或者在成绩单上记载过失一次。继续报数，直到无错误地报数到99停止。

评估：能否及时准确地发现障碍

一、培训师评估

能够两次以内达到目标的小队，获得奖励。重复三次仍然无法顺利完成报数到99的小队，将记过失一次。组织小队进行讨论，特别是多次失败的小队，要分析失败的主要原因。

原因之一是有人没有全面理解规则。原因之二是有人注意力不集中。在27、28两个数字连续出现的时候，总有人糊涂地喊了出来。负责监督的人，要准确发现经常出错误的人，提醒其注意。多次出错后，提出防范措施，改变围坐位置，或者更换首位报数者。

如果队长能够及时发现"障碍"，就可以尽快完成这个活动。有的小队出现问题就互相指责，甚至连续犯同一个类型的错误。有的小队负责人，发现了问题，怯于情面，不能够及时指出。有的小队发现了障碍，也及时指出了问题所在，但是，不能及时帮助这个人改正错误。这些情况，都作为评估的依据。

经过培训师启发，仍然无法认识到合作障碍的小队，需要增加训练时间。

二、自我评估

1. 经过一个工作阶段的磨合，你与合作伙伴的关系是否融洽？是否有人对你抱有反感情绪？

2. 你与同事的合作目标是否一致？不仅要看自己的情况，还要看其他合作者的情况。你是采取什么方法不断地强化合作目标的？

3. 在裂痕出现的时候，你采取什么措施来积极消除合作中的障碍，取得他人的谅解和认可？

影响连续报数的原因之一是有人没有全面理解规则；原因之二是有人注意力不集中。

第二节 表达不同意见

目标：掌握批评的恰当时机与方式

合作过程中可能出现分歧，你要向他人表达不同意见。为了确保合作目标的实现，必要的时候，要向他人提出批评。表达不同意见的目的，是促进更为有效的合作。当合作存在分歧的时候，可以争论，也可以批评。合作者拥有这样的权利，为了共同利益也必须这样做。如果大家保持一团和气，谁都不说批评意见，听任他人继续错下去，后果将十分严重。可是，"打人莫打脸，骂人莫揭短"，表达意见和提出批评的方式必须适当。

通过本节训练，你将能够：

在恰当的时机、采取恰当的方式、向适宜的人表达意见、提出批评。

> 打人莫打脸，
> 骂人莫揭短。

示范：保持理智态度、批评留有余地

保持理智的态度，提出批评的时候要留有余地。牢记表达不同意见的目的，是维护和改善合作关系，而不是破坏合作关系。

明确问题的出发点，避免被个人情绪所左右，不能说情绪激愤的话。掌握表达不同意见的基本方法。

从五个方面考虑自己的表达方式，即为什么表达、对谁表达、在什么时机表达、在什么场合表达、如何表达。批评他人的时候，一定不能伤害他人的人格，对事不对人。

怎样表达不同意见

准备：提意见不能图自己痛快

· 案例 ·　　　　　　　掀翻餐盘

　　人力资源部的潘云霄，到北京参加一次公司薪酬管理的研讨会，感觉收获很

大。正值公司高层领导提出要求，对现有薪酬体制进行调整。他用了一个星期的时间，写出一份工资改革方案，呈送部门总经理审阅。因为工资问题十分敏感，总经理建议，先下发到各个部门进行广泛的讨论。经领导签字后，潘云霄在方案上注明"讨论稿"字样，通过电脑挂到公司的内部网上。

中午，在公司饭堂，潘云霄端着餐盘，坐在技术部葛正义的对面。两人是大学校友，虽然不是同班，但多有往来，在公司经常借午餐时间一起聊天。今天的话题谈到工资改革方案，葛正义嘴角带着嘲讽地说："没少熬夜吧。这回董事会要给你颁奖，我们老百姓却要倒霉喽。"潘云霄放下筷子："方案中哪一点不合适？"葛正义的声音大了许多："哪都不合适！怎么改，都是给老板擦鞋。"

潘云霄耐着性子问："不可能一无是处吧。"葛正义依然很大声，饭堂许多人都听得见："看看你们人力资源部门出的什么狗屁方案。老总的钱越发越多，员工的钱越改越少。按照你们的方案，我一年少拿两万。你潘云霄在学校学生会的时候，就是个维护校长、出卖同学的叛徒！"

面对葛正义的指责，潘云霄的脸色从白到红，又从红转成青色，他忽地站了起来，用更大的声音吼道："葛正义，你，你太过分了！" 同时，将不锈钢的餐盘掀翻在地上，周围人大惊。

为了改善合作效果，就要表达不同意见。意见，是对事情的一定看法或想法，也可以是对人对事的不满意。

一、好言难得，恶语易施

对于同样一件事情，不同的人，站在不同的角度，会有不同的看法。有时候，看法会截然不同，各个方面存在明显的分歧，这种情况是正常的。来自不同角度的不同意见，能够取长补短，形成合力，这正是合作的真谛。通过讨论甚至争执，大家才能正确地理解合作目标，发现合作障碍，调整工作偏差，改善合作效果，提高合作效益。

但是，任何事情都要有限度，过犹不及。案例中所出现的情况，餐盘掀到地上，这样表达意见的方式显然不合适。葛正义貌似正义的化身，其实是以错误的态度、在错误的场合、选择错误的时间、以错误的方式，表达了一个错误的意见。他以自己的随意和轻率激怒了潘云霄。

说赌气话、激怒他人的话，是比较容易的，说者比较痛快。而说得体的话，要控制自己的情绪，则比较难。正所谓，"好言难得，恶语易施"。

> 好言难得，
> 恶语易施。

二、必须清楚的五个问题

在表达不同意见的时候，你要清楚地理解以下五个问题：为什么表达、对谁表达、在什么时机表达、在什么场合表达、如何表达。下面分别叙述。

第一个问题，为什么要表达不同意见。当合作出现不和谐因素的时候，就要沟通协调。这个人认为，这件事情应该这样做；那个人觉得，这件事情应该那样做；第三个人又有了新的看法。之所以有分歧，与看问题的立场有关系。是站在个人的立场，还是站在整体的立场。如果你是站在整体的立场，那么你表达意见的理由是正确的。

当一个人遭遇失败，感觉无法完成任务的时候，很容易抱怨自己的伙伴。如，四人打牌，一人输了后，把牌一摔，指责对面的合伙人："都是你出的这臭牌。"再如，四人跑接力，第三棒与第四棒交接的时候，匆忙中将棒落在地上，赛后第一、二棒愤怒地指责第三、四棒："就是因为你们这两个笨家！"你必须控制类似的情况。

在表达意见之前，你一定要问自己，这样做的必要性。不是所有个人看法都有必要说出来，必须避免个人的情绪宣泄。有话不说出来，心里感觉很堵，真想一吐为快。恰恰是这样的情绪，使表达意见成为指责争吵，令对方难以接受。

第二个问题，对谁表达。你在向谁表达意见，是你的上级，还是你的下属，是你的内圈同事，还是你的外圈客户。面对不同的人，将有不同的表达方式。

可以向上级提意见，但是，最好是向自己的直接上级，而不应该是上级的上级。越过自己的直接上级，而向高一层的领导反映意见，是要承担风险和责任的，容易被认为是告状。意见要逐级反映，除非你准备放弃与自己直接上级的合作关系。

向下属表达不同意见，要以商量的口吻。由于你所处位置较高，很容易说出带有指责、批评口吻的话。有时，态度稍冷，口气稍重，就会造成误解。这样的意见对于下属的影响很大。作为上级，在评价工作效果的时候，一定要用商量的口吻。

合作关系的密切程度有差异，表达意见的方式也要有区别。对于那些松散的、临时的合作关系，尽管有意见，但是在多数情况下应该尽量放一放。外圈的合作关系，难以处处融洽默契，更无法在短时间内影响他人。即使必须要表达意见，措辞也要尽量委婉，点到为止。

内圈合作中，有意见一定要表达出来，特别是紧密合作的搭档。共同做完一件事情，一定要回顾总结，检讨不足。出现分歧的时候，不怕争论。必要的时候，可以争得面红耳赤。不能颠倒内圈、外圈的位置。有些人，在内部合作一味忍让，逆来顺受，影响合作效果。到了外部合作，却争来争去，一味逞强。结果，是外圈合作的人数越来越少，内圈合作的隔阂越来越深。

第三个问题，何时表达。表达意见，不能想起来就说，而是要看时机。首先，是自己情绪比较冷静的时机。其次，是对方给你提供了

有不同意见可以表达，但是，你必须清楚：为什么表达、对谁表达、在什么时机表达、在什么场合表达、如何表达。

表达意见的时机。再次，合作问题已经基本显露了时机。

感觉不够冷静的时候，你要等待，让时间平静自己。"息却雷霆之怒，罢却虎狼之威"。带着情绪说话，自己气得火冒三丈，其实不解决问题。提意见前，最好沉默片刻。可以借故离开，到洗手间洗洗手、照照镜子，使自己冷静一下，再次问自己是否有提意见的必要。照镜子的时候，调整好情绪，最好微笑10秒钟。

你要询问对方，是否可以给自己表达意见的机会，可以先打个电话，打个招呼。参加会议时，充分利用主持人给予的发言机会。与会者中，如果你的级别较低，可先表达意见。反之，则后表达意见。

发现了问题，应该及时说出来。由于信息不对称，对方难以看到你所说的情况。这个时候，说得太早，反而无益。问题基本显露且没有造成较大负面影响的时候，是最佳时机。

第四个问题，在什么场合表达。向直接上级表达意见，最好是单独的场合，不应该有其他人在场。在开会的时候，要对其他部门提出意见，如果问题尖锐，可以采取会下沟通的方式。外圈合作中，表达意见的地点要选择不代表立场的地方。自己的工作地点或者对方的工作地点，都不适合。可选择某些公共场合，如咖啡厅、茶馆等。

第五个问题，如何表达。说不同意见的时候，要复述对方的观点，并肯定对方的某些意见与作法。有话慢慢说，特别是批评对方的时候，一定要语气缓和。当然，观点不能含糊，只要场合适宜，可以直截了当，对于某些作法可以明确地表示反对。要谈出观点，更要有具体事例。下结论时，要留有一定的余地。

提出意见，一定不能伤害他人的人格，遵循对事不对人的基本原则。不能说涉及他人自尊的话，诸如"你怎么这样笨"、"你们部门真自私"、"你们领导都是资本家"之类的话。确实有必要提意见，要就事论事，不能翻陈年旧账。

息却雷霆之怒，罢却虎狼之威。

提意见前要沉默片刻。可以先到洗手间照照镜子，对着镜子微笑10秒钟。

中

提出意见，一定不能伤害他人的人格，遵循对事不对人的基本原则。

行动：换一种说法

采用场景模拟的形式，由学员扮演相应的角色，在特定的情景中进行对话，训练提意见的能力。在活动前，没有固定的台词，凭学员的现场发挥，从而了解语言习惯。

一位学员扮演吸烟者，另外一人扮演保安员。"吸烟者"在不应该吸烟的场合吸烟。这是公共场合，如政府部门的社会服务大厅、银行的大堂、酒店机场的限制吸烟区域。

"保安员"的任务是劝阻"吸烟者"不在受限制的区域内吸烟。

任务的难度在于，这位"吸烟者"心情很恶劣，对于劝告极为反感，甚至说一些脏话。不管"吸烟者"的态度如何，"保安员"必须彬彬有礼，耐心解释。然后，两个人交换角色。由于位置的变化，新的"吸烟者"可能变本加厉地为难"保安员"，注意观察"保安员"在这个时候的应对语言。

评估：是否掌握批评的恰当方式

一、培训师评估

有五人分别扮演"保安员"。注意，不去考虑"吸烟者"的行为，尽管可能行为恶劣，有违社会公德。"吸烟者"尽量夸张地展示恶劣的一面，使"保安员"感到难以完成任务，故意激怒"保安员"。

现场讲评角色扮演者的对话。这里主要讲评"保安员"的表达方式。评估的标准是：所提出的意见能够让对方接受，不能以管理的口气说话，而是以商量的、请求的口气说话。在对方故意使用激怒语言的时候，如何保持冷静。不能以牙还牙。

在社会公共场所，总会有人素质不高，做出不文明的事情。但是，处于服务位置的员工，必须求得"吸烟者"的合作，避免激怒对方。提出意见的时候，避免被个人情绪左右。不能说情绪话，不能伤害他人的人格，对事不对人。

二、自我评估

分析以下对话，指出不恰当的表达方式，写出适宜的表达意见方式，与同小队成员交流。

（1）**对话背景**：你的间接上级临时安排你写个工作方案，确实没有时间。你的回答是：

"干嘛让我写这个方案，这事不由我负责。"

（2）**对话背景**：你外出回来，发现有人动乱了你办公桌上的文件。你不高兴地说：

"我不在办公室的时候，不要乱翻我的资料。"

（3）**对话背景**：你给客户报产品的价格，客户压低价格，并指出其他公司的价格更低。你恼怒地说：

"你能找到比我的价格还低的货，我把脑袋割给你。"

（4）**对话背景**：你的下属工作出现很低级的失误，你指责他：

"你呀你呀，真是笨到家了，这么简单的事情也会被你搞砸。"

第三节 接受建议批评

目标：以正确的态度接受建议批评

与人合作，就要互相表达意见，互相提出批评。"良药苦口利于病，忠言逆耳利于行"，这是非常有名的一句格言。你要向他人提出意见和批评，他人也要向你提出意见和批评。对于问题的认识要有一个过程，特别是对于某些尖锐的意见。有的时候，他人的批评可能是毫不客气的，甚至成为一种指责或者责难。这个时候，人们很容易产生抵触情绪。克服抵触情绪，心态平和，沉着接受，从中汲取积极的因素，不讳疾忌医，才能保证合作进程的推进。

通过本节训练，你将能够：

心态平和地接受他人的建议和批评，也能够正确地面对指责或者责难；同时，主动征求他人的意见，变被动为主动。

> 良药苦口利于病，忠言逆耳利于行。

示范：找到诤友、学会倾听、辨别真伪

你的合作者中一定要有诤友，这是改善合作效果必不可少的人物。具有能够直言不讳的合作者，才能使你从不同侧面获得信息，特别是获得一些尖锐、准确的批评意见。

在接受意见和受到批评的时候，能够控制逆反情绪，集中自己的注意力，认真理解。避免急于解释，同时诚挚地表示感谢。

面对他人的意见和批评，能够冷静思考，辨别真伪。面对来自不同侧面的意见，分类整理，吸收有益的因素，及时调整自己的工作状况。

怎样接受批评建议

准备：接受意见

·案例·　　　　　　**广东早茶**

　　广东早茶富有特色，可以提供上百种饮品、粥、点心、笼蒸小菜、滋补炖汤。奚小姐应聘为某家酒楼主管，刚到任，就遇到一起投诉。一位60岁的范阿婆反映，自己点了一道上汤菠菜，吃出了一根头发。奚小姐见到眼前的这位范阿婆，普通话中说话带有浓重的潮州口音，但语气平和，条理清楚，很有修养。

　　奚小姐当着众人，深深地给范阿婆鞠躬道歉，马上安排重新做了一盘蒜蓉菜芯，并以个人名义为阿婆结账。范阿婆离开的时候，发现账已结，很感动。她告诉奚小姐，自己退休已经五年，最近搬到女儿家，就在附近。已经来这个酒楼几次，总体感觉还好，但总有一些小事酒店的处理不当。奚小姐拿出笔来，一一记下阿婆的意见。

　　从此以后，范阿婆成了酒楼常客。一年中，差不多要来三百天以上。每个星期，她都将自己的意见和建议向奚小姐说一次，有时还是文字清秀的书面建议。范阿婆还动员那些和自己一起锻炼身体、打牌的姐妹们，一起来吃早茶，并提意见。这些老人有广州的、潮州的、海南的、梅州的。

　　转眼十年过去，范阿婆已经70岁，奚小姐成为酒楼的副总经理。两人一直保持着联系。奚副总经理深知，范阿婆等老姐妹给酒楼带来人气，更带来了创新发展的动力。早茶业务带动了午市、晚市，酒楼的名气越来越大。

　　你不仅要表达意见，还要听取意见，这是双向的沟通过程。有些时候，你还要接受批评、承受指责。这些意见、建议、批评，不一定都是正确、公正的，其表达方式也不一定合适。但是，你必须采取积极的态度去接受。

一、医生无法给自己治病

　　在完成工作的进程中，你无法及时看见自己存在的问题。而合作者却可以看得比你要清楚。不要讳疾忌医，对于自己所存在的问题，还是要多想一想。"宁可信其有，不可信其无"。

　　譬如，商务会谈，一个人去洗手间回来，忘记将裤口的拉链拉上。他坐在沙发上，露出明显破绽。这个时候，迫切需要有人递上一张条子提示他。

> 宁可信其有，不可信其无。

　　再锋利的刀，无法削自己的刀柄；再高明的医生，无法诊治自己的疾病。共同做事之后，大家互相提醒，发现和判断问题，互相开展批评，这正是合作的优势所在。特别是内圈合作伙伴的意见，是非常可贵的信息。

　　譬如，你按照上级的指示，赶写一份资料，呈送审查的时候，怎么修改上级都不满意。而且，上级没有时间仔细阅读，一时又没有具体的修改意见。这个时候，你拿给自己部门的同事看，其意见很有可能使你豁然开朗。

二、接受意见的渠道

在内圈合作关系中，你需要有至少一位诤友。诤友是可以直言规劝的朋友，这样的合作者，对于你的工作情况非常了解，可以及时发现问题。同时，他与你，承担同样的责任，以共同利益为基础，宁可暂时得罪你，也要表达其意见和建议。

在职业活动中，无论你处于什么样的位置，基层的、中层的，或者高层的人，都可以找到这样的诤友。不仅在内圈中有诤友，还可以到中圈、外圈中去寻找。案例中的奚小姐就是通过一起投诉，找到了范阿婆这样的可贵朋友。

诤友的意见会激怒你。我国唐太宗李世民是位杰出帝王，特点是从善如流。他能够广泛听取他人的意见，如同水从高处流往低处一样自然。历史典籍记载了他与魏征的合作关系。魏征既是其臣子，也是其朋友，而且是诤友，敢于冒犯李世民，直截了当地说出尖锐的意见。

魏征的意见尖锐到李世民无法忍耐，恨不得杀了他。多次遇到这样的情况，李世民都忍住了。他知道，自己是皇帝，具有至高无上的权力。但不能一意孤行，不能任性。他不能杀魏征，他需要这样直言规劝的朋友。

李世民做了皇帝，深恐出现隋朝弊端，他就要防止自己因权力至高无上而出错。魏征看透了这一点，敢于犯颜直谏。水亦载舟亦可覆舟，这个与民合作、共同发展的道理，就是魏征与他的直接上司李世民共同提出的。

听取意见，要多一些渠道。从不同侧面、不同的人那里获得信息。对于工作情况，不同的人站在不同角度，看法可能完全不同。要从内圈朋友那里取得意见，也要从外圈人士那里征求建议。你不必担心意见的驳杂，先将意见记录下来，再慢慢分类整理。

三、善于听取意见

你要善于倾听。集中自己的注意力，将其他的事情暂时放下来。倾听的时候，坐姿端正，重心适当前倾，眼睛注视对方，适当点头会意，以表示自己积极的态度。

必要的时候，要记笔记，以防止信息的遗漏。同时，也可以通过低头写字，避免目光长时间与对方对视。在他人提意见的时候，你凝神望着对方，容易造成压力和误解。

接受意见的时候，可以呼应，简单地回答，但是，必须控制讲话的欲望，少说多听。交流的时候，一个人不可能在同一个时间又说又听。可以适当地重复对方讲话的要点词。这样做，可以及时澄清自己

在职业活动中，无论你处于什么样的位置，基层的、中层的、或者高层的人，都可以找到诤友。

没有听清的细节，也可以防止对方出现口误，还可以适当控制对方的讲话速度。

你在接受意见的时候，要避免急于解释原因。感觉自己被误解、被冤枉，特别想澄清事实。这样的努力常常适得其反。譬如参加一个中型的圆桌会议，一个人紧赶慢赶还是迟到了。主持人很不高兴地批评了几句。这个人很想解释，因为交通事故、车辆故障、天气恶劣等等原因。可是在与会人看来，说这些的意义不大。这个人越想解释，主持人可能越批评得严厉。

听到刺耳的意见和批评，自尊心受到伤害。觉得自己做了这样多的事情，没有功劳还有苦劳，没有苦劳还有疲劳。不仅没有受到表扬，还遭到指责，真是不如不做了。其实，好听的话可能是虚伪的奉承，而刺耳的话才有可能使人清醒。"信言不美，美言不信"。

合作共事，谁做得越多，出现错误的概率就越大，正是多做多错、少做少错、不做不错。可是，你不能不做，还不能少做。如果不做，将被淘汰出局。在团队合作中，越是处于基层位置的人，做的事情可能越多。有些事情需要试探，谁先做，谁就有可能出错，并受到批评。合作中，必须有人承担这样的压力甚至委屈。

在接受意见和批评的时候，你必须诚挚地表示感谢。感谢他人的关注、信任和坦诚。感谢之意，及时表达。必要的时候，致鞠躬礼，以表达自己的诚意。案例中奚小姐的作法是非常及时、得体的。也可以在事后，采取书面形式，写一封感谢信。如果意见和批评是正确的，要做适当的检讨。

四、辨别意见和批评

面对意见和批评，要善于辨别。你要集中各个方面的意见，分类整理，冷静思考自己工作的不足。多次被批评的问题，要分析原因，拿出解决的办法。对于那些刺耳的指责，要客观分析，站在对方的角度考虑问题。良药苦口，忠言逆耳。即便是那些带着明显敌视意味的意见，也要记录下来。

你如果工作在窗口服务岗位，可能要面对客户的指责。一些尖锐意见、批评和指责，可能恰恰是取得信任、获得合作的机会。能够耗费自己的时间和精力来反映意见的人，永远是客户中的少数人。

这些人可能怒气冲冲，可能挑剔刻薄。其实，这样的客户，根本利益与你是一致的，即双方需要服务和被服务。面对这些来提意见的人，如果你接待得当，很有可能遇到范阿婆那样长达10年的忠诚合作者。

接受意见的时候，要避免急于解释原因。当你感觉自己被误解、被冤枉的时候，特别想澄清事实。其实，这样的努力常常适得其反。

信言不美，美言不信。

一些尖锐意见、批评和指责，恰恰是取得信任、获得合作的机会。

行动：找老师

这次行动由每位学员独立完成。根据自己的情况，寻找一位自己的老师。一定是以前的老师，至少要三年以前教过自己的。小学老师最好，初中、中专、技校、高中、大学的老师都可以。

自己首先回忆，在学校的时候，受到老师的哪些批评。完全没有受过批评的学生是极为罕见的。但是，你可以忘记了那些批评。可以请求老师叙述自己当年在班级活动中的表现，引导老师回忆当年的印象，说出自己的某些不足。叙述的时候，尽量细致、具体、有案例。能够提供照片、实物最好。

随着时间的推移，老师的记忆会模糊，但是，对于重要学生的重要表现，在脑海的印象是无法磨灭的。老师的评价直率、尖刻，可以发现自己长期不愿意正视的不足。

如果无法联系到自己的老师，可以求得自己以前的同事，来征求对于自己的批评意见。每次可以约请几位，以喝茶喝咖啡的形式，诚挚地征求对自己的看法，特别是与人合作方面的不足。

> 随着时间的推移，老师的记忆会模糊，但是，对于重要学生的重要表现，在脑海中的印象是无法磨灭的。老师的评价直率、尖刻，可以发现自己长期不愿意正视的不足。

评估：判断接受建议批评的能力

一、培训师评估

1.以小队讨论的方式，要求每位学员报告自己的情况。培训导师根据报告，评价每个人的表现。是否记得老师，是否征求到具体的意见。

2.经过事先准备，培训师对于每位学员在训练班的表现提出批评，然后要求各小队队长对于本队成员提出批评，再要求队员对于队长提出批评，要求学员针对他人的批评写体会。评估每个人的体会，判断接受建议批评的能力。

二、自我评估

1.是否与自己当年的老师保持联系？如果你所工作或者读书的城市就是你童年、少年成长的地方，而你却与当年的老师失去联系，说明你在成长过程中，与老师缺乏紧密的联系。你需要从自己身上寻找原因。评估你现在的状况，能否从现在的老师或者直接上级那里，得到建议和批评?

    2.由于交通、通讯等方面的原因,离开家乡在外地谋生的人,联系老师有难度。作为弥补措施,你可以向同事征求意见。由于同事关系比较近,难以获得直接、率直的意见,效果要打个折扣。你是否能向外圈、中圈的合作者主动征求意见。更为重要的评判是,你是否有诤友?

第四节 弥补他人过失

目标：为合作者拾漏补缺

合作共事过程中，你的合作者会出现失误，还可能犯很低级的错误。可能是疏忽，也可能是能力不足，还可能是一些客观因素所导致。不管什么原因，错误已经发生了，指责、埋怨，其实于事无补。"饶人不是痴汉，痴汉不会饶人"。弥补过失，有一种形象的说法：补台。这是借用戏剧舞台上的一个概念。如果演员在台上出现错误，必须有富有经验的演员及时弥补，将这台戏继续演下去。

> 饶人不是痴汉，
> 痴汉不会饶人。

通过本节训练，你将能够：

以宽容的心态对待合作者的过失，避免过分计较，及时弥补他人的过失；并且通过拾漏补缺，与他人建立更为密切的合作关系。

示范：确立宽容态度、能够承受委屈

当合作者出现失误的时候，你要控制指责、抱怨的心理，能够宽容他人的过失，及时为上级、下属和其他合作者弥补工作的过失。

不能在一边等待和观望，即使自己没有任何责任，为了全局的利益，要能够帮助他人承担责任。在必要的时候，能够牺牲一些自身利益。

为了弥补过失，你要占用自己的工作时间，或放下自己所负责的工作进度，还要在设备、场地、信息资源等方面，为合作者提供方便。你还要有承受误解的思想准备。你为他人弥补过失，可能自己要受委屈。

怎样弥补他人过失

准备：但求问心无愧

> **·案例·　　　　电线短路**
>
> 　　彭大林已经年届四十，因企业改制而失业。参加职业技能培训后，获得电工资格证书。通过熟人介绍，被聘任到某装修公司。起初，对于这样一个年龄偏大的员工，公司电工班长郎晓刚有些不愿接受。
>
> 　　工作一段时间，彭大林的勤奋、细致、虚心、服从等品质，感动了郎晓刚。而且，彭大林善于协调内部、外部关系，给予年龄轻、脾气急的郎班长很多帮助。可是，彭大林毕竟做电工的时间较短，经验不足，在装修一家洗浴中心的时候，彭大林出现操作失误，造成电线短路，烧掉设备。这个事故，不仅浪费一定的资金，还拖延了工期。工程甲方人员很不高兴，一个电话将这个情况反映到装修公司的高层领导。
>
> 　　公司追究此事的责任，郎晓刚接的电话。他没有将事故的全部细节汇报上去，而是将具体责任揽到自己的头上。公司鉴于郎班长的贡献和威望，只是做了口头批评。如果如实上报，彭师傅的饭碗肯定保不住了。
>
> 　　郎班长连夜组织人员补救，抢回了时间，还帮助彭师傅承担了费用，最终将事故的损失控制到最小。郎班长的作法，令彭师傅非常感动，他不仅在工作中愈加小心仔细，而且积极配合班长工作，为公司作出许多贡献。

　　过失，因为疏忽而犯的错误。人在做事的时候，难免有过失。如果一个人单独做事，过失的危害不大。如，孩子在家中洗涮茶杯，边说话边做事，一不留神，失手打碎了一只。碎了也就碎了，只要没有被瓷片划破手就是幸运。正逢春节，长辈会宽慰孩子："没关系，岁（碎）岁来财，岁（碎）岁平安。"

一、气量宽宏能够容人

　　有人因疏忽而犯错误，就不是他一个人的问题。其过失将影响大家共同的事情。这样的情况，真是令人恼火。桥梁施工中，一个材料员将水泥标准号码弄错，造成混凝土质量问题。已经凝固的几十立方米的钢筋混凝土必须敲掉重新浇注。不仅浪费材料、耗费人工、拖延时间，而且做起来非常麻烦。大家恨不得将那位材料员扔到江水里喂鱼。

怎样督查合作进程

　　如你遭遇类似的事情，要冷静对待。对于他人的过失，你要宽容。事情已经做了，错误已经发生，再严厉的责备，也于事无补。不能没完没了，执意追究责任。过分的计较，不仅意义不大，而且使人无法再去做事。

　　与人合作要大度，气量宽宏，能够容人。他人做了错事，你能够容忍，控制自己的情绪。有人形容这样的工作是：替他人擦屁股。有些人主观上想做好工作，客观效果却适得其反。一个小孩，很想按照

> 　　气量宽宏，能够容人。他人做了错事，你能够容忍，控制自己的情绪。

学校老师的要求，帮助父母做家务。第一次到厨房刷碗，不仅浪费了洗洁剂，还打碎了爷爷使用多年的雕花茶杯。

做任何事情，都有利有弊。大家合作共事，可以提高效率、集中资源、形成合力。但是，合作的弊端是，人与人是不一样的，总有人要惹麻烦。个别人的过失，是为合作共事的实现而必须付出的代价。所以，富有人生阅历的老人，见到孩子不小心打碎物品，不仅不责怪，还要以幽默的口吻来宽慰。

二、为合作伙伴"补台"

戏剧舞台上，时常会有人出错，特别是有新人加入的时候。在紧锣密鼓中过分紧张，忘词儿了，台词说错了，位置站错了，戏剧行业的说话是"砸台了"。可是，再砸台，戏也要继续演下去，不能像拍电影电视那样，重新再来。这时就要有人弥补漏洞。行话将这种作法称为"补台"。

你看到合作伙伴的过失，要为其"补台"。能够帮助他人承担责任。特别是发生危机的时候，更显示合作的价值，也显示了你作为合作者的存在价值。在完成自己工作任务的时候，也要关注他人的进展。眼观六路、耳听八方。发现问题，及时伸出援助之手，克服困难。

弥补他人过失，一定要及时，不能等待和观望。事情到了刻不容缓的程度，有人搭救一下，情况就会逆转。有些新人缺乏经验，容易出错。出了错就慌乱，越慌越乱，越乱越慌。这时需要有经验的人出面，可能瞬时就将问题解决了。

有一出侦察员打入匪徒内部的京戏，有一段戏是主角与匪徒比枪法。正常情节是，匪徒一枪打灭一盏灯，主角一枪打灭两盏灯。后台电工根据前台道白，控制开关，模拟油灯应着枪声熄灭。有一次演出，掌握开关的电工是个新手。匪徒打枪，他一紧张关掉了两盏灯。老观众发现破绽，齐喝倒彩。主角见状，不慌不忙，现场改变台词："哈哈哈，看我的，一枪让你一片漆黑。"他故意说得慢一些，让后台有准备。然后"叭"地一枪打出去，发现问题的舞台总监一下子将全部舞台灯都关掉。观众开始大为惊愕。等到明白过来，为主角的机智灵活、为后台的默契配合而鼓掌。

三、为上下左右"补台"

你要准备为上级补台。"智者千虑，必有一失；愚者千虑，必有一得"。再睿智、再高明的人，也要出错。上级也必然有过失。你要不动声色地弥补。例如，上级参加合同签字仪式，不小心签错了位置。如果助手当场指出，对于公司形象有损害。有经验的助手会当场故意弄翻茶杯，打湿已经签字的合同。然后拿出备用的合同，请双方

戏剧舞台上，有人演砸了，就要有人补台。将戏坚持演下去。多数观众难以察觉破绽。

怎样优化合作流程

智者千虑，
必有一失；
愚者千虑，
必有一得。

191

领导重签。这样做，可能会遭到埋怨，却可以维护整体的利益。为上级弥补过失，在多数情况下，事后不必汇报和解释。

你要准备为下属补台。有新人加入，要注意工作中的漏洞。新人做事有激情，但缺乏经验，很容易出错。必须给新人锻炼机会，还要为新人保驾护航。弥补过失的时候，要向下属明确说明理由，以利于吸取经验教训，避免犯同样的错误。

你为其他部门补台的时候，要取得本部门同事的理解。因为部门之间存在利益关系，有些人宁可看其他部门的笑话，却不愿意去帮助对方。要引导本部门同事，从大处着眼，不要过分追求本部门利益的最大化。为其他部门弥补了过失，要做好记载，事后使对方知道。

为他人弥补过失，可能要牺牲一些自身利益。后台人员出了问题，前台主角机智地更换台词，为的是剧情不至于中断。可是，大幕落下，主角将受到批评，因为擅自更改剧本。弥补他人过失，自己却受批评，这是很委屈的事情。可是，为了整体利益，主角必须这样做。再遇到类似问题，他还是要补台。

在弥补他人过失的时候，你要做牺牲自身利益的准备。占用自己的工作时间，耽误自己所负责的工作进度，还可能在设备、场地、信息资源等方面作出让步，进而影响本部门或者自己的工作。但是，为了顾全大局，必要的时候，宁可停下自己的工作，也还是要为他人帮忙，为其他部门让路。

> 要准备为你的上级、你的下属和其他部门补台。

四、"补台"者要承受委屈

你弥补了过失，他人却不一定领你的情。因为他人毕竟有了过失，而且被你掌握了情况，也显示出你的能力强于对方，这样的情况对于自尊心强的人，是不愿意看到的，也为自己的疏忽而悔恨。所以，不要炫耀自己的功劳，甚至不要再提起已经过去的事情。"岂能尽如人意，但求无愧于心"。

从长远来看，为合作伙伴弥补过失，利大于弊。及时弥补了过失，不仅有利于大家的整体利益，更有助于加深合作关系。人们说，"有茶有酒多兄弟，急难何曾见一人。"善于补台的人，将这种观念转变过来。危急关头见真情，建立稳固而长久的合作关系。

> 岂能尽如人意，但求无愧于心。

案例中，彭师傅正处于急难的时候。好容易找到份工作，因疏忽而惹了麻烦，如果没有人保护，饭碗将再一次打碎。郎班长的补台，是十分可贵的。郎班长承担了责任，要影响自己的奖金和其他利益。但是，他这样做，却可以保住彭师傅的饭碗。而且，通过这样的事件，彭师傅会竭尽全力去做事，并成为忠诚的员工。

行动：为他人清洁器具

这个活动要得到物业管理公司的配合。学员以小队为单位，承担清洁人员的职责，冲洗自己所在办公区洗手间的便器。如果有女性员工，可以在专职清洁人员的帮助下，在下班后无人使用洗手间的情况下，到男性洗手间清理小便器。

参加活动的学员穿上清洁人员的工作装，接受简单的培训，知道如何使用工具，如何掌握清洁剂的用量。累计工作时间不少于10个小时。如果觉得在自己的公司不方便，可以到类似于麦当劳、肯德基等快餐厅做义务劳动。事先求得餐厅管理人员的同意。

如果确实在心理上难以接受这样的作法，也可以采取另外一种变通的方式。你如果仔细观察，会发现有一些同事的台式电脑的鼠标、键盘没有定期清洁。你尝试劝这些人做清洁。如果建议没有回应，你就为其做一次清洁。

评估：判断你的宽容和承受能力

怎样分享合作成果

一、培训师评估

清理大小便器，这是一个难度较大的活动。对于没有结婚和自己尚未做父母的人，要克服较大的心理障碍。其实在家中，父母经常要提示孩子将便器冲洗干净。如果孩子做不好，父母总是要代劳的。所以，能够圆满完成这样任务的人，在一般情况下，基本具备了弥补他人过失的能力。需要学员提供一份详细的活动报告。报告中，需要统计出这样的数据：

（1）在公司的洗手间，有多大百分比的人不及时拉水箱冲水。

（2）在洗手间的相关器具被弄脏后，专职清洁人员一般无法马上来做清洁。一般要延迟多长时间才有人来处理。

能够帮助他人冲洗便器、擦拭电脑的人，在改善合作效果方面，已经达到一个较高境界。

二、自我评估

1. 在为他人清洁器具的活动中，你的表现如何。如果你是在自己所在的公司清理洗手间，是否做足10个小时？

2. 列出为上级、同事、下属、外部的合作者补台的事例。如果找不到，你一定要找一位写字台混乱的同事，为其做一次桌面整理工作，不管遇到什么样的情况，你一定要坚持做。注意记录对方的反应。

怎样展示合作前景

单元综合练习

本单元的技能点：

　　判断合作的障碍。提出不同意见，接受他人建议，弥补他人过失。

背景资料：

　　我国的农村经济发展不平衡，一些边远地区的村落，由于交通不便、基础设施薄弱，尚未脱离贫穷。国家鼓励大学生毕业后到农村去支持农业、支持教育、支持医疗，扶持贫困农户，简称"三支一扶"。某医科大学医疗专业的女毕业生成为"三支一扶"工作人员，帮助某村建立医疗机构。按照省政府制订的有关政策，只要她在当地工作三年并且获得认可，可以获得政府补贴，可以免除在大学时代的贷款，还可以获得报考国家公务人员或者城市公办医院的优先机会。这位毕业生眼前的难题是，要说服村民改变喝生水的习惯，控制疾病的源头。完成这个任务，必须取得村民的合作。尽管她出身农村，可是一直在读书，并不了解偏远地区农民的想法，不知道如何改善与村民的合作关系。

　　以书面形式，帮助这位毕业生回答下列问题，同时训练自己改善合作效果的能力。

活动一：判断合作障碍

　　为什么村民习惯喝生水，宁可冒着生病的危险，而不愿意接受医科大学生的劝告。大学生与村民的合作障碍容易发生在哪些地方？可以通过资料查询或者进行社会调查，了解我国那些比较进步的村落怎样改变了喝生水的习惯。

活动二：提出不同意见

　　对于落后的村民，应该采用什么样的方式、在什么时间提出意见与建议。面对数百个农户、上千名村民，应该首先对哪部分人提出自己的意见？

活动三：接受他人批评

　　对于多年读书的大学生来讲，在推广文明卫生习惯的时候，容易出现哪些问题？如果村干部向这位医科大学生提出批评意见，应该以什么样的方式接受？她应该如何积极地征求意见？

活动四：弥补他人过失

　　经过一年的努力，多数村民已经开始喝煮开的水。可是，这位医科大学生发现，少数人仍然有喝生水的情况，其中还有村支书。当着众人的面，支书带头讲卫生，可是，有时忙起来，依然是从水缸里盛起水来就喝。偶然看到这样的场景，医科毕业生十分恼怒，觉得这些贫困地区的人真是顽固不化。可是，她又离不开村支书的有力支持。她应该怎样协调与支书的关系，采取什么样的措施维护村支书的威望？

III

解决问题能力训练

第一单元　分析问题　提出对策

能力培训测评标准

面对问题的时候，能够——

在问题的主要特征清楚，解决问题的途径较多，并在可利用的资源条件不熟悉的情况下，要明确指出问题所在，并提出解决问题的基本思路或对策。

在确认问题和提出解决问题的对策时，能够：

1. 指出何时出现问题并说明其主要特征（例如，能够分析问题的不同方面，检查问题在不同时间和地点可能发生的变化等）。

2. 掌握解决问题的目标，并能说明目标实现后的状态是什么（例如，在工作已进入正常状态或产品与服务符合标准要求时，能说明其中原因）。

3. 采取不同方法（例如，头脑风暴法、书面材料、图表或其他简单有效的方法）形成两个以上解决问题的思路，并加以比较。

4. 确定一个最有效的解决问题的对策（包括说明安全、卫生和负面的风险及其他可能影响问题解决的因素。从有关方面获得解决类似问题的经验、信息和建议）。

（摘自《职业核心能力培训测评标准〈解决问题能力单元〉》中级）

上面的内容摘自人力资源和社会保障部国家职业技能鉴定中心制定的《职业核心能力培训测评标准》，这是"解决问题"能力模块中级第一要素的测评标准。这一部分有 4 个能力点，我们把它概括为"分析问题　提出对策"，安排 3 节进行训练：

第一节"提出问题　确定目标"，包括第1、2两个能力点，在问题出现之后如何准确地描述问题，说明问题的主要特征，并确立要解决问题的目标以及问题在解决之后的最终状态。

第二节"开动脑筋　提出方案"，训练第3个能力点，即在明确问题解决目标的基础上，如何开动脑筋，提出针对"问题"的不同解决方案（至少形成两个以上解决问题的思路）。

第三节"比较方案 选择最佳"，训练第 4 个能力点，侧重训练选择最佳方案的方法。

以上训练活动与职业活动紧密相关。这个单元在整个"解决问题能力（中级）"模块训练中占有重要的地位。没有对问题的正确"分析"，就不可能形成解决问题的"对策"；没有解决问题的"对策"，就不可能作出解决问题的"计划"或者是"行动步骤"；没有"行动步骤"或者是"解决问题的具体措施"，问题就不可能得到解决，从而也无从"检验"或者是"改进"解决问题的方法。

中

第一节 提出问题 确定目标

目标：掌握认准问题的方法

当遇到一个问题时，首先要能够指出问题并说明其主要特征。例如，能够分析问题的不同方面，检查问题在不同时间和地点可能发生的变化等；能够掌握解决问题的目标，并能说明目标实现后的状态是什么。

通过本节训练，你将能够：

1. 指出何时出现问题并说明其主要特征。
2. 掌握解决问题的目标，并能说明目标实现后的状态是什么。

什么是解决问题能力，如何定义问题

示范：描述问题，确定目标

在日常生活和工作中，你看到的都是各种各样的表面现象，如果你发现这些现象所代表的事情已经偏离了正常轨道，或者有什么阻碍了自己的正常工作，这都是出现问题的迹象。这一节，要掌握的内容就是在现象呈现时，你能够发现并准确描述其背后的问题和问题的特征，说明问题解决之后应该到达的状态。

怎样描述问题，确定解决的目标

·案例 1·　　　　　　　　　　　**拥挤的电梯**

某大楼内有4部电梯。这栋大楼里有大大小小数十家公司，上班时间都在9点，每天从8点40分开始是上班高峰，楼里的电梯就会异常拥挤，运行速度也非常慢。由于等电梯的人太多，推推攘攘中经常发生争吵。

如果你是这栋大楼的物业管理员，面对这样的现象会怎么想？你认为在所看到的现象中到底有没有问题？如果有，问题是什么呢？下面有几种问题的描述，看看哪一个选项更准确地描述了这个问题。再思考一下，问题解决之后应该达到什么样的目标。

1. 大楼电梯在上班前20分钟内非常拥挤。
2. 在上班前20分钟内电梯门口的人特别多，秩序混乱。

> 提出正确的问题，往往等于解决了问题的大半。
>
> ——海森堡

3.在上班前20分钟内，电梯运行速度很慢，等电梯的人很多。

以上从三个不同方面对问题进行了描述，描述1着重描述了电梯内的拥挤，描述2着重描述了电梯门口的混乱秩序，描述3则强调了电梯的运行效率低。三种不同的问题描述反映了对现象背后的问题的不同认识，这种认识会影响解决问题的思路。根据描述1，其解决方法可能会考虑采用更大容量的电梯；根据描述2，其解决方法可能会考虑改善电梯门口秩序；根据描述3，则会考虑如何提高电梯的运行效率。因此，是否能准确地描述问题，把握问题的特征，对问题的解决至关重要。本节的任务就是要帮助你学会准确描述问题的方法，并且能够准确说明问题解决以后的目标状态。

准备：描述问题的要求和方法

问题就是事情偏离了正常的轨道，已经严重到了需要纠正的程度，事情的现状和它需要达到的状况之间存在一定的障碍。在实际工作中，问题有非常广泛的含义。比如，人们常常在一起讨论城市交通问题，议论某人的感情危机问题，或者单位某人要辞职而涉及到的人事变动问题，等等。然而，很多时候问题并不是已经摆出来让你回答的试卷，而是非常的不确定、模糊不清，你甚至可能需要别人来提醒问题已经出现了。

比如：

1.公司的员工迟到现象比去年增加了一倍。

2.小张和妻子最近吵架的次数越来越多。

3.客人们总是抱怨上菜的速度太慢。

4.不知道为什么我总是存不下钱。

以上是你看到的现象，一旦你意识到事情正在偏离正常的轨道，就要开始思考现象背后是否存在问题？问题是什么？怎么发生的？并说明问题的主要特征。然后，你要能够指出问题解决之后达到的目标状态应该是什么。

为什么解决问题要具备积极的态度，怎样用 5W 方法描述问题

一、解决问题要具备积极的态度

当面临一个问题时，高效问题解决者和低效问题解决者之间最大的区别，就是对待问题的态度。高效问题解决者通常认为，只要认真努力分析，就能找到解决问题的办法。他们会反复想这个问题，或者用画图等方式帮助自己思考；回忆以前哪些相关经验对解决这个问题有帮助；考虑怎样从多个不同的角度看待问题等等。总之，他们在问

题面前不会轻易退缩，坚信自己能够解决。相反，低效的问题解决者往往会畏难，态度消极，不愿意开动脑筋思考寻求最好的解决办法。

二、用"5W"描述问题

解决问题的第一步，是能具体而准确地对问题进行描述。要想了解到底发生了什么事，你可以通过提问的方式进行。在初级部分，我们是从"人物、地点、时间、事件、程度"5个方面即"5W"方法来描述问题的。"5W"是指：

1. 发生什么了（What）？
2. 为什么发生（Why）？
3. 发生在什么地方（Where）？
4. 谁发生了问题（Who）？
5. 什么时候发生的（When）？

> 描述问题的5W法：
> 什么（What）
> 为什么（Why）
> 什么地方（Where）
> 什么人（Who）
> 什么时候（When）

三、说明问题主要特征

描述问题之后，你对问题发生的基本情况有了大致的认识。为了进一步认识问题，你还需要对问题的主要特征进行说明。你可以问自己下面几个问题：

1. 问题将产生哪些影响

用"5W"方法描述问题之后，你接下来需要考虑问题的细节，以及所产生的各种影响。这是帮助你抓住问题本质特征的一个重要步骤。

怎样说明问题的主要特征和问题解决的目标状态

·案例 2·　　　　　　　　**首席厨师住院**

某餐馆以西式菜闻名，因为餐馆有一位正宗的法国大厨师。为了宣传本店，餐馆公关部请一位专门撰写美食文章的评论家光临该餐馆，品尝美味佳肴。但是在评论家到来的前10天，法国厨师遇到车祸住院了。

作为餐馆的经理，你面临的问题是什么？用"5W"方式来说明这个问题，可以这样描述：昨天，餐馆的首席厨师因车祸住院。

但是，指出问题还远远不能说明问题的影响，你需要考虑这件事情带来的后果，判断这件事情随着时间的变化将产生哪些影响，才知道你面临的问题究竟有多严重。

首先，要确定车祸到底有多严重？他需要住院治疗意味着什么？然后，你要思考这件事情可能引发的一连串事件：

（1）顾客会抱怨餐馆饭菜的质量下降（已经发生3次客人要求厨师重做的事件）。

（2）10天后美食评论家可能会作出对餐馆不利的评价，严重影响餐馆已经形成的良好口碑。

（3）失去大厨师以后，几位厨师之间的合作性变差，争吵越来越多。

（4）分析这随之而来的一系列事件，你可以进一步确定正在处理的问题的重要性。

2. 问题的紧急程度和重要性如何

当一个问题发生的时候，不妨按照时间管理的"4象限原则"（图1-1）对其进行分类，即从问题的重要程度和紧急程度两个维度，将该问题归到4个象限中的某一个：第1象限是既重要又紧急的问题；第2象限是紧急但不重要的问题；第3象限是重要但不紧急的问题；而第4象限则是既不紧急又不重要的问题。

图1-1　4象限原则图

面对一个问题，你必须学会问：这个问题的重要程度如何？可以放到明天再处理还是必须马上就解决？如果这个问题非常紧急，你就应该优先考虑。

·案例 3·　　　　　　　　　通讯录被盗

报社某位职工跳槽，临走前偷走了李东的采访通讯录，使得李东与正在进行的一个专题采访的采访对象完全失去了联系。另外，今天李东还要交一个非常重要的稿件，那么他是否应该放下手里的事情先解决通讯录被盗事件？这件事情重要吗？它必须在今天之内处理还是可以等到明天上班再说？

有些问题是很紧急的，你需要认识到这一点。这些问题给你施加了压力，让你立刻做出回应。但是，这些事情并不一定很重要。还有些事情非常重要，但是不一定紧急。李东认为，通讯录丢失，相对来说是一件更重要但是紧急程度不那么高的事；按时交稿，则是一件更紧急同时也很重要的事情。因此，他选择先处理按时交稿这个问题。

3. 谁应该对这个问题负责

出现问题之后，人们通常会问这样一句话：这是谁的问题？换一种问法其实更好，即：谁应该对这个问题负责？

你可能会遇到很多问题，但并不是每个问题都需要你自己去解决。从大的范围来说，你虽然会思考城市交通拥堵、犯罪率升高的问题，但是解决这个问题并不在你的责任范围之内。从小的范围来说，作为营业部员工的你，可能会考虑到公司的某些问题，比如人事招聘程序不合理，公司的考勤制度不合理造成很多员工旷工严重，但是你对这些问题也没有责任，贸然去解决这样的问题只会使你跟其他部门的关系紧张。即使你是一个单位的管理者，也并不需要你亲自去解决所有的问题。你需要做的是，找到合适的负责人，并监督问题的解决

贸然去解决别人职责范围内的问题，只会使你跟其他部门的关系紧张。因此，在解决问题前首先要明确"这个问题到底应当由谁解决"。不属于你职责范围的"问题"，你仅拥有建议权。这是生活的智慧。

过程即可。

4. 这个是否属于应该常规化的问题

作为一个管理人员，如果你的下属没有按时完成你需要他完成的工作，这是一个你需要解决的问题。但是，如果你的工作中这类事情经常发生，你就应该知道怎么办，而且应当形成一套事先预防的机制，使这类问题变成常规化的问题。

·案例 4·   **王晶的编辑之道**

王晶是某杂志社的编辑，她每个月都需要记者给她提供稿件。经常会遇到记者拖延交稿时间的事情。因此，她已经有了一套处理这类事件的方法。一般来说，如果王晶需要在10天内用稿，她会要求记者在5天内交稿。如果记者拖过10天之后仍然不能交稿，她会启用一份备用稿件。

在生活中，要不断地使问题变得"常规化"。当问题常规化以后，它就不再是一个问题了。只有这样，你才能保证有时间、有精力去处理新出现的特殊的问题。因此，面对一个新的问题，你要思考，这个问题是否可能以前出现过？是否已经有一套解决的方法？如果以前没有出现过，那么以后是否会出现？

> **记住：**
>
> 当问题常规化以后，它就不再是一个问题了。

四、确定问题的目标状态

问题是一种障碍，横在目前的状况和希望达到的状况之间。为此，你要了解障碍的两边——目前的现状和希望达到的状况。下面这张图（图1-2）可以说明你在这一步要做的事情：

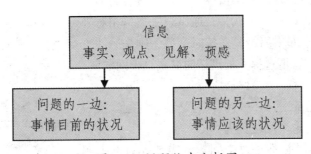

图1-2　问题状态分析图

要说明问题的两边，你需要收集有关问题的信息，找出造成问题的原因。

收集信息时，你可以进行一系列的自我提问：

（1）和问题有关的人有哪些？

（2）他们怎样影响这个问题？

（3）问题怎么对他们产生影响？

（4）我如何去确认这种影响是否真实存在？

（5）为什么问题还没有被解决？

除了回答几个基本的关键性问题之外，还要注意问一些涉及到细节的具体问题。这样，才能进一步认识问题。

收集信息之后，要对问题做进一步说明，达到对问题的理解。也就是要说明问题两边的状况，即现有状态和目标状态。

对目标状态的描述要简单明确，好的目标描述必须具备下面的特点：

（1）明确、清晰、具体。

（2）可量化，即有可以用数据衡量的成果。

（3）有明确的时间，以检验解决问题的进度。

1961年5月25日，美国总统肯尼迪宣布了"阿波罗"登月计划，即在"10年内把人送上月球并安全返回地面"，这是一个非常经典的目标状态描述，清晰、明确、具体，且有时间范围和可以检验的指标。18年以后，美国终于做到了"把人送上月球并安全返回地面"，完成了问题的解决。

以前面首席厨师住院的问题为例，这个问题你希望达到的目标可以这样描述：

在住院厨师恢复工作以前，保证餐馆的顺利运营并且维持餐馆在顾客和媒体中的声誉。

在描述这个问题的目标状态时，你可以发现这个问题有两个目标。第一个目标是找到一个合适的人来接替法国厨师的工作，确保餐馆的顺利运营；第二个目标是确保顾客对餐馆的满意度不至于下降，而且能够让美食评论家对餐馆做出良好的评价。第一个目标从长远来看非常重要，第二个目标则非常急迫。这时，需要根据餐馆目前的经营状况、现有厨师的水平、在社会上的名声、这位美食专家的脾气等，最终确定这个问题中两个目标的关系，哪一个是最重要的目标，哪一个是需要兼顾的目标。理想的情况下，两个目标可以统一，比如找到一位既可以确保餐馆顺利运营，又能够使美食家给出好的评价的厨师。然而，也可能出现这种情况，一位厨师可以使餐馆顺利运营，但是在厨艺上不如原来的厨师有特色，美食家可能会作出不利的评价；或者另外一位厨师的水平很高，但是性格上不容易跟下属相处。你必须事先确定两个不同目标的关系，以便选用正确的问题解决策略。

科学始终是不公道的。如果它不提出十个问题，也就永远不能解决一个问题。

——肖伯纳

中

行动：让我们学会准确描述问题

活动一： 描述案例1的问题

步骤一：收集信息，描述问题

作为大楼的物业管理人员，你看到了电梯门口的混乱场面，也听到了一些员工的抱怨。但是，事件到底严重到什么程度？有什么规律？有多少人抱怨？你听到的意见能代表大多数人吗？他们的抱怨主要针对哪些方面？是电梯速度慢、太挤还是大厅太混乱？

以上问题，你都需要通过收集信息才能回答。你可以在电梯门口观察一周，记录上班前30分钟内的人流变化以及员工的情绪状态，并找不同公司的员工了解他们的想法。你甚至可以发放一份问卷来调查员工的意见。

结合这些信息，再根据"5W"方法，对问题进行描述：

1.发生了什么事？——大楼的4部电梯门口非常拥挤。

2.这件事什么时候发生的？——每天早上8点40分到9点，即上班前的20分钟。

3.发生的地点在哪里？——某座22层的大楼，一层大厅，4部电梯门口。

4.哪些人与之有关？——大楼内的公司职员。

5.为什么会发生？——上班高峰人流太集中，电梯的运行速度也随着停留层的增加而降低，急着上班的人们都很着急，种种原因造成电梯门口的混乱。

步骤二：描述问题特征

1.问题将产生哪些影响？

在这个问题里，受问题影响的人群是在这栋大楼上班的员工。根据收集的信息，有90%的人认为他们很讨厌电梯门口的混乱秩序；有50%的人认为电梯运行速度让他们不能忍受；有30%的人认为他们常因为电梯拥挤而迟到。

2.问题的紧急程度和重要程度如何？

目前的状况不属于特别紧急的问题，重要程度也一般。但是，由于混乱的秩序带有一定的安全隐患，所以需要尽早解决。

3.这个问题应该由谁负责？

这个问题应该由物业管理部门负责。

4.这个问题是否属于常规化的问题？

就这栋大楼目前的情况来看，不属于常规化问题。但是，这个问题在多个商务大楼都有可能出现。因此，作为负责多栋大楼的物业公司，应该考虑将这个问题划入常规化问题之中。

步骤三：确定现有状态和目标状态

当描述问题并说明问题的特征以后，就要说明问题解决后应该达到的目标。设定目标，可以从消除问题造成的影响开始。

如果考虑消除电梯门口秩序混乱的影响，那么目标状态就应该是：电梯门口井然有序。要达到这个目标状态，应从引导电梯门口的人群、维持秩序着手。

如果考虑消除电梯运行速度的影响，那么目标状态应该是：电梯运行速度提高30%。要达到这个目标状态，应从电梯运行规则（如只停单数层）、换运行速度更高的电梯等入手。

如果考虑消除电梯带来的迟到问题，那么目标状态应该是：使迟到现象减少50%。要达到这个目标状态，则可以考虑与各公司合作，改变公司上班时间、考勤制度等等。

从这个例子可以看到，对问题的描述及其目标状态的描述不同，将影响整个问题的解决方向。因此，必须仔细考察问题的每个细节，确保问题描述的准确性。

活动二： 分析案例

·案例 5·   **福利洗澡票**

某炼钢厂车间内的温度非常高，在车间里工作的职工每天都是浑身大汗，于是该厂在车间附近设澡堂以方便职工下班以后能立刻洗澡。作为职工的福利，工厂每个月给职工发8张洗澡票，其余的洗澡票，职工可以以每张3元的价格购买。职工们总是抱怨福利洗澡票的数量远远不够使用。另外，工厂的澡堂里总是非常拥挤，且每个月的耗水量非常大，人均耗水是在家洗澡的5倍以上。

如果你是工厂后勤科的科长，面对这些现象，如何描述问题，说明问题的特征，并且给出问题的目标状态。

提示：

步骤一：收集信息，描述问题

1. 发生了什么事？

2. 什么时候发生的？

3. 地点在哪里？

4. 哪些人与之有关？

5. 为什么会发生？

步骤二：描述问题特征

1. 问题将产生哪些影响？

2. 问题的紧急程度和重要程度如何？

3. 这个问题应该由谁负责？

4. 这个问题是否属于常规化的问题？

步骤三：确定现有状态和目标状态

活动三： 自我问题剖析

列举你目前在生活、学习或工作中遇到的不顺利的一个问题，描述一下问题的状态，按照以下步骤进行：

步骤一：分析这个问题究竟是什么，随之而来的有些什么事件？这些事件中，哪些是你需要在解决问题时考虑的？

步骤二：判断这个问题的紧急性和重要性。这是一个需要马上解决的问题吗？是一个非常重要必须解决的问题吗？

步骤三：思考这个问题是否属于常规化的问题。

要求：

1. 对问题的描述要清楚。

2. 重要性和紧急程度的描述要准确。

评估：是否掌握了描述问题的方法

一、小组讨论

每个学员从自己的工作和生活中摆出目前存在、尚未解决的一个较大的问题。按照本节的步骤描述问题，相互点评。

二、自我反思

回顾你曾经解决过的一个问题，说说你当时思考这个问题的目标的过程。联系本节学习的有关内容，反思：

1. 描述问题是否清楚？

2. 重要性和紧急程度的描述是否准确？

3. 问题的信息收集方法是否可靠？

4. 对目前状态和目标状态的描述是否准确合理？

怎样探寻问题产生的原因

第二节 开动脑筋 提出方案

目标：掌握提出方案的方法

你已经发现了问题，知道问题解决后应该达到什么状态，并且知道自己有责任解决它。现在的问题是：解决的方案是什么？这是最难的一步，需要充分发挥你的创造力。你在这个阶段提出解决方案的数量，将决定你以后的方案选择。

这一节的训练目标是利用各种方法想出2个以上解决问题的思路。通常人们常用的方法有头脑风暴法、发散思维和逻辑思维法等。这些方法可以帮助你尽可能多地想出解决问题的方案。

通过本节的训练，你将能够：

1. 运用头脑风暴法提出多种解决方案。
2. 比较各种解决问题方案的思路。
3. 运用逻辑思维法提出问题解决方案，并对这些方案进行检验。

> 一个能思考的人，才真正是一个力量无边的人。
>
> ——巴尔扎克

怎样开动脑筋，突破思维障碍

示范：提出问题解决方案

> · 案例 6 ·　　　　　　　　　产褥热
>
> 　　1845年，维也纳某医院，第一产科。这里笼罩着一种恐惧、悲惨的气氛，产妇和家属们这周已经是第三次看到神父摇着铃走进病房，这意味着又有一位产妇死了。这些产妇都是患上当时最可怕的产褥热死去的，当时还没有任何可以对付这种疾病的办法。现在有钱的人都想方设法转到第二产科，据说那边的情况一直很正常。
>
> 　　医生办公室里，第一产科的医生心事重重，他们手里拿着刚送来的报告，上面写着两年中第一产科的产妇死亡率高达22％，而同期第二产科的死亡率仅为1.3％。

案例6的问题描述是：在过去的两年里，医院第一产科的产妇死亡率高达22％，远远高于第二产科的1.3％。这个问题解决的目标状态应该是：将第一产科的死亡率降低到至少与第二产科相同的水平。

知道了问题现状和解决的目标，接下来医生面临的任务就是寻找问题的解决方案。要寻找更多的解决方案，必须了解问题产生的原因，可以采用发散思维与逻辑思维结合的方法，寻找多种可能的原因，然后针对导致问题发生的根本原因制订多种解决方案，选择其中的最佳方案。

准备：提出方案的方法和思路

开发解决问题的方案是最需要创造力的一步，特别需要你具有发散性思维，不受约束地提出更多的解决方案。同时，还需要逻辑思维来比较不同方案的优劣。

一、发散思维

发散思维可以让我们从不同的角度，对问题的解决方案进行设想。以问题为中心，思维向四处发散，发散得越多，就越容易找到有价值的答案。发散思维需要发挥创造力，突破惯常思维。

头脑风暴是一种非常有效的思维激励法，这种方法由于时间上的限制造成紧张的气氛，使参加者头脑处于高度的兴奋状态，有利于激发出创造性。头脑风暴法是寻求问题解决的有效方法。

头脑风暴法应遵循的原则是：

1. 自由讨论原则。要让参与者不受任何条件的束缚，自由讨论。要注意保持会议的活跃、热情、自由，但同时要注意自我控制，避免由于跑题而浪费时间。

2. 延迟评价原则。讨论期间，不对任何设想进行肯定或者否定的评价，避免"这根本行不通"、"真是异想开天"的消极评价。

3. 综合改善原则。鼓励参与者综合、补充、改善新设想。

4. 参与者多样化。不仅需要参与者有不同的认识、不同的能力，而且可以吸收领域差别较大的人员参与，从不同的角度提出问题，启发大家的思考。

二、逻辑思维

解决问题时，清晰的逻辑思维十分重要。逻辑思维主要有归纳思维和演绎思维。

归纳思维是一种从特殊求一般的思维形式。通过分析某种现象的制约原因，寻找其因果关系。可以通过在不同事例中寻找共同现象以找明原因，也可以在差异中寻找原因。

比如，有一天小李发现家里的狗特别喜欢吃纸，他感到很奇怪，想找到狗为什么喜欢吃纸的原因，小李可以通过归纳思维这样分析：

狗吃什么纸？是所有的纸都吃吗？

如何提高你的创造力？

随时随地记录你的思想火花；留心观察；敢于冒险；保持幽默感；对自己和别人的思想保持开放和宽容的态度；每天对自己提出质疑；了解其他专业的知识。

怎样利用逻辑思维方法提出方案，怎样评估方案如果它只吃某些纸，这些纸和其他纸有什么区别？这些纸有什么共同点？

狗有没有吃其他不是纸，但也很奇怪的东西？跟纸有什么共同点？

这只狗吃的纸其他狗会吃吗？

如果其他狗不吃，它和其他狗有什么区别？

如果发现还有一条狗也吃纸，这两条狗有什么共同点？

通过对所有信息的归纳分析，小李可能会发现是由于这些纸曾经用来包装过食物，沾了一些盐，而这条狗由于身体缺乏盐分，喜欢吃有咸味的东西。

演绎思维则是从一般原理出发，推导出特殊结论，或者从既有的理论出发，推导出新的理论的思维形式。例如，你现在已经有了一个理论，认为"当狗体内缺乏盐分时，它就喜欢吃带有盐分的东西"。那么，你可以从这个理论推出，缺乏盐分的狗会喜欢舔刚运动后的人。于是你就可以解释为什么"我每次运动完以后，我家的狗特别喜欢跑过来跟我亲热"的原因。

三、评估每个方案的优缺点

大部分可行的解决方案都是在几个方案中选择出来的。需要注意的是，我们经常遇到的是每一个方案都有缺点和优点，绝对完美的方案是不存在的。因此，在寻找方案时，不要急于否定一个看起来不可能或者有缺陷的选择方案。很多时候，一个有效的方案是在许多有缺陷的可行性方案基础上提炼出的。

当有了一些方案以后，先挑出看起来最好的方案，把其他不切实际的方案放在一边，暂不完全否定。在选留的方案中进行分类评估，写下每个方案的优点、缺点，进行比较选择。可以对这些方案进行完善和提炼，甚至可以在此基础上进一步提出其他的方案。

行动：提出问题解决方案

活动一：找到案例6"产褥热"产生的原因，提出问题解决的方案

面对产妇的高死亡率，第一产科的负责人西迈尔维斯医生必须要找到问题的原因。对于这个问题来说，找到原因就是要从第一产科医院与第二产科医院的差异比较中去寻找。通过第一产科医院与第二产科医院相比较之后产生的差异去寻找可能发生原因的线索，然后可以考虑对这些可能的原因进行逐项检验，然后排除各种可能性，找到事

物的根本原因。

分析一：当时医院内有一种普遍的说法认为，产褥热是由于"疫气"的影响。所谓"疫气"就是一种基于地区性自然环境的状况而产生的覆盖整个地区的一种不良的空气。大家普遍认为这样的不良空气，会促使"产褥热"产生的几率升高。如果是这个原因的话，第二产科医院与第一产科医院同属于同一个城市、同一个地区，为什么"产褥热"出现的几率这么低，而第一产科医院"产褥热"出现的几率这么高呢？这显然解释不通。于是西迈尔维斯否定了"疫气"说。

分析二：西迈尔维斯认为，问题的关键在于要寻到第一产科医院和第二产科医院之间的差异到底在什么地方？于是，有人提出如下这些差异：第一产科的病房更为拥挤；第一产科的实习生比较多；为第一产科的病人临终前进行圣事的神父，经常性地从产妇身边经过可能会使产妇产生恐惧；第一产科采用仰卧分娩而第二产科采用侧卧分娩等等。西迈尔维斯针对这些存在于第一产科医院与第二产科医院之间的差异，进行了细致的分析与必要的检验，发现即使将病床的拥挤程度减低、减少医院内实习医生的数量、或者让神父绕过病房以免产妇受到不必要的心理影响……即使这些措施都同时采用，仍然没有降低第一产科医院产妇的死亡率！可见，这些所谓的差异或者原因，并非是导致第一产科医院产妇死亡率居高不下的直接原因。经过差异比较后，仍然没有发现导致高"产褥热"发生的根本原因，那么原因到底是什么呢？还有什么重大的"差异"没有被发现吗？

分析三：有一天，西迈尔维斯的同事与学生一起进行了一起尸体解剖，不小心他的同事被解剖刀划破了手指，不幸发病去世。西迈尔维斯注意到这位同事去世时的症状和发病的过程与产褥热的病人的症状完全一样！由此他推断，本医院"产褥热"发病率居高不下原因可能与尸体解剖直接有关。他再次仔细地分析第一产科医院医生的工作程序，突然，他发现连包括他自己在内的医生从解剖死于产褥热病人的病理解剖房出来后，大多情况下都没有进行过必要的消毒，而大多是直接给别的产妇作检查。"医生传染了产褥热"，真是可怕！于是西迈尔维斯下令要求所有的医生和见习学生在进入病床检查前都必须用漂白粉溶液洗手。果真如此，就是这么一个简单的措施，竟然使得第一产科医院的产妇死亡率，从高达22%很快下降到了1.3%——与第二产科医院同样的水准。至此，"产褥热"发病率居高不下的问题终于得到了解决。

活动二：运用头脑风暴法解决"新型的便携式娱乐设备"设计的功能定位问题

某生产便携式娱乐设备的公司生产的MP3销售情况非常不好。市场部门经过调查认为，主要是因为市面上MP3的种类太多，本公司的产品太普通，无法引起消费者的兴趣。他们把问题定义为"寻找一种与市面上常见的MP3产品不同的便携式娱乐设备"。这种新型娱乐设备应该考虑如何设计？请你运用"头脑风暴法"。

步骤一：用"头脑风暴法"想出尽可能多的方案

1.确定主持人。

2.确定参加者：如2名产品设计人员，2名销售部人员，2名长期使用MP3的顾客。

3.确定场所和时间。

会议过程：

主持人：（先说明头脑风暴法的原则，然后说明本次会议的主要目的）现在公司准备开发一种新的便携式娱乐设备，请大家思考3分钟，然后开始发言。

大家发言，主要内容可能有：

功能不同：

①手机和MP3功能结合。

②除了音乐还可以播放图像、flash、电影。

③加上照明功能。

④能直接从网上下载歌曲，不用每次在电脑上转。

⑤有无线蓝牙接口可以与电脑或者其他设备联系。

⑥现在的MP3挂在脖子上，希望新的设备能够像手表一样戴在手上，并使用无线耳机。

⑦可以打游戏。

⑧有GPS（全球定位）功能。

外形不同：

⑨针对年轻人，设计时尚的造型。

步骤二：列表评估每种方案的优缺点

表1-1 "头脑风暴法"解决"新型便携式娱乐设备"定位问题评估表

方　案	优　点	缺　点
手机和MP3功能结合	增加娱乐性	功耗很大
除了音乐还可以播放图像、Flash、电影	增加娱乐性	电影和Flash格式大小没有统一标准，处理困难
加上照明功能	可在紧急情况下使用	照明不可能太亮（否则功耗也很大），太小了用处也不大

211

能直接从网上下载歌曲，不用每次在电脑上转	方便使用	要加wifi（无线保真）
有无线蓝牙接口可以与电脑或者其他设备联系	方便使用	要加wifi
现在的MP3挂在脖子上，希望新设备能像手表一样戴在手上，并使用无线耳机	方便使用	增加成本
可以玩游戏	增加娱乐性	功耗很大
有GPS（全球定位）功能	增加功能	增加成本
时尚外形	增加吸引力	设计难度大

活动三：分析案例

继续分析案例5"福利洗澡票"，找到解决问题的方案。

评估：是否掌握提出方案的方法

一、小组讨论

试用头脑风暴法对下列问题提出解决方案，并分析每个方案的优点和缺点。

1. 清除城市里的口香糖是让环卫部门最头疼的一项工作，请提出多个解决方案。

2. 乒乓球是中国人最喜爱的体育运动之一，为了使乒乓球能够吸引更多的观众参与，请提出改进乒乓球比赛规则的方案。

二、案例分析

> **·案例 7·**   解决户外取暖问题
>
> 冬天从事野外工作的人员总是抱怨的问题就是太冷，尤其在某个地方站的时间太长，脚会冻得几乎失去知觉。穿很厚的衣服和鞋可以帮助保暖，但是活动起来又会觉得太闷，很容易出汗，出汗以后再停下来又会觉得更冷。如何解决这个问题？

请设想几个解决问题的方案，并说明每个方案的优缺点。请培训师评估或自我评估是否掌握了提出解决问题的方案的方法。

第三节 比较方案 选择最佳

目标：学会选择的方法

如果你已经找出了一系列解决问题的方案，那么现在的任务就是选一个最好的方案。"最好"并不意味着逻辑上或者理论上的最好，而是意味着在现实应用中是最恰当、最有效的。

确定一个最有效的解决问题的对策是一个决策判断的过程。决策中，需要了解选择的方案所存在的风险、可能会有哪些因素影响问题的解决，并能寻找解决类似问题的经验、信息和相关建议。

通过本节的学习训练，你将能够：

掌握选择最好方案的技能。

怎样选择最佳方案，决策过程有哪些四个步骤

示范：从备用方案中选择

·案例 8·	小杰该选择哪个工作

小杰是一个刚毕业的大学生，正在找工作。她以前到一家公司实习，这家公司的经理对她印象很好，正在考虑是否接受她为正式职工。同时，还有3家单位也有意让她去上班。

小杰面临着毕业找工作的问题，现在她通过努力找到了4份备选工作，问题的4个解决方案已经摆在面前，需要做的是选择一个最好的方案。这一节面临的任务是，应该如何在众多方案中作出选择。选择最佳方案的关键在于：

1. 确定选择的标准。
2. 掌握选择最佳方案的方法。

准备：决策分析的方法

确定最佳对策之前，你首先需要了解"最佳"究竟是什么含义。想知道一个解决方案好还是不好，并不像第一眼看过去那么容易，最终还是要看这个方案是否解决了问题。例如，有一个厨房清洁用具生产厂家经过调研，发现很多人抱怨在使用水槽洗菜时，没有一个可以顺手扔垃圾的地方。为了解决这个问题，这个厂家生产了一种新式水槽，在两个水槽之间设置了一个垃圾盒子。但实际使用之后，很多顾客抱怨这个垃圾盒子造成水槽的容量减少，而扔垃圾与之相比显得并不那么重要。

这种例子很多。在实际情况中，一般只有选择并实施了解决方案之后，才能知道选择的好与坏。因此，在进行决策之前，你首先应该掌握保证决策过程正确的策略。如果你不知道如何作出好的决策，或者没有按照应有的步骤去做，那么你就很有可能会作出不正确的决策。比如，如果你没有将各个方案的优缺点列出来比较，而仅仅是根据直觉来判断，或者是没有收集足够的信息，使得你没有准确地说明问题。

一个标准的决策过程，应有如下步骤：

步骤一：描述决策的目的

在开始选择之前，你必须问以下问题：你要做什么样的决定？为什么要做这个决定？在描述问题时，你应该已经明确了问题的目标，在提出方案之后选择方案的这一步中，你应该再一次明确解决问题应该达到的目标。如果不考虑这一点，往往会使问题的解决陷入歧途。

步骤二：确定决策的标准

做决策之前，你需要搞清楚自己需要满足的要求是什么，这些要求将成为你决策的标准，也是你进行决策的基础。当你收集到所有的要求之后，你会发现这些标准有一个特点，即有些标准是必须满足的条件，这种条件称为限制性条件；另外一些标准是希望最后能够满足，但是也可以没有，这是非限制性条件。

解决方案的选择过程就是一系列的权衡过程，很难有一个方案可以满足所有的条件。每天我们都在进行权衡，你需要做的就是给这些标准排序。这样，在进行选择时，你才能知道如何满足大多数的要求。

步骤三：比较决策方案

比较决策方案最简单的方法，就是给每个标准打分，比如最重要

记住：

　　决策就是在备选项之间作出选择和拒绝的过程。

　　正确授权的最大益处，在于降低公司错误决策的风险，减少错误决策所造成的损失。

的标准打10分，其余标准与之比较打分。

或者你可以用下面的问题进行判断：

1. 哪种方案价值更大？

2. 哪种方案操作性更强？

3. 哪种方案更有创造性？

4. 哪种方案成本最小？

5. 哪种方案负面作用更小？

步骤四：评价决策风险

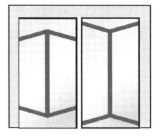

有趣的心理图片：

这两条线段其实是一样长的，千万不要被表面的现象迷惑了喔！

好的决策都应该进行风险评价。你可能经常会遇到这样的问题：假设你准备用降价的方式来吸引顾客，竞争对手会不会宣布再降价？那时候你应该怎么办？你可能会在开始的时候忽略某些问题，但后来发现它们至关重要；或者你在研究备选方案的时候又有新的情况出现。因此，你应该分析12个备选方案，并预测有可能出现的情况。

例如，下面这个问题：

· 案例 9 ·   **手机被偷**

你按上司的指派到火车站接一个刚到本城的客户，事先说好在车站出口等。你不认识要接的客户，因此你们打算用手机联系。但是，在火车到站前20分钟，你发现你的手机被偷了。

你可以选择在出站口举牌子接人，但是你们并不认识，车站出来的人很多，对方可能会漏掉你的牌子。更重要的是，因为你丢失了手机而对方并不知道，他可能会打你的手机，如果小偷恰好也是一个诈骗犯，很可能会利用这次机会。如果你选择到公用电话亭去打电话打听对方的电话号码，这时的风险是你不知道需要多长时间，是否会错过火车进站。对于每一个选择，你都必须考虑到潜在的风险。

通常每个决策都有风险，但是如何评价这些风险呢？一般考虑两个因素：可能性与严重性。可能性就是事件发生的机会，严重性则是如果它发生的话可能产生的影响。例如，你认为由于你身材高大，举着牌子在出站口非常显眼，因此对方漏过你的可能性非常小，而且小偷一般会马上关机，因此对方打电话被小偷利用的可能性也非常小。但是，你也会考虑：如果对方漏过你，然后给你打电话，却被小偷利用，这个后果对于你来说可能非常严重。你可以用高、中、低几个不同的水平来对严重性和可能性进行评价。

1. 在实践中检验

有些决策容易在实践中检验，你要充分利用这些特点。例如，前面关于"产褥热"的案例，针对每一种可能的解决方案，西迈尔维斯医生都进行了检验。经过检验以后，可以对整个方案实施之后的结果有一个大概的认识，或者知道如何更好地改进。这将增强达到目标的信心，并进一步改进方案。

2. 与合适的人讨论

决策不仅仅是一个人的事。首先，如果正需要依靠一些人解决问题，那么，要保证他们对你做的决定感到满意。其次，需要他们的知识、经验和技能。如果设想了一套解决公司营业额下降问题的方案，那么，旁边就应该有人能够提供关于这套方案的各个方面是否可行的权威性意见。

行动：选择决策方案

活动一： 分析案例：小杰应该选择哪个工作

步骤一： 描述决策的目的

你要做的决策是什么？——选择一个工作；决策的必要性是什么？——必须要从这4个工作当中选择一个吗？有人说这个问题根本不用考虑，要不毕业之后干嘛呢？但是，对于一部分人来说未必如此。有些人会想"我做不做决定无所谓，反正家里人会再帮我找工作"，或者认为"我可以嫁人，就不用去工作"。如果你并不认为你的决定非常重要，那么这个决定也就不能解决问题。

小杰的家在外地，父亲说如果小杰在北京找不到工作，可以回家去，家里人帮她在当地找工作。但是，小杰明白父亲提供的工作并不是自己想做的事情，她希望能够找到自己喜欢的工作。

步骤二： 确定决策的标准

现在，小杰已经明白她要做的决定的重要性，下一步就是要搞清楚自己的要求，也就是决策的标准。

小杰分析了自己的情况。她毕业于某重点大学的中文系，擅长文字工作，喜欢写小说。同时，她对经济管理也非常有兴趣，向往到某跨国大公司工作。她的性格比较外向、随和。她的要求是工作单位必须解决北京市户口，这是限制性条件；另外，在北京因为物价较高，所以她计算了一下自己在北京的基本花费，认为工资不能低于1500元/月，这是第二个限制性条件；她希望这个工作能有很好的人际氛围，发展前景看好，位置最好在她的学校附近，因为她男友还在学校念研究生。这样小杰列出了决策的标准：

必须有的：

北京户口

工资高于1500元/月，这是税后的收入

最好能够有的：

人际氛围好

是自己擅长的工作

位置在学校附近

发展前景看好

步骤三：比较决策方案

小杰用列表的方式给选择评分。

表1-2 小杰选择工作的列表评估

	A（报社编辑）	B（公司秘书）	C（中学教师）	D（公司销售）
北京户口	无	有	有	无
工资高于1500元/月	2500	3000	2500	5000
人际氛围好	喜欢	一般	不太喜欢	不太喜欢
是自己擅长的工作	是	是	是	不是
位置在学校附近	是	否	是	否
发展前景	很好	很好	还可以	不了解
是否已录取	马上上班，3个月实习期	部门经理同意录取，但还需要报上级最后答复	已经同意录取	已经同意录取

列出表以后，虽然仍然没有答案，但是，小杰知道自己的标准是什么，并且明确了各个标准之间的关系。

对小杰本人来说，她更倾向选择自己擅长的工作，对工资的高低并不是特别在意。这4个工作都符合她的最低工资标准，而D方案的工资虽然很高，但是小杰认为这个工作不是自己擅长的工作，自己对这个行业也不了解，而且也没有户口。于是，她否定了D选项。

小杰很喜欢A工作，但是A在户口这一项上不符合基本条件。小杰重新审视了一下这个标准，问自己：是不是必须要北京户口？咨询了几个朋友并再次分析了自己的实际情况之后，小杰认为这一条仍然非常重要。于是她又否定了选项A。

现在剩下选项B和选项C。从各个方面来看，她都倾向于选择B，但是B虽然已经同意录取，还需要最后获得总经理的批准；C已经同意

世界会向那些有目标和远见的人让路。
——冯两努

录取，并要求她在3天之内决定是否签约。

步骤四：评估决策风险

现在小杰要做的是分析保留下来的两个方案的风险因素。

（一）风险评价：公司秘书

1.公司总经理否定。后果：必须重新开始找工作。评价：非常严重，但可能性很小。

2.位置离学校太远。后果：租房子会比较麻烦。如果住在学校附近上班会很辛苦；如果住在公司附近又可能会影响与男友的关系。评价：比较严重，可能性很大，但是可以控制。

3.虽然自己觉得发展方向很好，但是毕竟没有这方面的经验，不知道自己是否合适。后果：可能干了两年之后发现不合适，然后转行。评价：还可以接受，可能性中等。

（二）风险评价：中学教师

1.人际氛围不大好。后果：工作不开心，会转行。评价：比较严重，可能性比较大。

2.虽然知道自己很适合这个工作，但是不知道是否会喜欢。后果：工作不开心，会转行。评价：有点严重，不知道可能性有多大。

总结结果，小杰认为这两个方案都不完美，都具有风险性。但生活都是有风险的，她知道自己已经做好准备去接受那些风险。

步骤五：作出决策

在分析完所有的风险以后，小杰最后得出结论，她更倾向于公司秘书的方案。这个方案的最大风险来自于可能会被总经理否决，小杰认为这个风险虽然比较重要，但可能性不是很大。而且，她现在感到很有信心，因为她根据正确的步骤作出了正确的选择。一旦明确自己的选择之后，她可以更努力地去减小其中的风险，比如，她知道现在应该多与公司主管人员联系，表现出自己对这个公司的积极态度，并进一步了解这个公司的状况等等，减少被总经理否决的可能性。

活动二：自我问题分析

根据你在工作或者生活中遇到的一个需要决策的问题，用训练准备中提供的步骤，对问题的解决方案进行分析，选择一个最佳方案。这些问题可以是：

1.购买或者租用房子的选择。

2.购买电器的选择。

3.旅行计划的选择。

评估：是否掌握了决策选择的方法

一、自我评估

列出决策分析的几个主要步骤。

二、小组分析案例

怎样在实践中检验决策

分小组分析下列情况中潜在的问题，进行风险的评估。

1. 黄金周组织全体员工到西藏旅行。

2. 因监狱改建，要将监狱的犯人全部用火车转移到另外3个监狱。

评估要点：

1. 是否正确执行了决策的各个步骤？

2. 决策的目的和标准是否明确？

3. 对决策的风险是否有足够的估计？

219

单元综合练习

活动：分析案例

·案例 10·　　　　　　产品销量为什么下降了？

　　J公司是一家奶制品企业，公司王经理最近特别苦恼，去年年底推出的奶制品LX年初以来销量翻倍。但是，在5月份突然发生滞销，销量下降50%以上，而且经销商宁愿被罚违约金也不愿意按照原定的计划进货。时间进入6月份，销量下降情况愈发严重。4月份公司为应对销量飞涨新购置了2条生产线，使得公司各种LX产品库存大量积压，本来计划6月份推出的LX新产品也只能搁置了。

　　库存激增，现金流接近停止，突如其来的危机使得公司上下一筹莫展，营销部门已经懵了。营销部门的人认为，是因为5月份中央和地方的电视台以及相关媒体连续发布了"LX产品食用后可能导致营养失衡"的负面报道，而且很多营养专家接受采访表示支持这一说法，舆论一时哗然，市场销量也应声止涨反跌。另外，当时的安徽劣质奶粉事件已是闹得沸沸扬扬，尽人皆知，一时几乎到了谈奶制品色变的地步，这对公司营销危机的发生无疑起了推波助澜和背景衬托作用。

　　同公司一样生产LX的其他公司无一幸免，全部受到殃及。根据当时的销量下降趋势，公司的库存起码要到年底才能消化完毕，那将是一场灾难。因为消费者对LX产品的新鲜度十分关注，生产日期一旦超过5个月就没有人购买了。也就是说库存危机必须在9月末之前得到化解，否则就得报废处理，损失将极为严重。

　　受公司邀请前来处理此事的某营销咨询策划公司的高级顾问赵先生，知道这只是表面的原因，要通过分析才能发现根本的原因并找到解决问题的办法。

　　背景调查：J公司是国内某大型的奶制品公司下属的全资子公司。依托母公司的全国品牌，主要经营除液态奶、奶粉以外的奶类产品。在没有LX产品之前，J公司只是一个销售风味奶制品的区域型小公司，月销售额不足百万。然而自从开始销售LX产品后，几个月时间，销售额一下子突破到千万以上，分销网络也一下子拓展到了全国范围，而且J公司的LX全国市场占有率第一，J公司因此一下子成了全国性的公司。而LX产品的利润非常高，这在快速消费品当中是十分罕见的。

　　通过对消费者的调查分析，赵先生得出以下结论：

　　1. 夏季来临是导致市场缩水的最重要因素，而且影响有持续增强的可能。淡季因素有不可抗力的性质，因此J公司必须认识到这一客观因素的存在和其影响力，而且炎热的天气将会在未来7、8、9月份继续升温，淡季的影响力将会进一步增强，并会导致库存危机的进一步升级。

　　2. 负面报道有一定的波及面，明确了解负面报道的只占总人数的31%，完全不知道的占到总人数的41％。经过负面报道后，明确认为LX产品能够导致营养失衡的消费者只占到总人数的18％。因此可以断定负面报道所产生的波及面和波及强度没有对市场产生根本性影响。

3. 消费者偏好的改变是导致市场销售量下滑的另一个潜在的重要因素。由于产品具备休闲食品的特质，故而消费者在同LX热恋之后很快进入了一个较低水平的稳定期，而J公司的营销人员由于存在对LX营养食品的定位的思维惯性，很难意识到这一点。

下一步是提出解决问题的方案，赵先生指出：

1. 因为处于淡季，LX产品市场的容量将会进一步缩水，因此尽快消化积压的库存成为当务之急。因为竞争品牌也面临同样的营销问题，这个时候谁抢先一步处理，将会把损失降到最低。

2. 受到J公司LX产品的影响，整体市场已经开始发生价格滑落，价格体系的合理回归将成为此次危机过后的必然结果。考虑使用买一赠一的方法变相降价。

3. 媒体负面报道的波及面和波及强度有限，而且是行业面临的共性问题，建议不作为目前工作的中心，进行保护性的处理即可。同时可以联络竞争厂家共同出力共同化解负面报道的影响。

（资料来源：http://www.ediantong.com）

运用所学的知识分析：

1. 案例中提出问题和分析问题特征的过程是如何进行的？

2. 分析案例是如何提出解决方案的？

3. 根据赵先生指出的解决问题方案的第二点，你能想到哪些具体的解决方案？并指出每种方案的优缺点。

第二单元　实施计划　解决问题

能力培训测评标准

实施解决问题的方案时，能够——

在相关人员的支持下，做出解决问题的计划并实施这一计划，在实施过程中充分利用相关资源。

在制订计划和实施解决办法时，能够：

1. 获得有关部门准许，以确定和实施你的解决办法。

2. 制订解决问题的工作计划（例如，列出解决问题的每项工作任务、工作方式、需要的时间、资源和帮助，考虑可能出现的困难及克服的办法等）。

3. 在处理问题时获取和利用所需要的支持条件。

4. 组织实施计划，完成计划列出的各项任务（例如，运用专业知识，对不熟悉的资源进行调查研究以便获得充分的资源，有效利用时间，保持有条理的工作步骤）。

（摘自《职业核心能力培训测评标准〈解决问题能力单元〉》中级）

以上内容摘自人力资源和社会保障部国家技能鉴定中心制定的《职业核心能力培训测评标准》，是"解决问题能力"模块中级第二个活动要素的内容，我们概括为"实施计划　解决问题"。

在本单元的内容中，我们将"实施计划　解决问题"标准中的4个能力点，概括为3节进行训练：

第一节为"准备计划　获得支持"，包括能力点1。

第二节为"详细具体　制订计划"，包括能力点2。

第三节为"利用资源　实施计划"，包括能力点3和4。

在中级部分的第一单元中，我们对问题进行了分析，并提出相应的解决对策。在本单元，就要考虑制订解决问题的具体实施"计划"，在"计划"制订后，就要考虑如何实施"计划"。这是一个将解决问题思路进一步具体化，并且付诸实践的过程。

在初级，我们已经指出，并非任何一个问题的解决都需要制订出一个书面的"计划"，但必定在大脑内存在着"盘算"和"安排"，这种"盘算"和"安排"的过程实际上就是一个计划的过程。到了中级解决问题能力的训练，问题变得相对比较复杂，因此解决问题的计划一般都应当用书面的方式呈现出来。

另外，在一个组织内部，任何工作计划的推进，都离不开上级领导的支持和帮助。因此，我们一定要注意在计划制订之前，得到有关方面尤其是上级领导的认可和支持，这是非常重要的一步。这一步对于许多缺乏工作经验的人来说往往被忽略，因而后面计划的推进工作往往受挫。当然，除了上级领导之外，在计划推进的过程中，获得其他部门和同事的配合、支持也很重要。

这个单元的基本活动是在相关人员支持下，作出解决问题的计划并实施这一计划，在实施的时候充分利用相关资源。

中

第一节　准备计划　获得支持

目标：获得别人的支持

在制订计划和实施解决办法时，你要能够获得有关部门准许，并最大限度地获得各个方面的支持，以确定和实施解决问题的办法。如果你认为只要有一个好的解决问题方案，就可以高枕无忧，剩下的仅仅是将它实现，那就大错特错了。仅有好的创意是不够的，你必须将你的主意推销出去，获得承认，被组织采用。在一个组织中，最重要的往往不是一个方案本身如何，而是它是否能赢得决策者的支持。事实上，这步工作比大部分人设想的要难得多，不管一个方案如何好，可行性如何强，在很多情况下都会遇到阻力。所以，实施方案的第一步是你必须赢得支持。本章将介绍如何使你的主意得到广泛的支持。

通过本节的学习，你将能够：

1. 了解争取支持的方法和途径。
2. 理智地根据对方的特点，与他们谈你的方案，获得支持。
3. 清晰、明了地阐述你的方案。

> 新任经理通常会面对的5种挑战：有效授权，获得上级支持，展现自信，进行战略思考以及给予积极的反馈。
> ——卡罗尔·沃克

记住：

在一个组织中，最重要的往往不是一个方案本身如何，而是它是否能赢得决策者的支持。

示范：获得相关人员的认可和支持

在案例5中，经过对澡堂现状的思考和方案选择，后勤科的李科长认为改革澡堂计费制度是一个行之有效的方法。这种方法是将澡堂的出水龙头进行改造，只有插入IC卡以后才会出水，达到了按出水时间计费的目的。目前，国内已经有厂家提供澡堂IC卡计费系统。

李科长知道这不是一件容易的事，多年的经验告诉他，一个你看起来很好的方案别人不一定喜欢，而且每个部门都要考虑自己的利益。他必须小心行事，让其他人能够赞同此方案。

他咨询了其他已经实施了这个方案的单位的管理人员，他们说，职工对这个方案有本能的反感，甚至某些单位出现过联名上书反对此方案的现象。上级主管部门在同意此方案前也经历了很长时间的讨论，因此，他对此必须做好充分的思想准备。

为了获得有关部门和人员的支持，确保计划的顺利进行，李科长

怎样获得别人和决策者的支持

认为，要抓住以下几个要点：

1. 必须能够清楚地了解这个计划涉及到的部门和人员，以及在组织中决策的过程和关键性人物。

2. 必须能够了解各个部门和人员对计划的态度。

3. 必须能够最清晰、简明、全面地阐述自己的方案，包括方案需要的时间、资金、人员、场地，以及方案将带来的收益。

准备：获得支持的方法

取得支持不是一件容易的事情，需要慎重考虑，可以从下面几个方面着手：

一、做好思想准备，没有人像你一样对你的方案那么有兴趣，你必须捍卫自己的方案

每一个方案的实施都需要多方面的支持，包括资金、人员、场地、时间、设备或者上级的审批。几乎所有解决问题的方案都会遇到阻力，尤其是那些带有变化性质的方案。解决问题通常需要各方面人员的配合，这些人往往有不同的需求和利益，或者他们对问题的看法与你不同。以案例1"拥挤的电梯"为例，虽然你认为这是一个必须解决的问题，也许后勤管理人员认为这个问题根本就不是问题，没有必要改变，他们也不愿意花时间精力去做这件"小事"。如果你要解决的是改变公司员工迟到现象严重这类问题，那你遇到的阻力会更大。要求一个人放弃一直使用的方法时，许多人都会觉得很痛苦，会本能地反对。认识到这些障碍是消除这些障碍的第一步。

你要明白并不是某些人在故意捣乱或者对你不满，也不是他们故意不接受新思想。只不过已经形成了一套体系来处理各种事务，任何改变都意味着现行的系统存在不完善的地方，改变这些系统，会使负责这些系统的人感到受到了威胁。而且，每个人都有自己的利益，当解决方案让他们感到对自己不利时，他们往往也会抵制。

更重要的是，想出解决问题方案的人可能并不是负责人。以电梯拥挤的事件为例，如果你是物业公司负责设备维修的主管，可能电梯的运行方式并不在你的管辖范围之内，你的建议可能会让相关部门的人觉得难堪，因为他们没有想到解决这个问题；如果你是一个普通职员，提出了一个与公司改革有关的计划，很可能遭到很大的阻力，比如公司有专门负责制订公司发展战略计划的管理人员，他们必须承认自己没有想到你提出的好主意。还有些时候，由于公司内部存在权力斗争，有可能决策者会为了这类政治因素否定一个问题的解决方案。

当你遇到重大问题时，你是否能找到别人帮助？

为什么要有求助意识，怎样捍卫自己的方案

中

记住：

要让有职有权的人承认自己的失察或不足，这是一件很难的事情。这往往会让人感到难堪。所以你想获得支持的第一点就是要考虑怎样避免别人的难堪。

为了让你的方案能够被组织采纳，你需要花一些时间完善你的想法，并认真准备一个推销自己创意的方案。

二、了解整个决策过程中每个人的角色和态度

如果你的方案想得到组织的批准，必须首先了解在你的组织内部，决策的过程是怎样的。你要明确这样几个问题：

1. 决策过程涉及到哪些人，他们分别扮演哪些角色

怎样了解决策中相关
人员的角色和态度

在一个组织内部，很少由一个人在完全封闭的情况下作出决策。例如，部门经理打算从其他公司挖一个优秀的业务人员，但在最后做结论的时候多半会与总经理和人事部门商量一下。为了使你的决策能够通过，这些人的意见都是你必须考虑的。

一个新人经常会犯这样的错误，为了证明自己的能力，越过直接主管而向上级主管提交一个解决问题的方案。最后的结果，往往是惹怒了直接主管，上级主管也否定了他的提案。新人首先应该观察组织内部的决策运作情况，了解在这个组织内部决策过程涉及到的人。

2. 他们的需求是什么，他们会根据哪些标准来做决策

分析主要决策者的特征，要从两个方面考虑。一要看决策者的个人特征。他是一个保守的人，还是一个勇于变革的人？他是一个公正的人，还是一个私心特别重的人？他的地位是否很稳固？是否组织内部有派系斗争正威胁他的地位？二要从组织方面考虑。他是否愿意对组织进行大的变革？他对组织的发展有没有计划？他对哪方面的工作感兴趣？他是否有能力使事情能够进行下去？决策者是否认为你的提案会对他造成危胁？从他的角度看，会有什么威胁或损害他的利益的问题？

3. 他们怎么看待你的提案

根据你对决策者的了解，你预计他会对你的提案持什么态度？支持？反对？中立？还是无法预计？

他会用什么方式来判断你的提案？根据这个问题，你可以决定用什么方式向他提供信息。有些人对提案人的感觉会直接影响他的判断，而有些人只对客观资料有兴趣；有些人希望看到最终的结果，有些人则希望了解具体的步骤和提案的风险。

三、争取其他人的配合

在分析了决策者的特征之后，你接着应该决定采取什么方式接近并说服他。有两种基本的方式，一种是直接的自上而下，一种是先获取下层的支持，再间接地向上汇报。如果你了解决策者的兴趣与你的提案一致，你可以采用第一种方式，直接找主管领导，请求他批准你的提案。但是，更多的时候你需要采用第二种方式，即先在基层寻求群众的支持，再向主管领导提出建议。在大多数时候，第二种方案更

怎样争取他人配合，
怎样陈述方案和回答提问

为适用。

经过对决策过程的分析，你已经了解了在决策者作出决定之前，他们通常会听取一些关键性人物的意见，这样的人物可能是上级、同级，也可能是下属。你在向主管获取支持之前，最好能先获得他们的支持。例如，在某个学校内的电梯拥挤问题发生的时候，校长可能会向这些人征求看法：主管后勤的负责人，他们要为这个方案提供人力、时间和服务；教务处负责人，他们可以提供教学纪律方面的意见；学生处负责人，他们可以从学生管理的角度考虑；普通学生和老师，他们是这个方案的"最终用户"。

四、充分准备

很多情况下，你需要以一种正式或者半正式的演讲方式推销你的方案。例如，你有10分钟向某位主管决策者阐述你的设想，或者在一次会议上向整个领导班子推销你的提案。因此，你必须做好准备，做一次演讲。

五、准备好其他人可能会提的问题

为了能更好地推销你的方案，你应该准备好回答其他人的问题。其他人常问到的问题有：

1. 以前我们遇到这类问题怎么解决的？
2. 其他单位怎么做的？
3. 有没有其他的方法？
4. 如果采纳以后，我们需要做什么？需要付出多少？

行动：积极地寻求支持

活动一：分析案例5

在这个案例中，工厂后勤科的李科长觉得采用IC卡计费系统是一个好办法。这个系统是按出水流量计费，一般收费为1角钱1分钟。根据其他单位的经验，采用这个系统以后，可以省水2/3。

虽然新系统看起来很有吸引力，但是也不能认为每个人都会赞同这个办法。开始行动之前，李科长必须获得必要的支持。

首先，李科长列出了整个方案实施的几个大步骤：

1. 获得上级批准。
2. 指定每个部门负责此项目的人员。
3. 筹集资金。

4. IC卡设备技术准备。

5. IC卡设备安装。

6. 推行IC卡设备使用。

这是一个大致的计划。李科长咨询之后，了解到整个计划需要5~6个月的时间，其中第四步到第六步需要3~4个月左右。他仔细检查了每个环节，找出了一些至关重要的影响因素。这些因素如果处理不当，就会导致整个计划的失败。第一步，他认为关键的因素是要获得主管后勤工作的副厂长的支持；第二步，需要确保指定的负责人支持这个改革方案，而且非常能干，跟其他部门的人员关系良好。李科长心里已经有了些想法，不过他得先获得这些人的支持。

李科长开始仔细考虑这个问题，上级通过此方案时必然会征询下面的意见。李科长根据经验知道，这个问题可能会咨询后勤科的其他负责人、基建科的管理人员、财务科的管理人员（因为此事涉及到财务的部分工作），还会咨询一部分普通职工。后勤部门有一位科长，两位副科长，还有一位资深的技术人员，主管工厂的许多后勤设备，他的意见也不可轻视。

接着，李科长开始分析决策者的特点。据他了解，主管厂长是一个非常踏实的人，他做事喜欢追求细节，而且循规蹈矩，不太愿意改革，为人正直。他在这个厂里已经工作20年了，大家都很尊敬他。不过，最近从外面调来的新厂长跟他似乎有点摩擦，新厂长希望能在厂里搞一些大刀阔斧的改革，主管厂长则相对保守。

注意：

李科长是如何考虑向主管厂长推销自己的好点子的？你在办事的时候站在别人的角度考虑了吗？

李科长思考着主管厂长对这个方案可能所持的态度。作为一名老员工，主管厂长对公司的旧制度有很深的感情，任何涉及到制度改革的意见，他可能都会反对。但是，主管厂长也是一个很节俭的人，他曾经制定了很多政策防止工厂里的资源浪费。李科长认为此事要从节约水资源的角度入手，与主管厂长讨论。

李科长开始思考如何与主管厂长接触。他和主管厂长很熟，私人交往和工作交往都比较多。但由于主管厂长是他的老上级，所以他不便直接提出改革方案，最好能让主管厂长先想到按时间计费，然后再由他来将这个想法细化。他想了一下，最好在私下交往的时候先提起厂里的水资源浪费问题，然后谈到澡堂洗澡时浪费水的现象严重，使主管厂长产生"节水第一"的思想，以后对IC卡制度能较快地接受。

高明：

将自己的想法变成了领导的想法！

在李科长与主管厂长探讨之后，主管厂长指示可以与宣传科联系，搞一次节水月的宣传活动。李科长一方面与宣传科联系，筹办节水宣传月，一方面在私下场合继续与主管厂长探讨水资源浪费的问题。此外，李科长认为节水宣传月也可以在全厂造成一种节水的氛围，为以后推出IC卡制度做铺垫。

主管厂长认为按时间计费的想法还不错，不过他觉得没有什么可行性，李科长建议由他去了解更多的情况，主管厂长同意了。获得主管厂长的同意之后，李科长开始着手一方面准备更详细的材料，对IC卡洗澡计费制度作详细说明，以及结合本单位的福利洗澡制度的可能方案。另一方面与其他关键人物开始接触讨论此事。他考虑到基建处可能对这个方案没有太大的兴趣，因为他们现在正在进行新厂房的建设工作，没有时间精力来管此事。财务科可能会对此事有兴趣，IC卡制度实行以后将取消发澡票的工作，改为电子充值之后，很多手工核算将被取消，可以减轻他们的工作量。资产科负责设备的采购，他们应该会支持此事。但是，资产科与后勤科一直有些矛盾，原因在于两个部门的职能有些重叠，有些设备要通过资产科找厂家维修，而有些设备则由后勤部门负责，因此在遇到设备修理的时候经常会出现推诿责任的情况。IC卡制度的后期维护工作非常重，可能会造成资产科对此方案的反对。

李科长已经知道了自己需要跟哪些人接触，他要准备如何向他们推销这个方案。他必须先对这个方案有一个大致的设想。他要说明下列问题：这个方案的目的是什么？能给工厂带来什么好处？有哪些经济效益和社会效益？对每个部门有什么好处？有什么风险？方案实施大致需要几个步骤？每个步骤涉及到哪些部门？项目的资金预算大致是多少？

他还要准备回答别人可能向他提出的问题：

1. 以前我们遇到这类问题是怎么解决的？

2. 其他单位怎么做的？

3. 有没有其他的方法？

4. 如果采纳以后，我们需要做什么？需要付出多少？

最后，李科长制定了一个时间表，上面列出了与每一个关键人物会谈的时间安排和基本内容。这些会谈可以是正式的，但更多的可以采用非正式的方式。他认为，非正式的方式更适合这个还没有被批准的方案。

> 人们常觉得准备的阶段是在浪费时间，只有当真正机会来临，而自己没有能力把握的时候，才能觉悟自己平时没有准备才是浪费了时间。
>
> ——罗曼·罗兰

现在，主管厂长已经对这个方案有一些兴趣，只要李科长能够争取到其他大部分人的支持，并且能给主管厂长提交一个详细的实施方案，他相信自己可以说服主管厂长最终同意这个方案。

活动二：如何让领导同意自己的方案

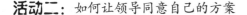

·案例 11·　　　　　　　　　　如何说服领导

何坚是某计算机公司一个产品研究小组的负责人，他所在的组一直在进行如何让用户在使用计算机时更好输入的研究。最近，他想出了一个与本组研究方向不同的新产品方案：开发一套用于帮助儿童练习书写的产品。他对自己的想法非常激动，认为这个产品将会帮助小学生学习书写，也会减轻教师的负担；更重要的是可以让学生在使用计算机的同时，仍然不会丢掉我们原有的传统文化。因此，他认为这个想法有非常广阔的市场前景。现在的问题就是，如何让这个想法变成现实？他需要说服公司的领导层同意他的方案。

提示：

步骤一：列出整个方案实施的几个步骤。

步骤二：找出每个环节涉及的关键人物。

步骤三：分析决策者的特点。

步骤四：列出需要谈话的人物名单。

步骤五：设想如何推销方案。

步骤六：准备别人可能向他提出的问题。

步骤七：列出谈话的时间安排以及会谈内容和目的。

活动三：角色扮演

根据活动一和活动二的案例，列出说服其他人的方案，一名同学扮演方案的提出者，另外一名同学扮演领导或其他关键人物，双方演示说服的过程。

评估要点：

1. 说服过程中，是否能够让对方很容易地了解自己的意图？

2. 是否考虑到了对方的立场和感情？

评估：是否掌握了获取支持的方法

一、案例分析，自我评估能力

·案例 12·　　　　　　　如何解决"路边摊"的问题？

　　每个城市都面临路边摆摊的问题。路边摆摊对市容环境和道路的交通都有负面影响，但是对每位市民来说，路边摊却会给日常生活带来方便。以前，我国城市管理的思路大多是禁止设立路边摊，但总是屡禁不止。最近几年，城市管理者开始重新考虑路边摊的管理问题。路边摊是一个涉及多方利益的问题，每方考虑的角度也不同。

请指出下列部门和人员对路边摊问题的观点，针对这些观点，你怎么说服相关的人。

1. 居民——
2. 环卫部门——
3. 交管部门——
4. 商检部门——
5. 税务部门——
6. 路边摊主——

二、小组讨论案例，设计争取相应部门支持的方案

> **·案例 13·** 黑龙江"村村大学生计划"遭遇"执行难"
>
> 　　两年前，由东北农业大学倡议，黑龙江省教育厅组织省内10所高等专科院校拉开了"村村大学生计划"的帷幕，旨在"在农民当中培养大学生"，为黑龙江省农村培养出带领群众致富的优秀人才。然而，两年后，当第一批特殊的农村大学生完成学业返乡后，却没有得到当地政府的相应支持，他们中的绝大多数人正在焦虑地等待着政府的安置。
>
> 　　"村村大学生计划"是在本省农村有计划地从回村高中生中选拔一批人才，进大学学习2至3年，为一村至少培养出一名农村致富带头人。这项计划得到了黑龙江省领导的重视，省教育厅迅速制订了具体方案，计划从2004年起每年招收2500名左右高中毕业生进行定向培养，力争在5年内实现村村有大学生的目标。
>
> 　　哈尔滨市呼兰区李阳同学告诉记者，他所在的"农民大学生"班级有43人，现在除了几个人在外面临时打工外，大多数人都在家待业，没有相关部门对他们的就业进行关注。同在呼兰区的李洪涛告诉记者，区人事局的负责人说按照协议是不可以出去打工的，要求他在家等消息，而村领导回答他说，村里没见到上面的文件，不知怎么安排，他就这样每天在焦虑的等待中度日。和李洪涛同学有同样经历的还有很多，如吉贤县、宾县宁远镇的几名同学，都遇到了这样的情况。他们告诉记者，他们因就业问题多次去相关部门咨询，人事局的答复是让等通知，等到省政府的文件下发后，他们会根据文件办事。对于"村村大学生计划"毕业返乡服务农村的问题，吉祥乡的负责人表示不清楚此事。
>
> 　　（引自：http://www.cb-h.com/shshshow.asp?n_id=25602）

　　这个计划虽然得到了教育部门的支持，但是，却没有得到相应政府部门的支持，导致执行遇到困难。根据本节所学的内容，与小组同学探讨以下问题：

　　1. 这个计划涉及到哪些方面的人？需要争取哪些人或者部门的配合？

　　2. 这些人对该计划可能有什么样的态度？

　　3. 应该如何向他们呈现计划内容？

　　4. 列出其他人可能会提出的问题，并说明应该准备怎么回答。

第二节　详细具体　制订计划

目标：学会制订工作计划

决策要转化为有效的行动才能解决问题。一旦选择了最终的解决方案，你就要开始制订具体、详细的计划。制订行动计划是实施决策中最重要的一环。你所制订的计划必须是个详细的计划。在这个计划里，你要列出解决问题的每项工作任务、工作方式、你需要的时间、资源和帮助，考虑可能出现的困难及克服的办法等。

制订计划就像建造一座楼房之前设计图纸一样，为的是指导以后的工作，并且确保能够顺利执行。而且，在中级解决问题能力训练中，我们面对的是具有一定复杂性的问题，这些问题的解决往往需要消耗比较多的资源，包括时间、人力、物力。

通过本节的学习，你将能够：

1. 掌握制订工作计划的方法。

2. 学会将一个总目标细化为几个小目标，并确定达到每个小目标的方法。

3. 分析计划各个步骤潜在的问题并能够加以避免。

4. 合理地分配时间和资源。

怎样制订解决问题方案
的实施计划

示范：动手制订工作计划

在上一节分析到，李科长已经获得了上级部门的支持。厂长非常赞成他的计划，财务部门也已经给后勤拨款，李科长要开始实施方案。

接下来，李科长面临的任务是制订一个详细的计划。为了保证计划的可行性和周全性，李科长可能需要注意以下几个要点：

1. 制订计划要达到的目标是什么？

2. 应该采取什么步骤达到目标？

3. 如何安排这些步骤的时间进度？

4. 执行计划的花费预计是多少？

5. 如何保证计划的实施？

6. 如果执行计划过程中出现意外情况怎么办？

7. 是否可能临时更改计划目标？

准备：制订工作计划的方法

解决问题就像完成一次旅行，从一个地方到达另外一个目的地。制订行动计划与制订旅行计划有相似之处。一个完整的旅行计划应当包括下列内容：

1. 现在在哪里？要到哪里去？（目前的状态和行动需要达到的目标）

2. 要走什么路？（我们应该采取什么行动步骤）

3. 怎样走才能达到目的地？（应该怎样安排进度）

4. 如何保持正确的方向？（如何监督并推动工作的进行）

5. 需要多少花费？（经费预算）

6. 出现意外怎么办？（紧急应变计划）

7. 是否可能出现临时变更目标的可能？（找出潜在的问题）

一个完整的解决问题行动计划应包括以下内容：

一、呈述计划的总体目标

旅行之前，你要知道旅行的目的地。解决问题前，你要对目标很清楚。目标包括两个方面，一是方案实施之后必须达到的结果，二是方案完成的最后期限。你应该用一两句话描述清楚事情的目标，这样你想实现的目标就有明确的概念，有助于你在制订计划时保持正确的方向。

二、分解任务，确定实现每一个目标的步骤

要根据最终确定的解决方案，把整个任务分成几个主要部分，每个部分确定一个更为具体的小目标。将目标逐步细化分解，每个任务原则上要求分解到不能再细分为止，最底层的任务活动可直接分派到每个人去完成。

可以用**WBS**（Work Break Down Structure）工作（任务）分解结构方法来做任务分解。这种方法是用树形结构图（见图2-1）或锯齿列表的形式（见图2-2），把项目的各项内容按其相关关系逐层进行分解，直到工作内容单一、便于组织管理的单项工作为止。然后，再把各单项工作在整个项目中的地位、相对关系表示出来。分解以后的活动结构应该很清晰，逻辑上形成一个大的活动，集成了所有关键因素，所有的活动全部定义清楚。

怎样分解工作任务

233

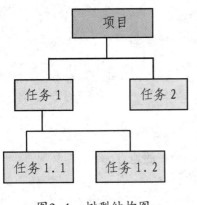

图2-1　树型结构图

图2-2　锯齿列表图

同一个任务的分解可以从多个角度进行。例如，以产品开发为例，可以按产品结构进行分解，可以按功能进行分解，可以按人员配置进行分解。在分解任务时，如有可能，应让相关部门的专家或有经验的人参加，听取他们对任务分解结构图的意见。最后，由决策者决定结构图，并做出相应的文件。

三、制定时间表

当所有步骤都确定下来，总体目标和分步目标都明确以后，就要具体安排实施步骤和实施时间。工作计划中如果没有时间的界定，就会变成"期望"，永远不可能到达。

制定时间表之前，首先要大致看一下计划的几大步骤，为每个步骤划分大致的时间，粗略规划一个达到目标的路线草图。这时，可以使用甘特图（图2-3）来分配各个具体项目的时间段。

怎样制订时间表，
怎样分配人员和资金

甘特图是甘特（美国人际关系理论和科学管理运动的先驱者之一）于1917年所发明的管理工具。甘特图被用来作为规划、控制及评估专案各项工作进度，为计划与实际进度之时序图。其主要构成是将横坐标等分成时间单位（年、季、月、周、日、时等），表示时间的变化；纵坐标则记载方案各项工作。通常计划书中的甘特图，可以以虚线表示计划线，实线表示实施线（边进行边画），若两线有差异时需备注说明理由。

现在，计算机提供了绘制甘特图的工具，例如Office的Project。用计算机软件绘制甘特图，可以使制订计划的效率大大提高，对复杂的项目尤其有用。

年 / 月	2007/9				2007/10					2007/11				2007/12			
日期	3	10	17	24	1	8	15	22	29	5	12	19	26	3	10	17	4
准备工作	▨	▨															
收集资料		▨	▨	▨													
理论探讨					▨	▨	▨										
个案访谈							▨	▨	▨								
综合访谈结果									▨	▨							
处理资料											▨	▨					
整理研究结果													▨	▨			
写总结报告															▨	▨	

图2-3　甘特图

四、人员和资金的分配

人们在处理问题时，多是采用团队合作的方式。因此，人员和分工就显得非常重要。作为一个决策者，你的任务是开发和确定解决问题的方案，而不是实施方案。你的关键问题就在于选择合适的人，以合适的方式让他去实施解决问题方案。

在分配工作时需要注意，你不是把工作交给别人，而是交给他们一个需要实现的目标。除此之外，你还需要向他们详细解释一些基本原则，确保他们理解项目的整体目标，以及项目的整个计划，包括进度表和核查机制。

如何分配资金，意味着要做一个项目预算表。预算是一个财务计划，它详细地说明了项目实施所需要的经费资源、计划投入和预计费用。

制订预算的目的在于：

1.估计项目实施的总经费以及每一项目活动所需要的经费。

2.项目实施期间，预算将有助于指导费用的支出。

3.为项目财务监督提供一个依据。

制订一个项目的经费预算，应注意以下几个方面：

1.既要保证各项活动有必要的经费，又要做到经费使用、分配的合理性。

2.避免出现有的活动经费过于充足，而有的活动经费短缺的情况。

3.要包括项目所有活动需要的费用。

4.实施人员应参与预算的制订，他们最了解哪些支出是必须的。

5.当你不能精确地确定费用时，一定要作出估算。

6.在总的费用下，对所有具体的支出应分类详细计算——尽管详

经费预算既要保证各项活动有必要的经费，又要做到经费使用、分配的合理性。

细计算一些实际的数目需要花费很多时间，但为了避免因预算不可信而使项目被拒绝，也为了在项目实施中能更好地使用经费，这项工作一定要完成。

7. 估计的经费数目一定要尽量与实际情况相符。

8. 预算只是一个预先的计划，并不意味着这是一个最终的费用。

9. 预算中需考虑到不可预见性经费。

五、研究潜在问题，设计紧急应变方案

我们常常因为没有预见有可能出现的问题而手忙脚乱。研究潜在问题最好的办法，是根据解决问题的步骤，把每一步可能出现的问题都记录下来。另外一个必要的措施是多与其他人商量，他们也许能够帮你发现你没有发现的问题。

怎样研究潜在的问题
并设计应变方案，怎样确
定核查系统

接着，应当对这些潜在的问题采取有关措施进行规避。如果你能预见到问题出现，那么大部分情况下你就能避免。然而，不管你的计划如何周密，都不可能保证天衣无缝。因此，还需要确定一个紧急方案，应对意外出现的情况。

六、确定一个核查系统

制订计划的最后一步，是要确定一个核查系统。由谁来监督整个计划的实施？用哪些方法来监督？如果没有核查系统，计划的进行很可能失控，最终无法完成。一般来说，项目计划中应该设置阶段性的检视点。核查系统的具体方式和核查标准应在计划中写明，并确保每个项目参与人都清楚地了解，也便于检查。

项目负责人担任着推动整个项目进行的责任，因此他也是监督整个计划执行的人员，可以通过定期召开会议讨论工作进展，定期或者不定期地检查一些具体工作，确信项目都在按计划完成。

行动：动手制订工作计划

活动一： 分析案例5，澡堂的改造计划应该如何进行

步骤一： 我们的目标是什么

这次改革的目的主要是节约用水，并且减少澡堂的拥挤程度。行动的目标是将工厂的洗澡制度从按次计费改为按出水时间计费，职工使用IC卡洗澡。

工厂原有的职工洗澡福利不应该受到损害，考虑以每个月向卡内充值的方式发放给职工。

> 我们的目标
> 就决定了我们一
> 生的使命。没有
> 目标，我们就没
> 有方向，而没有
> 方向，我们就没
> 有判断的标准。
> ——林德格兰

步骤二：任务分解——我们需要采取哪些步骤才能达到这个目标

李科长初步拟订了一个简单的行动计划，他发现有以下工作需要做（如图2-4）：

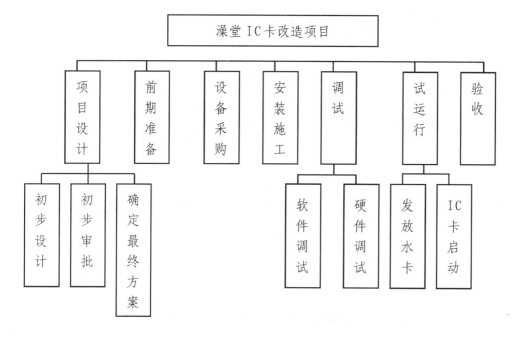

图2-4 澡堂IC卡改造项目计划图

以上是几个大块的行动，还要将每个部分分成更细的行动，每个行动都有一个目标和完成期限。

步骤三：每一步都有哪些人参与，需要哪些资源

1. 项目设计（包括初步设计、审批、确定最终方案）——后勤科。

2. 前期准备——后勤科。

3. 设备采购——需要澡堂的管理人员、资产科负责采购的人员共同参与。

4. 安装施工——后勤科、澡堂的管理人员、基建处、设备厂家。

5. 调试（包括硬件调试和软件调试）——后勤科、财务科、设备厂家。

6. 试运行：发布水卡——后勤科、财务科、宣传部门。

7. 试运行：IC卡启动——后勤科、财务科。

8. 正式运行——后勤科。

9. 验收。

步骤四：怎样安排进度

用甘特图画出时间表。

月	2月				3月				4月				5月	
周	1	2	3	4	5	6	7	8	9	10	11	12	13-16	17
第一次工作会议	■													
项目设计初步设计		■	■											
项目审批				■	■									
确定技术方案					■	■								
前期准备					■	■	■							
设备采购								■	■	■				
安装施工									■	■	■			
调试（硬件软件）											■	■		
试运行：发水卡													■	
试运行：IC卡启动														■
正式运行														

图2-5 澡堂IC卡改造项目

步骤五：这个计划的哪些环节可能出现问题，如果出现问题应该怎么办

仔细看了计划，李科长发现许多潜在的问题。他把这些问题列了出来：

表2-1 澡堂IC卡改造项目

问 题	预 防
1.澡堂改建的4周内，职工的洗澡问题应该如何解决	男澡堂和女澡堂分别改建，洗澡时间改为隔天一次
2.职工对澡堂制度改革可能有抵触情绪	注意宣传手段，告知其他已采用新制度单位的经验
3.试运行时很多职工可能不知道如何使用IC卡	编写易懂的使用说明，以图画的方式表达，贴在澡堂最显眼的位置
4.澡堂龙头出水效果不同	对龙头进行大修

李科长也考虑到，不管多么周密的计划都不可能天衣无缝，在实施中可能会出差错，也可能会出现意外情况。因此，他必须动用备用方案。例如，如果试运行效果不好，IC卡出现严重问题，李科长准备随时停止IC卡使用；如果职工对澡堂制度改革的情绪抵触过大，甚至组织起来要求废除这项改革，李科长考虑与其他单位联系，请这些单位的职工与本单位职工会谈，并组织本单位职工到其他单位参观了解。

步骤六：确定一个核查系统

李科长在时间表上将每一步要达到的目标写下来，作为项目阶段检查的指标。身为项目的负责人，他将亲自参与项目的阶段检查，以保证项目的正常进行。

表2-2　项目进展核查表

步骤	阶段目标
项目初步设计	初步设计方案
项目审批	项目审批获得通过
确定技术方案	最终设计方案
前期准备	资金、人员到位
设备采购	相关设备到位
安装施工	澡堂设备改造完成
调试（硬件软件）	调试完成
试运行：发水卡	至少70%以上职工拿到水卡
试运行：IC卡启动	澡堂IC卡运行正常

活动二：案例讨论

学员分成小组，选择下面的一次活动，制订这个活动的详细计划和经费预算，并进行讨论：

1. 一次去越南的旅行。

2. 为丰富员工的精神生活，组织一次桥牌比赛。

3. 举办一个联欢会。

评估：是否掌握了制订计划的方法

一、自我评估

1. 怎样分解目标任务？

2. 怎样绘制甘特图？

二、案例分析

· 案例 14 ·　　　　　　客户的活动日程安排

假如你是一个公司的客户部经理。老板告诉你，下周有一个重要的国外客户代表团要来访问，并可能与公司签订合作项目。公司非常看重这次访问，希望能尽量让客人满意。但是也不希望太过宣传，以免让竞争对手察觉。老板告诉你，这是一宗大买卖，不容许接待过程出现任何差错。

公司给你了一张客户来访日程的大致安排：

周一：中午 13∶30 飞机到达北京机场，由公司总经理等人前往接机，然后送客人到宾馆下榻。

下午 4∶30 陪客户游览北京。

晚上 6∶30 从公司出发前往晚餐地点：北京饭店。

晚上 11∶00 回宾馆。

周二：上午 8∶00 接客户到公司参观，向客户演示公司的代表性产品。参观包括生产部、客户服务部、实验室、产品演示厅。

中午在公司附近的饭店举行午餐宴会。

下午 1∶00 陪客人游览故宫。

晚上 6∶30 晚宴。

周三：上午休息。

下午带客人去颐和园游览。

周四：上午 8∶00 接客人到公司。

上午 9∶00 在总经理会议室举行会谈，分别与总经理、开发部和市场部的人会谈。

中午 12∶00 饭店举行午宴

下午 13∶30 返回宾馆。

下午 16∶00 送客人去机场。

下午 18∶30 送飞机。

请根据这个行程表制订详细的计划。按照下列顺序进行：

1. 呈述计划的总体目标——接待任务的目的是什么？

2. 每一个达到目标的步骤——有哪些具体的步骤？

3. 制定时间表——制订更详细的时间计划。

4. 人员和资金的分配——每一步都涉及到哪些人和资源？

5. 研究潜在问题，设计紧急应变方案——每一步存在哪些风险？

如何制订备用方案？

6. 一个核查系统——如何保证每一步都按计划进行？

评估要点：

1. 行程表的安排是否具体合理？

2.对潜在的问题是否有足够的考虑？

3.是否制订了核查方案，以保证每一步都按计划进行？

三、小组讨论

下面是一组活动中遇到困难的例子，学员分小组讨论：如何提前制订计划来尽量减少这类意外事件发生的可能性？

1.沈先生组织了一个8人参加的户外活动，到一座大山徒步两天。虽然参加活动的人都有很多户外活动经验，但沈先生是唯一知道这条路线的人。第一天，刚上山2个小时，一名女生突然开始肚子疼。

2.小陈组织了一个产品的宣传活动，拟在某大型会展中心的广场上进行。但是活动那天下了一整天雨。

3.针对最近员工士气下降的问题，小黄准备组织一次职业生涯规划的培训。她提前3周邀请了一位培训专家，然后提前2周预订了场地，提前1周向全体员工发了培训通知。培训的前一天，培训专家告诉了小黄他要讲的内容，小黄发现这些内容和她设想的不同，专家所做的是一次面对新员工的职业生涯规划的培训。小黄希望专家能更换培训内容，能够针对在公司工作3～5年的熟悉本公司及行业特点的老员工，但是培训专家说时间太短，他难以保证内容改变之后的培训效果。

第三节　利用资源　实施计划

目标：学会实施计划的技能

当我们制订了详细的行动计划以后，就要将计划付诸实施。虽然我们的计划已经做得足够详细，但真正去做就会发现还有很多困难。在实施计划的过程中，你要去寻找各种所需要的支持条件，以帮助你处理问题。

通过本节的学习，你将能够：

1. 组织实施计划，完成计划列出的各项工作。

2. 在处理问题时获取和利用所需要的支持条件，即用你的专业知识，对不熟悉的资源进行调查研究以便获得充分的资源，有效利用时间，保持有条理的工作步骤。

示范：将计划付诸实施

怎样实施解决问题的计划

实施能力就是一种执行能力。为什么同样的一份登山计划，有一个登山队实施得很好，顺利地带领着队员到达了山顶；而另外一个登山队却损兵折将，人员伤亡重大。这不是计划本身的问题，而是执行计划者的执行能力的问题。执行并非像某些人理解的那样不需要思考，执行计划的过程是充满应变、充满智慧的过程。

在案例5中，作为澡堂计费改革项目的总负责人，李科长已经制订了详细的工作计划，现在需要做的是将计划付诸实施。李科长知道任何计划如果没有人推动，它就不会进行。他也清楚地知道，自己就是推动这个计划的人。

项目计划中已经制订了严格的时间表，但是李科长知道，很多原因会使得每一步都可能延期完成。因此，他必须采取措施保证时间不至于浪费在无意义的事情上。为了保证这一步能够顺利完成，他需要注意以下要点：

1. 能够保证实施过程顺利进行。

2. 在实施中随时获取有关信息。

3. 及时利用所需要的支持条件。

4.如果计划实施过程中出现新的状况，使得原定的目标无法完成，那么需要考虑如何调整整个计划。

准备：如何才能落实计划

如果计划制订得非常详细，执行起来会相对容易，但是执行计划并不是一件简单的事。在执行过程中，仍然有很多问题需要解决，而且需要运用许多技巧。执行计划应迅速行动，当遇到难题或阻碍时，应该立即想方设法解决它们，而不是拖上几个星期，甚至几个月之后才予以重视。如果放任项目随意进行，有一天会猛然发现项目脱轨太远，来不及完成或者不能达到最初的目标。聪明的问题解决者懂得这个道理，他们会经常注意项目的进度，克服计划执行中出现的困难，确保计划顺利执行。

> 人生伟业的建立，不在能知，乃在能行。

一、统一协调推动计划

每个计划都需要一个人或者一个部门来推动，使计划能在统一协调的领导下顺利进行。以澡堂改造计划为例，李科长是这个计划的负责人，只有他能够推动计划前进。作为项目的推动人，首先要具备坚定的信念，对目标有准确认识，具有面对困难百折不挠的精神，这是保证计划顺利执行的首要条件。其次，还需要以身作则，使计划参与人员的行为方式朝着目标的方向转变并发展，能增强组织成员的凝聚力，从而激发执行的力量。

在执行过程中，如果各部门业务分配不合理，部门职能划分模糊，或者各个部门只注重各自的职能工作，对计划的整体发展缺乏综合管理，都会妨碍计划的执行。合理的部门分工和员工们认真负责的态度是计划能够顺利执行的前提条件，但这并非一朝一夕就能建立起来。计划负责人必须确保在本计划执行过程中，各个环节的参与人员都能够正确理解整体计划，能够明确各自的任务。

为了保证计划能够高效顺利地执行，在初期向参与人员分配工作时，应该注意以下几点：

1. 要考虑工作与计划参与人员的能力、兴趣、爱好的一致。例如，难度较高的工作分给创造性强的人去做，务实型的人则应分配单调、琐碎的工作。

2. 要考虑参与人员既能发挥现有才能，又能在工作中获得进一步发展的机会。要向成员们阐明通过这次工作可以获得的个人成长，以及巩固他们在整个计划中的地位，使他们对工作任务产生热情，并且获得心理上的满足。

3. 要做到职责明确，范围清楚，避免以后因为责任不明出现项目的拖延。

二、有效监督，奖惩分明

工作分配下去以后，还需要切实有效的措施保证每个人都能按期完成自己的工作。为了确保有效执行计划，建立合理的检查和奖惩制度十分必要。如果缺乏这种机制，工作做得好的人，由于得不到表扬和奖励，会挫伤工作积极性；工作做得不好的人，由于没有受到惩处、追究，会助长工作的消极性。作为项目的主要负责人，除了打电话、看书面材料、听取工作汇报，还应该到现场检查监督，落实任务。

怎样有效监督，奖惩分明，计划设计者与执行者怎样相互配合

有效的监督必须根据计划来评估每一步的效果，检查计划的每个步骤是否达到了预期的标准，以作出质量上和数量上的正确判断。

三、计划与执行相互参与

有些项目在制订计划时，没有考虑执行的现实性，导致无法落实。计划在制订时，就需要与相关的执行人员沟通，告知他们计划的目的，听取执行的意见。在执行过程中，不管计划做得如何详细，对风险的考虑如何周到，还是会不断遇到问题。例如，执行过程中出现了原来没有设想到的意外，此时执行的相关信息要反馈给计划，以便调整计划中的不完善部分。

有时候，解决问题的原有目标会由于外部环境变化而发生改变。例如，竞争对手推出的新产品或者降价促销活动，这些信息在开始解决问题以后你才知道。此时，就需要不断调整目标，并且调整相应的资源配置和执行计划。但是，如何能够在不断变化的情况下保证调整后的目标仍然是准确的？这时，你就需要重新考虑当初的问题是什么？现在这个问题是否发生了改变？不断地回头审视最初的问题，有助于你既灵活地调整目标，又不至于迷失方向。

在计划执行过程中，要随时注意检查行动情况，目的是通过对工作的主次安排而使预定的任务得以实现，并且努力使所采取的行动最大限度地与计划一致。在上一节关于制订计划的内容中，我们强调了核查系统的重要性。在计划的实施过程中，必须按照工作计划中设置的检视点，检查项目是否按计划进行。此时的总结应包括评价阶段性工程进展情况和存在的问题，布置下期工程任务，协调各方关系，平衡资源调度，确保工程按计划目标完成。

如果在计划执行过程中发现有新的情况出现，那么需要考虑是否调整。调整主要包括下面两个方面：

1. 将现在的情况与计划进行比较，当事情未按计划进行时，综合考虑计划的各个部分，找出其中的问题。

2. 如果计划执行中出现新的变数和新的问题，当情况变得模糊的时候，需要重新综合阐述问题，根据新的情况采取新的对策，或者调整目标，或者改变计划，或者采取新的应对手段。

四、收集信息，利用支持条件

在这个知识爆炸的信息社会，很难有人能够掌握所有的知识技能。在解决问题的过程中，需要尽可能地利用已有的信息，向外界获取支持条件。

怎样利用各种支持条件

行动：认真地落实你的计划

活动一：分析案例5

步骤一：分配工作，统一协调

首先，李科长召开了项目设立后的第一次会议，与这个项目有关的部门负责人都被要求参加会议。会上，主管厂长先对此项目的意义进行了说明，并强调此项目的时间紧迫，要求各个部门大力配合。然后，李科长介绍了本项目的详细方案和实施计划时间表，并说明每个部门在每一步需要做的工作，以及各个部门之间的关系。

接着，设计改造方案、项目申报和审批。这个工作主要由后勤科和基建处的技术人员完成。

然后，开始采购设备。确定IC卡设备提供厂商的任务，由资产科的人员负责。李科长知道，当把任务交给其他人去做时，需要将明确的任务目标给他们，并且要说明如何控制。李科长知道资产科的人不喜欢别人对他们的采购细节干涉，他只是在IC卡的功能上与资产科的人员讨论，要求共同参与，将设备厂家的选择、价格谈判留给资产科的人，让他们去做。

资产科选择了招标的方式来确定IC卡的设备厂家，而李科长个人更倾向于竞争性谈判。

步骤二：有效监督，奖惩分明

由于项目由好几个部门完成，监督实施的时间进度就成了一个大问题。基建处的人总是说太忙，没有时间来做澡堂改造的事情。李科长担心在真正的工程开始施工时会出现拖延工期的情况，因而请基建处的负责人参与IC卡设备的采购工作，主要是给予设备改装实施方面的技术意见，以让基建处随时了解项目的进展情况，让大家知道整个项目正在进行当中。

当把任务交给其他人去做时，需要将明确的任务目标给他们。

我是一只小蚂蚁，但我是强大的！除了我个体的强大以外，还因为我属于团队！

建立必要的监督制度是任何项目所必需的。虽然李科长把工作都分给了各个部门，以及自己部门的下属，但是，他对整个项目的结果仍然负有重大责任。因此，他制订了一套制度，如定期召开非正式的临时会议，讨论工作进展，检查一些具体的工作等等。

在很多情况下，参加计划的单位与负责计划实施的部门是同级关系，计划负责人对计划执行人没有太大的约束力。李科长将设备采购的任务分配给资产科具体实施，他需要经常过问资产科的设备采购工作进度，这样才能保证计划的按时完成。但是，由于后勤科与资产科是平级单位，李科长不能决定资产科员工的收入。于是，他主要采用软性的奖惩手段，如赞扬、鼓励、批评等等。

步骤三：计划和执行相互参与

在澡堂改造刚刚开始施工时，从市场上传来消息，有一种新型的IC卡设备已经上市。这种IC卡设备更适合在澡堂的高热潮湿环境中使用，平均寿命更长而且稳定性更高。如果此时更换设备，不仅耗资巨大，而且会使整个工程延期。但原来定的设备在两年之后就可能会需要更换部分零件。

李科长认为，当务之急是要弄清楚新设备和旧设备到底差距有多大，是否值得临时改变目标，延长计划，更换设备。但是，两个设备的厂商提供的数据参数都无法说明这个问题。

步骤四：收集信息，获得支持条件

李科长让手下的员工小王去查询关于两个设备对比的信息。小王仔细阅读两个设备厂商提供的技术资料，找了一些相关专家了解情况，还到已经开始使用老式IC卡的地方进行调查。综合各方的意见和建议之后，小王向李科长提交的报告中建议暂时不用更换设备，因为新的IC卡目前的配套设施尚未完善，而老IC卡的零件更换相对比较容易。

活动二： 如何落实司庆活动中的联欢晚会计划

如果公司安排由你负责落实司庆活动中的晚会计划，在实现的过程中，你需要做什么？

提示：

1. 你如何向别人分配工作？
2. 你如何保证每个人都认真完成自己的工作？
3. 出现意外情况如何处理？是否需要调整原来的计划？
4. 实施过程中是否需要寻找信息，获得支持？你如何做？

评估：是否掌握了实施计划的技能

一、自我评估练习

如何在解决问题的过程中获取信息？尝试寻找下列信息：

1. 聚乙稀苯对人有何害处，怎么防范？

2. 四川有哪些县市？

3. 北京到常州的中国邮政快递包裹几天能送到？

4. 液晶显示器和CRT显示器有什么区别？

5. 你所在的城市或地区有多少常住人口？

6. 奶酪的制作流程是怎样的？

二、小组讨论，相互评估

分成小组，各自描述曾经顺利完成的一个解决问题的行动计划，并说明自己在完成过程中如何保证计划的实施。组长点评，或请培训师点评。

> 有两种人是在白白地劳动和无谓地努力：一种是积累了财富而不去使用的人，另一种是学会了科学而不去应用的人。
>
> ——萨迪

中

单元综合练习

活动：针对产品销量下降的问题，实施解决方案

根据第一单元综合训练案例10"产品销量为什么下降了？"中提出并选择的解决方案，请你完成以下活动：

1. 为了使这个解决方案获得批准，应该如何争取支持？

2. 制订一个详细的方案实施计划。

3. 说明在实施计划中，应该如何去获取各种信息资源。

4. 说明这个计划可能出现哪些延迟，应该如何预防。

活动建议：

1. 个人先作准备，提供自己的方案，参加小组讨论。

2. 组长点评或请培训师点评。

第三单元 验证方案 改进计划

能力培训测评标准

调整或改进解决问题的方案时，能够——

按照可靠的办法检查问题是否得到解决，并对解决问题的方法适时做出总结和修改。

在检查问题是否得到解决时，能够：

1. 理解检查问题是否得到解决的方法（如澄清情况，对事态的发展状况及解决问题的过程做出说明）。

2. 正确地实施检查（如进行测评、观察、测量或核查等）。

3. 说明检查结果（如对每个解决问题步骤做出结论）。

4. 对解决问题的每个阶段做出决定的原因做出解释（如做出工作方法和选择方案的原因，改变调整计划的原因等）。

5. 说明在解决问题的各个阶段采取措施的成功与不足（如在有效时间和资源条件下是否延误）。

6. 在总结经验的基础上，说明如果遇到同样问题是否有不同的做法。

（摘自《职业核心能力培训测评标准〈解决问题能力单元〉》中级）

以上内容摘自人力资源和社会保障部职业技能鉴定中心制定的《职业核心能力培训测评标准》，是"解决问题能力"模块中的第三个活动要素的内容，我们概括为"验证方案 改进计划"。

为了阐述的方便，我们将本单元的6个技能点概括成为3节的内容：

第一节为"确定方法 实施检查"，涉及前3个能力点，包括了确定检查方法、执行检查、解释结果3个步骤，即说明问题解决的效果。

第二节为"说明结果 解释原因"，涉及第4、5个能力点，主要说明解决问题的过程。

第三节为"利用经验 解决新问题"，涉及第6个能力点，即解决这个问题的方法如何用在解决其他问题上。

这一单元培训的内容是对现有的"问题解决"的经验和方法的总结，目的在于提升我们的经验，扩展我们"经验"的使用领域，应用获得的解决问题的方法去解决工作和生活中出现的类似问题。一个问题解决了，往往又会出现新的问题。工作的过程就是一个不断地解决各种问题的过程。因此，我们要不断地积累解决各种问题的经验，不断地使自己成为一个解决问题的能手。

本单元训练的目的是在检验问题的解决方案到底是否成功的基础上，对问题解决的方法和结果进行评估与鉴定，并能在此基础上总结经验，提升自己解决问题的能力。

反思和总结，是解决问题中一个重要但是又经常被人们忽略的步骤。反思和总结主要有三个目的：确定解决问题的有效性、先进性和合理性；向项目资金提供者或上级主管部门说明方案执行情况；总结解决问题的经验与教训。因此，我们对解决问题的反思和总结主要是三个方面：一是问题解决的效果；二是问题解决的过程；三是问题解决方法的经验教训。

第一节 确定方法 实施检查

目标：掌握检查的方法

有些问题，我们能很容易知道是否得到了解决，以及解决的效果如何。有时有很明确的指标，也容易知道问题是否得到解决。比如，解决营业额下降的问题，要知道措施是否有效，只要看营业额是否上升即可。但更为复杂的问题，就不是一眼能看出来解决与否的。

更重要的是，评估不仅仅是检验方法是否有效，而且是提供一个反思总结的过程。评估并非要到项目结束之后才进行，在项目设计时，就要制定评估指标及建立评估系统。评估，不仅仅是为了检验解决问题的结果，更重要的是在评估的基础上对项目提供支持并加以改进。因此，评估过程中，除了对解决问题的结果进行评估，还需要对解决问题的过程进行分析，包括澄清情况，对事态的发展状况及解决问题的过程做出说明。

怎样掌握常用的检查方法

通过本节的学习，你将能够：

1. 掌握集中检查问题解决结果的方法。
2. 能够正确地实施测试、观察、测量或核查。
3. 能够解释检查结果。

示范：评估问题解决的效果

在案例5关于澡堂改造的问题解决中，工厂澡堂IC卡已经投入了正式运行，但是时间比预期的晚了一个月。职工们慢慢习惯了这种洗澡方式。有人说IC卡的使用大大减少了水资源浪费的现象，而且澡堂的人数也明显减少。同时，也有些人认为，虽然IC卡制度使得每个人的单次洗澡时间减少，但洗澡次数增加，所以用水总量不变。而且在使用IC卡洗澡时，由于担心时间，总是匆忙洗完，觉得很不习惯。

经过前面的努力，澡堂用水浪费问题的解决方案已经实施完毕。在写总结报告时，李科长要陈述IC卡方案实施后的结果，是否真的解决了洗澡拥挤和水资源浪费的问题？职工对这个解决方案的满意程度如何？李科长应该用哪些指标来说明解决问题的结果？

如何选择确定问题是否得到解决的方法，并实施这些检查方法，最后说明检查结果。包括：

1. 如何获得这些指标的数据？
2. 如何根据数据解释结果？
3. 如何判断问题是否得到解决？

示范：评估问题解决效果的方法

解决问题的方案开始执行时，你就应该开始进行评估。根据评估执行的时间和内容，方案可以分为两种：一种是对解决问题的过程进行分析说明，这类评估起始于计划实施，贯穿于计划执行的全过程，称为过程评估；一种是对方案实施后的状态进行评估，主要评估近期目标、中期目标和远期目标实现的情况，称为结果评估。在本节，主要讨论第二种评估，即结果评估。下一节再讨论过程评估。

在第一单元第一节，我们曾经学过应尽可能地制定明确、可以量化的解决问题目标，这不仅有助于寻找解决问题的方法，也能够更清楚地知道问题是否已经解决。以"产褥热"的问题为例，问题解决的目标是"使第一产科医院的产妇死亡率下降到至少与第二产科医院相同的水准"。如果经过努力，第一产科医院的产妇死亡率从高达22%下降到了1.3%——与第二产科医院同样的水准，这就表明所采取的措施有效，达到了预定的目标。但是如果经过了一段时间的努力，第一产科医院的产妇死亡率虽然下降了不少，达到了5%，但仍然没有达到预定的目标（与第二产科医院相同的水准——1.3%），那么问题仍然还没有得到解决。"问题基本得到了解决"、"问题得到了很好的解决"、"问题仍然没有得到很好的解决"，等等结论性意见就是我们在问题解决后所下的评估性的结论。

下面，介绍确定解决问题是否有效的方法和步骤。

一、确定检查方法

1. 前测和后测

结果评估的重点是说明解决问题之后的状态。为了说明解决问题是否有效，应该注意记录方案实施前的状态，以便与方案实施后的状态进行对比。在中级第一单元里我们曾经谈到，要确定问题的当前状态需要收集信息，实际上这是一种前测的方法。你开始思考问题的时候，可以使用粗略的收集信息的方法。但是，当你开始解决问题时，最好使用设计好的评估方法进行前测，以便与解决后的状态进行比

怎样确定具体的检查方法，什么是过程评估与结果评估

较，使解决后的结果能够更有说服力。

前测是在计划实施之前就应该考虑的问题，而后测是解决方案完成或者执行到一定阶段的时候进行的。为了能够比较，需要使用同样或者类似的方法收集数据。

例如，有顾客抱怨某商品的售后服务不好，厂家决定采取措施。怎样说明采取的措施取得成效？显然应该比较措施实施前后顾客对售后服务的满意度。可以在措施实施之前和之后分别进行调查，也就是进行前测和后测，然后对比两次调查的数据，说明问题是否得到了解决。

怎样实施检查测量

2. 测量方法

根据评估的指标不同，还可以分为客观指标和主观指标。客观指标主要指解决问题之后观察到的客观变化，比如澡堂制度改革以后人均用水量的变化，澡堂同时容纳人数的变化。主观指标主要是指解决问题之后，与问题直接相关人员的心理感受，例如澡堂改革之后职工的满意程度。

（1）主观指标

对问题解决前后的状态进行测量的方法可以分为定性和定量两种。根据评估使用的方法，可以分为定性评估和定量评估两种。常用的定性评估的方法有：焦点问题小组访谈、深度访谈、观察法、追踪了解情况等。常用的定量评估方法主要是问卷调查法。以下，是几种常用的评估方法。

常用的定性评估的方法有：

焦点问题小组访谈、深度访谈、观察法、追踪了解情况等；

常用的定量评估的方法主要是问卷调查法。

焦点问题小组座谈。由一个经过训练的主持人以一种自然的形式与一个小组的被调查者交谈。主持人负责组织讨论。小组座谈法的主要目的是为了获得用户对某个产品或者项目计划实施情况的看法。这种方法是用户体验研究中常用的方法。一个小组一般由2～8人组成，一般需要采访2～4个小组。

深度访谈。深度访谈，是通过对被访者进行深入访谈，以揭示被访者对某一问题的潜在动机、信念、态度和感情，特点是直接的、一对一的访问。一次深度访谈可能要花上30分钟甚至1个小时以上的时间。在进行访谈时，虽然访谈员事先有一个粗略的提纲，并试图按照提纲来采访，但在问题的具体措辞和顺序上要按照被访者的反应来灵活实施。为了获取有意义的、能揭示内在问题的反应，访谈技术是十分关键的。

忘掉失败，不过要牢记失败中的教训。

问卷调查法。也称问卷量表法，是针对用户群的数量庞大且目标比较明确的产品而采用的一种调查方法。应根据心理统计和测量学的要求，按照目标编制问卷和量表，收集最真实可信的问卷量表数据，并进行科学的统计分析。

（2）客观指标

客观指标相对主观指标来说，在收集方面更为简单。一般有两种类型的客观指标来源：一种是已经收集上来的数据，你只需要向有关部门询问即可。例如，某公司最近的员工士气下降，主管认为这个问题在营业额上能够反映出来，而营业额的数据是由公司的某个特定部门定期统计的数据。收集这类数据，你只需要找到合适的部门，经过上级授权即可获得。还有一种类型的数据来源没有相关部门提供，你必须通过观察、测量等方法获得。例如，某村子附近的一条河流遭到污染，那么污染程度有多重？你需要对具体的污染指标进行测量。这些指标，你需要与行业专家进行讨论，确定检查方法。

二、实施检查或测量

检查方法确定之后，就要开始组织实施，收集数据。在这一过程中，需要注意以下问题：

测试过程严格控制。主观指标的测量要注意除了问卷之外，还需要管理者说明、访谈员说明、记录纸和可视辅助材料等。除此之外，对过程的控制也包括调查对象数量的控制、问卷的分发与回收、回收问卷的审查，还要谨慎选择测试样本。样本的选择有很多方法，主要可以分为概率抽样和非概率抽样两类。

概率抽样是从调查研究的总体中，根据随机原则来抽选样本。概率抽样调查有3个突出特点：按随机原则抽选样本；总体中每一个单位都有一定的概率被抽中；可以用一定的概率来保证将误差控制在规定的范围之内。

非概率抽样是指抽样时不遵循随机原则，而是按照研究人员的主观经验或其他条件来抽取样本的一种抽样方法。这种方法与研究人员的经验和主观意志有很大关系。因此，非概率抽样在应用时更需研究人员具备深厚的背景知识与相关经验。

虽然概率抽样的结果明显优于非概率抽样，但实际中的调查往往无法达到经典教科书中概率抽样方法的要求。因此，实际应用中通常将两者结合使用，非概率抽样是对概率抽样的一个很好的补充。

三、说明检查结果

通过测试收集数据以后，需要对数据进行解释。解释数据结果需要注意几个问题：

1. 在解释结果之前，要了解方法可能造成的结果的差异。有些问题涉及到的因素很多，情况复杂，此时结果受调查方法的影响就会相当大，尤其是抽样方法的影响。通常这样的分歧出现在市场占有率、用户满意度等涉及范围较广的指标上。你在报纸上往往能看到两个公司争论调查数据的差异。例如，曾经有过的长虹和TCL的彩色电视机市场占有率第一之争；恒基伟业和名人的PDA第一之争；用友、金

怎样说明检查结果

碟、速达的市场占有率之争；联想、DELL的台式电脑市场占有率之争；新浪、搜狐之争；可口可乐、百事可乐的口味之争等等。

对于解决问题的人来说，你需要做的是从数据中获得有价值的信息。因此，必须选择客观适用的方法进行调查，在解释数据时要完全清楚地说明所采用的调查方法，以便其他人了解你所解释的结果的适用范围。

2. 处理原始数据。用统计学的方法处理数据，可以使原始数据从难理解变成易理解，并从原始数据的偶然性中揭示出隐藏的某些必然规律。用统计学处理原始数据时，首先要通过分组将原始数据重新排列，制作频数表，然后算出均数或百分率，并用显著性检验所得的P值来判定其组间差异的意义，以获得包含在原始数据中的信息。

3. 用文字或统计图表将它们表示出来。结果的表达形式有表、图、文字3种。

统计图比统计表更便于理解与比较，但从统计图中不能获得确切数字，所以不能完全代替统计表。常用的统计图有直条图、圆形图、百分直条图、线图、直方图、散点图等。直条图利用直条的长短来表示按性质分类的资料各类别的数值；圆形图和百分直条图适用于百分构成的资料，表示事物各组成部分的构成情况；线图和直方图用于按数量分组的资料，如时间、年龄、身高、体重等有连续性的指标；散点图用以表示两种事物的相关性和趋势，一般横轴代表自变量，纵轴代表因变量。

文字表达要求简洁明了，和图表表达不要重复，力求用最少的文字、最简洁的语言把结果表达清楚。文字表达应当是要点式叙述，可分几项撰写，每一项报告一组数据，使读者一目了然。图表的表达应符合统计学的规定。

4. 说明解决问题的结果。检查结果出来之后，就要根据检查结果对解决问题的效果作出结论。你要回答的是这样一个问题：问题是否真正得到了解决？

你可以将解决问题之后的目标状态与原来的状态进行比较，如果解决之后与解决之前有显著差异，那么说明你解决问题的措施收到了一定的成效。但是，并不能说明你就真正解决了问题。各种指标要达到你实现确定的目标状态，问题才算真正解决了。

例如案例6中第一产科医院的产妇死亡率问题，在问题出现的时候该医院产妇的死亡率高达22%，如果在经过一段时间的努力后，虽然产妇的死亡率下降了不少，降到了5%——但仍然没有达到预定的正常死亡率1.3%，那么我们可以说该医院在解决产妇死亡率居高不下的问题上虽然有了一定的成效，但仍然没有达到正常的水准。该医院在降低产妇死亡率上还应当继续寻找原因，继续降低产妇死亡率。这就

数字和图表比你能说话。

255

是我们在对该医院解决产妇死亡率问题后所做的文字性评估。当然，应当说明的是在案例一中该医院已经找到了导致产妇死亡率居高不下的根本原因，并且已经将产妇死亡率降低到了正常水准，那么我们如果要对该医院解决该问题的状况进行评估的话，就应当得出"问题已经得到了有效解决"的评估结论。

行动：实施检查，评估结果

活动一： 继续分析案例5，检查澡堂改造的效果

李科长准备评估IC卡改革的效果。根据这个问题的解决目标，改变澡堂拥挤的情况和减少澡堂里浪费水的情况是评估的重点；此外，职工对这项制度改革的满意程度也是一项重要的评价指标。

李科长针对这3个评价目标，分别选择了不同的检查方法：

第一种：减少澡堂拥挤情况的目标。通过澡堂门口工作人员记录进出澡堂人数，计算某一个时间段内的平均人数。为了确保检查结果的有效性，他要求在早上、中午、晚上3个时间段分别连续统计一周。

第二种：减少澡堂里浪费水的情况。根据澡堂的日均耗水情况，计算人均耗水量。与第一种方法一样，李科长要求连续统计一周。

第三种：职工满意度评价。李科长决定使用访谈和问卷结合的方法。制定问卷，在全厂发放，收集更多职工的意见。

李科长将这些计划交给后勤科的小陈去实施。小陈制订了一个深度访谈的提纲：

1. 你认为采用新制度之后，澡堂的拥挤状况是否有所改变？

2. 新制度是否使你洗澡的方式发生变化（例如，更快、或者由于担心计时而非常匆忙、或者减少单纯冲水的时间）？

3. 你认为新制度可以促使大家节约用水吗？

4. 你对新制度最满意的是什么？

5. 你对新制度最不满意的是什么？

小陈首先寻找十几名不同部门的职工，根据以上提纲向他们询问对新制度的看法。根据访谈的结果，他设计了一份问卷，并在全厂发放，收集数据。

最后，小陈统计了数据结果，发现澡堂每天的耗水量只有以前的1/3，大大提高了节水效果。而且，从职工回答问卷的数据来看，职工普遍认为澡堂比以前人更少了，75%的人认为新制度比旧制度更好，只有12%的人认为旧制度比新制度好，10%的人认为两种制度差不多；79%的人认为这项改革有利于节约水资源。调查结果充分说明：

澡堂计费制度的改革非常成功。

活动二：评估新型电子笔的使用效果

用什么方法评估下面这种工具？应该采用哪些指标？如何进行统计？

·案例 15·　　　　　　　新型电子笔效果如何

　　某IT公司开发了一种新的电子工具帮助学生记笔记。这种工具可以将教师上课时呈现的PPT与学生的笔记本电脑同步，并且允许学生边听课边在PPT上做笔记。课程结束以后，教师将PPT以及讲课的录音同步打包发给学生，便于学生复习。

评估：是否掌握了检查的方法

分析案例16，自我评估：

·案例 16·　　　　　　　新式水槽真的好用吗？

　　有一个厨房清洁用具生产厂家经过调研，发现很多人抱怨在使用水槽洗菜时，没有一个可以顺手扔垃圾的地方。为了解决这个问题，这个厂家生产了一种新式水槽，在两个水槽之间设置了一个垃圾盒子。

　　应该用哪些指标来说明这个问题的解决结果？应该如何获得数据？

提示：

1. 应选择客观指标还是主观指标？

2. 主观指标选用哪种评估方法？为什么？

3. 设计一份深度访谈的提纲和一份调查问卷。

4. 应选取哪些人作为调查对象？

5. 在调查过程中应该注意哪些问题？

6. 能用统计表、统计图和文字说明检查结果吗？

第二节 说明结果 解释原因

目标：学会说明结果，解释原因

完成解决方案的实施以后，除了要对解决问题的结果进行评估以确定问题是否得到了解决之外，还需要对这个方案以及实施方案的过程进行评估，并分析在解决问题的过程中各个阶段的成功和不足。例如，说明在某一步为什么选择某种工作方法或者方案，计划是否有调整，为什么调整，计划是否有延误等等。

通过本节的学习，你将能够：

1. 回顾解决问题的每个步骤，对每个步骤的决策作出解释。

2. 总结每个阶段的成功和不足。

3. 撰写项目总结报告。

示范：回顾并解释解决问题的过程

怎样说明结果，解释原因

在前一节，李科长已经使用各种检查方法获得了项目实施结果的数据，这仅仅是项目总结的第一步。如果从获得的数据来看，项目获得了成功，但还需要对项目的过程进行进一步的反思和总结。需要思考：项目为什么能够成功？项目的执行中是否仍然有值得改进之处？在项目执行过程中是否对计划进行了调整？调整的原因是什么？

如果从获得的数据来看，项目没有取得成功。那么就需要反思：项目失败的原因是什么？每一个步骤取得了哪些成功和失败？哪些步骤是导致整个项目失败的原因？

对解决问题的过程进行总结时，要学会将这些总结用书面的形式呈现出来，以便让上级或者其他相关人员对项目的过程、结果和经验教训一目了然。

准备：总结解决问题过程的方法

这一节，主要针对评估的过程进行总结，即对解决问题的过程进行分析说明并撰写总结报告。过程评估最好在每一个阶段结束时进行，即根据每一个阶段的发展，仔细检查原定计划的执行情况，查找方案中是否存在错误或者考虑不周的情况。为了能够更好地发现潜在的问题，经常集体讨论方案的假设和逻辑非常必要。

总结解决问题过程的
方法有哪些

一、澄清解决问题的每个步骤，并解释每一步决策的原因

1. 澄清解决问题的每个步骤

在制订解决问题的计划时，你可能已经将每一个步骤和完成每一步的时间都列出来了，但是，在执行过程中，这个计划的时间、步骤、方法可能变动了多次。每一次变动，你都应该在原有的计划表上记录。为此，你要将每次执行计划的记录整理出来，再用列表的方式表示。

表3-1　计划执行表

步　骤	执行结果和效果	时　间	调整及原因说明

2. 解释每一步决策的原因

上述表3-1的最后一栏要填写决策、调整计划的原因。在执行计划的过程中，你如果发现原计划不符合实际情况，就需进行调整，但要注意尽量不对大的行动计划作调整。偶尔的也会出现对整个解决问题的方案进行调整的做法，此时决策的原因非常复杂，你需要向上级或者拨款单位说明。

通常情况下，可以将原因分为两大类：

一是主观原因，包括个人经验、性格特征、计划的合理性等。

二是客观原因，包括可用资源、时间、地点、信息、市场大环境等。

二、评估解决问题的过程

这里不是对计划中每个步骤执行情况的反思，而是针对整个问题的解决过程，从提出问题到实施方案的反思。可以用下面的方法来对照检查你的每一步：

1. 提出问题阶段

你对有关问题的信息是否有过质疑？在开始思考问题并寻找解决的方案时，你寻找了哪些关于此问题的信息？某洗衣机厂家得知有农村的客户经常使用洗衣机来洗土豆，打算设计一款专门用于农村用户的有大排水管的洗衣机。那么，厂家应该收集哪些关于农村工作环境的信息？他们经常用来洗的土豆有多少？上面有多少泥？农村的电力供应情况如何？他们认为现在的洗衣机有哪些问题？这些都是必须回答的问题，可以避免设计方案失败。

2. 提出解决方案阶段

方案是否真正、彻底地解决了问题？此方案实施的后果是否都考虑到了？方案有没有错误？是否争论过这个方案的利与弊？方案是否有可以改进的地方？这个方案是否经济合理？是否满足用户的要求？这个方案安全可靠吗？检查论证的程序与逻辑怎样？

解决方案的提出和确定是问题能否正确解决的重要步骤，因此对这一步骤的检验至关重要。你需要认真地回顾问题的解决过程，如果你足够仔细，就可以发现方案中隐藏的错误并及时修改。

3. 寻求支持阶段

你最大可能地获得了上级和同事的赞同吗？寻求支持的过程中哪部分做得最好？寻求支持的过程有什么不足？还有什么地方需要改进？

4. 制订计划阶段

有没有考虑到意外的情况？时间安排是否合理？

5. 执行计划阶段

是否有临时变更计划的情况？变更的原因是什么？是否存在监管不力的情况？

三、分析成败的原因

首先要知道，分析原因不是根据结果为自己辩解，而是尽量从客观的角度，分析决策的原因，为以后的工作积累经验。通常，我们在寻找原因时会受个人归因方式的影响。归因方式是指人对行为的原因进行推测与判断的过程，每个人都有自己习惯性的归因方式。归因方式主要包括两个维度，一个是归为外部原因与内部原因，另外一个是归为可控原因与不可控原因。外部原因是指环境因素，如工作设施、任务难度、机遇等；内部原因是指解决问题的人所存在的内在原因，

怎样评估解决问题的过程

Ashcraft(1998)提出了有利于问题解决的10种方法：

1. 增加相关领域的知识。
2. 使问题解决中的一些成分自动化。
3. 制订比较系统的计划。
4. 作出推论。
5. 建立子目标。
6. 逆向工作。
7. 寻找矛盾点。
8. 寻找当前问题与过去相关问题的联系。
9. 发现问题的多种表征。
10. 多多练习。

怎样分析成败的原因，撰写总结报告

如计划的详细程度，员工的性格、情绪、努力程度等。可控原因是指个体可以控制的原因，比如努力程度；不可控原因则是指人不能控制的原因，比如运气。

有些人在为错误寻找原因时，喜欢归因为外部原因，比如其他部门没有很好地配合，这样可以保护自尊；如果归于外部可控因素，比如工作设施不完善，那么可以让个体继续努力改进；如果归于外部不可控因素，有些人则可能会继续努力工作，但是不会对工作方法有改进；归于内部的原因，如果是可控的，比如努力程度，会促使个体下一次更加用心；如果是不可控的，例如工作能力，会降低自信心，降低以后工作的积极性。

了解人有不同的归因倾向，是为了在寻找问题出现的原因时尽可能地客观，避免由于习惯方式的影响而忽略某些原因。最好用一张表对照两个维度4种类型列出各个方面的原因。如果有可能，不要你一个人进行解释，最好在小组会上讨论，寻找原因。

例如，有一位部门经理，面对本部门上个月业绩下滑的情况提出了一系列措施，一个月以后部门的业绩略有回升，但是并不太乐观。部门经理认为这是员工工作懈怠的缘故，认为公司应该改革薪水制度，提高员工的工作积极性。但是，如果用归因列表仔细分析，可能会发现不同的原因：

表3-2　某部门业绩归因列表

	可　控	不可控
内部	上级跟员工的沟通不够好，没能激发他们的工作动力	员工的素质太低
外部	几个大客户被竞争对手抢走	整个行业不景气

四、总结经验，撰写总结报告

通过总结，可以全面系统地了解以往的情况，明确哪些是应该肯定的，哪些是应该纠正和避免的，从成功中汲取经验，从失败中吸取教训，以便下一步更好地实践。

1.总结报告的内容

（1）基本情况。即情况的概述，包括地域、时间、人员、自然条件、社会情况、工作内容、进程、现状等。

（2）成绩和缺点。肯定成绩，找出缺点，这是总结的目的。要重点写出成绩有哪些，缺点有哪些，表现的程度，并分清主流和支流。

（3）经验和教训。对实践中得到的经验和教训进行分析、研究、概括、集中，提高到理性认识，作为今后的借鉴。

（4）存在的问题和下一步意见。包括暂时没有条件解决或没有办法解决的问题，提出下一步解决的意见和措施。

2. 总结报告的写法

如何撰写总结报告，可以参考与人交流能力训练中的相关部分。通常，一份总结报告包括以下几部分：

标题。标题要简明扼要，清楚地反映总结报告的主要内容，例如"关于××厂澡堂计费制度改革项目的总结报告"。

摘要。可以放在最前面，也可以放在最后。它用来说明你如何处理问题，并简要说明你发现的重要结果。通常300～500字就可以了。

介绍问题。介绍问题是什么，为什么这个问题值得去解决，并提供相关背景材料，表述基本问题并讨论、分析，提出解决的思路。

解决方法。具体描述解决问题的方法和步骤，包括涉及到的资源、资金和人员。

结果。说明你评估解决问题的方法和结果。

结果讨论。说明为什么结果是这样，是否和预期的保持一致。你应该说明哪些与预期的符合，哪些不符合。

结论。对整个解决问题的结果作出总结。

经验教训及建议。反思解决问题的各个步骤，说明每个步骤的成功与不足，给出对以后工作的建议。

附注。列出你这份总结报告中参考的所有资料的来源。

3. 好的总结报告的标准

写总结应注意：要掌握全面情况和进程，防止以偏概全，挂一漏万。要如实地反映情况，对成绩不夸大，对缺点不掩饰。要科学地分析整个实践活动，从中找出规律。文字要简明扼要，材料要剪裁得体，分清主次轻重，条理要清楚，注意用观点统率材料。在写作上，一份好的总结报告有以下几个特点：

（1）格式符合要求。

（2）结构符合逻辑。

（3）观点的论述有逻辑性。

（4）适当安排图表。

（5）主题鲜明。

（6）写作清晰明了。

行动：分析总结问题解决的过程

活动一：总结案例5中澡堂改造项目的执行情况

从执行计划开始，李科长就将解决问题的每一个步骤列了出来，并将每一步执行结果记录下来，说明执行结果调整的原因。这个项目比原定计划延迟了1个月，其分析过程可以如表3-3。

表3-3　执行过程及调查结果

步　骤	执行结果和效果	时　间	调整及原因说明
项目初步设计	设计了初步方案	按时完成	无
项目审批	获得审批	按时完成	无
确定技术方案	确定最终技术方案	按时完成	无
前期准备	调动人员、资金	按时完成	无
设备采购	从3家公司中选择了A公司	延期1周	调整了原定的厂商，调整计划时间
安装施工	改造澡堂设备	按期完成	无
调试（硬件、软件）	硬件、软件	按期完工	
试运行：发水卡	公布澡堂改革文件；全厂80%的职工在两周内拿到了新水卡	发放时间延长1周	由于正值"五一"长假，发放工作延长了时间；且职工意见大，增加了宣传工作
试运行：IC卡启动	使用两周后，有三分之一的龙头不能出水，又进行改进调整。	延期4周	重新更换龙头
正式运行			

每当一个阶段的工作结束以后，李科长都仔细检查计划执行的情况，并思考在方案中出现错误和考虑不周的地方。在整个计划中，有3处明显的延误和调整：IC卡设备采购；IC卡的调整；试运行。尤其是试运行中出现的水龙头问题，在原来的计划中并没有预料到，风险评估里也没有涉及，导致问题出现以后没有采取及时的补救措施，最终使整个工程被延误长达4周。在总结报告中，李科长对此要进行详细说明。

活动二：小组活动

小组成员各自描述自己解决问题成功或失败的例子，叙述其解决问题的过程，并总结其中的成功和不足。

评估：是否掌握了总结的方法

一、自我评估

1.列表法是否能够熟练运用？

2.是否撰写过总结报告？上交给领导的工作总结，领导评价如何？

二、小组评估

小组讨论分析案例6"产褥热"问题的解决过程。组长点评或相互评论。

要求：

描述"产褥热"问题解决的过程，用核查表总结并说明每一步作出决策的原因，总结整个问题解决过程中的成功和不足。

第三节 利用经验 解决新问题

目标：学会利用经验，解决新问题

人们通常能够从过去的事情中获得经验，并将这种经验用在以后类似的场景中，从而有能力面对越来越复杂的环境，解决越来越多的问题。但是，如何分辨新的问题，是否与以前处理过的问题类似，是否能使用以前的方法，却不是容易做的事。通常情况下，专家和新手的区别就在于专家能够敏锐地发现两个问题本质上的相似和区别，而新手却往往只能看到表面的相似。

怎样利用经验解决新问题

本节的训练我们将学会在面对新问题时，如何通过类比旧问题的解决过程，借鉴解决方法，并吸收经验教训。通过本节的训练，你将能够：

1. 指出两个问题的相似和区别。
2. 说出是否能用原来的方法解决新问题。
3. 在用原来的思路解决新问题时，方法应该有哪些改变。

示范：面对新问题，如何利用经验

· 案例 17 ·　　　　　　　　　**户外活动遇险**

　　王峰是一个户外俱乐部的领队。他带领1个户外俱乐部的10名成员到郊区进行为期2天的登山活动。山里没有手机信号。登山刚开始2个小时，其中1名女队员突然摔倒，双手撑地的时候右手胳膊脱臼，王峰判断她的伤势严重，必须停止继续登山。最后决定由1名男队员护送这位女队员下山到镇上最近的医院就医。王峰带着其余队员继续登山。

　　第二次王峰带领10名成员到沙漠探险，计划在沙漠里行走3天。在进入沙漠腹地之后的第二天下午，有1名队员肚子疼，休息1个小时之后情况仍没有好转。此时离最近的公路有1天的行程，而且也没有手机信号。

在第一次遇到困难时，王峰成功地解决了问题。在这时需要总结

经验，以便遇到类似问题时，能够迅速判断是否能用相同的方法。

在第二次遇到困难时，王峰面临的问题就是将第一次困难与第二次进行比较。

1.两个问题有哪些相似之处？有哪些区别？

2.能否用上第一次解决问题的方法解决当前的问题？

3.如果能用以前的方式，那么这种思路运用在新问题中需要做什么样的改变？

准备：学习比较问题的方法

类比是将过去的经验用于现在情景中最重要的一步，类比意味着要描述问题的相似性，让我们指出几个问题的相似性和差异性。

怎样应用比较问题的方法

东汉时期的著名医学家张仲景曾经经历过这样一件事：有一次他看到一个上吊的人似乎断气了，大家都认为这人死了。张仲景想："这人也许是憋昏过去了，小猪掉进水里憋了气，人们有办法救活，那这个因为上吊而憋气昏过去的人也许能使用同样的办法救活。"于是张仲景让周围的人把上吊的人平放在床板上，叫两个人在他的头部两侧，把昏迷者的两只胳膊一会儿往上抬，一会儿放在胸前。张仲景则用双手抵住他的胸部和上腹部，压一下再松一下，和那两个年轻人配合着动作，连续做了20分钟，那人终于慢慢嘘气了，不一会儿睁开眼睛，最后完全清醒过来。

张仲景在面对有人上吊的问题时，将这个问题与以前曾经遇见过的类似的问题进行比较，想到上吊和溺水之间的相似性，并判断它们是同一原理，由此找到了解决问题的办法。

问题通常呈现出表面特征，同时也具有更抽象的结构特征。表面特征往往代表着结构特征，例如红色的苹果和红色的西红柿，红色是它们的表面特征，成熟的水果是它们的结构特征，而红色往往就意味着成熟。但是，在更多的时候，表面特征和结构特征并不一一对应。类比问题的关键就在于能够指出表面相似，并看到结构相似。下面，我们对这两种相似一一解释。

一、表面相似性

表面相似性，就是指原来的问题和后面的问题有相似的内容。例如，假如你看过电影《东方快车谋杀案》，并且对里面的情节记忆犹新。如果某一天当你听说在兰州开往北京的火车上也发生了一起谋杀案，"火车"、"谋杀案"，你自然就会想到刚看过的电影《东方快车谋杀案》，也许就会将这两个不同的故事进行类比。假如你是破案人员，也许就会从《东方快车谋杀案》的破案情节中得到一些破案的启发或者思路。那么，你为什么会联想起《东方快车谋杀案》的情节呢？这就是表面上的相似性："火车"、"谋杀案"。

此外，如果你听说在某个轮船上也发生了一起"谋杀案"，或者听说在某个飞机的卫生间内发生了一起谋杀案，你是否会联想起《东方快车谋杀案》电影呢？"轮船"、"飞机"、"火车"都是交通工具，它们之间有一定的相似性，都属于交通工具的范畴，产生同样的联想也不奇怪。这就是我们所说的表面的相似性。同样是"谋杀案"，作案的动机、受害的对象、作案的方法可能都不相同，但都是在交通的途中发生的这一点却是相同的，也许作为破案人员能够从这里面找出某些规律性的东西，这就是利用表面的相似性获得解决问题的启迪的一种比较的方法。

一般来说，从表面相似性上获得解决问题的经验，获得解决新的问题的启迪，要侧重于对这种"相似性"的共同特点进行准确的把握与归类。比如，上面提到的"火车"、"飞机"、"轮船"它们的共同点不但都是一种交通工具，并且都是一个封闭的空间，还都具有同样的载人的功能，因此具有一定的可比性。如果换成是"在某个商场内发生了一起谋杀案"，这与《东方快车谋杀案》就没有什么可比性了。

不仅仅是同一类的事物有相似性，有时候不同类的事物由于特征相同也会有相似性。例如，西红柿和一个穿着红衣服的女孩子，两者的相似之处在于颜色，不过两者除了这点表面特征之外毫无其他共同点。在有些问题上这个共同点没有作用，但是如果一头发怒的公牛冲过来，这仅有的一个共同点就会成为问题的关键。

二、结构相似性

结构相似性也称为关系相似性，是指一个问题中对象间的关系能够对应于另一个问题中对象间的关系；换句话说，也就是两个问题之间有相同的抽象原则。表面特征的匹配让我们可以在一定的水平上去利用相似性，但是，更多的情况下，关键在于结构相似性。

下面，用一道简单的关系类比问题说明结构相似性：

面粉与馒头可以类比以下哪种关系？

A. 鱼与池塘　　B. 鸡蛋与母鸡

C. 米与米饭　　D. 茶叶与茶水

由于面粉可以做成馒头，而米可以做成米饭，因此面粉与馒头的关系就相当于米和米饭的关系。类比的过程是先从两种具体的事物中概括出一般的关系，然后再进行类推，把这种抽象的关系推用到对

什么是类比中的结构相似性

类比问题的关键在于结构相似。

另外两种具体事物的认识上。所以，类比推理是对两组事物之间对应关系的直觉发现。依据这种同构关系的发现，推测这两组之间除了已被察觉的相似点以外，大概还会有其他相似点，于是就直接从一个对象的已知属性，推导出另一个对象相对应的未知属性。类比基本形式是：A与B的关系就像C与D的关系。

> **·案例 18·**　　　　　　　　　　　**堡垒问题**
>
> 　　在战争时期，一个独裁者住在一个牢固的堡垒中统治全国。这个堡垒位于国家的中央，四周都是农场和村庄。一位将军在边境发动起义，计划要攻下堡垒，解放全国。如果整个军队同时进攻，就会取得胜利。但是，在每个方向的道路上都埋了地雷，只有小部分人可以通过雷区，大规模的武装力量经过时会引爆地雷，使攻击行动失败。将军应该如何成功夺取城堡？一个好办法是将兵力分散，从各个角度攻入，这样避免了地雷爆炸，也可保证有足够的攻城力量。

> **·案例 19·**　　　　　　　　　　　**肿瘤问题**
>
> 　　一名医生面对一个胃里有恶性肿瘤的病人，由于病人的身体问题，只能通过不开刀的方式。有一种射线可以杀死肿瘤，但是这种射线经过时同样也会损害健康的组织。低强度的射线不会对健康组织造成影响，但是其强度也无法消除肿瘤。如何利用射线来消除肿瘤？可以采用分散的方法，即用多个强度不高的射线集中对付肿瘤。

　　以上两个案例表面看起来毫无关系，但是它们都涉及到分散—集中的策略。因此，这两个问题在结构上类似。如果用图表示的话，就是这样的关系（如图3-1，图3-2）：

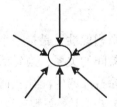

图3-1 "堡垒问题"示意图　　　　　图3-2 "肿瘤问题"示意图

　　利用类比解决问题，可以：

1. 根据新问题寻找相似的旧问题

　　在遇到一个新问题时，我们要去寻找有没有一个曾经解决过的相似问题。一旦找到一个问题与现在的问题在某种程度上相似，那么解决原有问题的程序就可以被应用于新问题。这一步非常困难，特别是当两个问题没有表面特征相似，只有结构特征相似的时候（例如堡垒

怎样利用类比方法解
决其他问题

问题和肿瘤问题）。有两个步骤可以帮助你训练这种类比能力：

（1）总结问题的原理。当遇到新问题时，通过问题的特征和特征之间的联系，总结这个问题的抽象信息或者原理，例如将堡垒问题总结为"集中攻击就会遇到阻碍，减弱强度又会无法攻破"，根据这个较为抽象的叙述再从记忆里寻找与之类似的旧问题，人们也许就可以想起以前同一个类型的问题。将抽象作为桥梁，就可以将两个表面特征不同，但结构特征相似的问题联系起来。因此，利用旧知识的经验的关键，在于是否能从表面问题中抽取出抽象的原理。

你看到正方形了吗？

图3-3　有趣的心理学图形

（2）将新问题转化为已知的旧问题。把未知问题转化为已知问题的思路在某些情况下是非常有作用的，而且很多问题也是这样，随着事情的发展，一个新问题就转化成了一个已知的旧问题。

例如，我们大家都知道，当身体出现不适时，在城市里如何解决这个问题（打车到医院或者拨打120）。因此，对于前面提到的登山受伤问题，王峰他们最好的解决方法就是尽快进入城市，即将一个新问题转化为一个已知解决方案的旧问题。

2. 调整解决方法，解决新的问题

虽然我们找到了与新问题相似的旧问题，并准备采用旧问题的解决方案，但原来的解决问题程序并不能完全照搬，必须经过调整才能适应新问题。即使两个问题在表面特征和结构特征上都相似，但是也可能因为一些其他因素而不能完全照搬已有的方法。

以"堡垒问题"和"肿瘤问题"为例，虽然这两个问题在结构上一致，但是有些细节有差异，例如兵力很容易被分成几个部分，但是要把射线分成几股，就有一定的技术难度。如果使用几台放射仪，又会涉及到医院是否有这么多设备的实际问题。必须要对旧方法根据新问题的特征进行调整，才能用来解决新问题。

行动：是否掌握了比较问题的方法

活动一：分析案例17"户外活动遇险"

王峰认为，这次的问题与上次的问题的相同之处有以下几点：

1. 队员中有人出现身体异常状况。

2. 全队处在离救援处较远的地方，而且都没有手机信号，不能与外界联系。

3.全队的计划没有完成。

不同点有以下几点：

1.第二次比第一次离救援力量更远，第一次只需要2小时就可以到达镇上，第二次至少需要1天。

2.第一次队员的伤势虽重，但只是外伤，而且由于没有伤口，不会感染，所以情况明了，不会进一步恶化。第二次队员的身体情况不明，王峰很难判断队员肚子疼的原因，不知道是会进一步恶化还是很快就会好转。

如果你手上唯一的工具是一把锤子，那么你就会把所有的问题都看得像钉子。

——马斯洛

王峰认为，由于这两个不同点非常重要，使得第二次的问题和第一次的问题在本质上有区别。因此，第二次并不能完全参照第一次的做法。他认为，第二次需要全队立刻改变计划，向离沙漠最近的公路进发，并与最近的医院联系，请他们派医生前来救援。但是，由于两次问题也有相似之处，都处在一个离救援处较远而且失去与外界联系的地方，因此也会利用第一次的部分经验。比如，在撤退的过程中不断尝试手机沟通，一旦出现信号，立刻请求救援，等等。

活动二：小组讨论

请说出工作生活中遇到的两个相似的问题，并分析两者的相似点和不同点，小组成员相互评价是否准确恰当。

评估：是否能用经验解决新问题

一、类比练习

下面四个答案中哪个与问题有相似的结构关系？

1.汽车：运输

　A.鱼网:编织　　　　　B. 编织:鱼网

　C.捕鱼:鱼网　　　　　D. 鱼网:捕鱼

2.轮船：海洋

　A.飞机:海洋　　　　　B.海洋:鲸鱼

　C.海鸥:天空　　　　　D.河流:芦苇

3.深山：老虎

　A.生猪:工厂　　　　　B.教室:学生

　C.农民:阡陌　　　　　D.野兽:旷野

二、案例分析练习

分析案例5，说明下面的问题与该案例问题的解决在表面和结构上的相似程度如何？

1. 工厂工人原来的工资按照工作时间计算，但是发现工人们消极怠工现象比较严重。随后改为按件计工资。

2. 某健身俱乐部推出两种卡，一种是年卡，2200元，一年之内任意去；一种是次卡，共有40次，1200元。

3. 某大学开始实行的工资制度是按职称定工资，后来发现到达一定职称之后的教师都不愿意教课，便改为除基本工资以外按课时定工资。但是，随后又发现教师不愿意做科研，最后又增加了按科研成果定工资。

4. 全球通和神州行的差别在于一个有固定的座机费，单次通话费为0.4元/分钟；另一个没有固定座机费，单次通话费为0.6元/分钟。

单元综合练习

活动：分析案例

·案例 20·　　　　　　　　**计费软件系统的开发**

A公司是一个IT公司，自主开发了一个SH的电信管理和计费软件系统。B公司是香港一家大型电信公司，为了解决目前公司的问题，希望能够将目前公司的管理和计费电子化。于是A公司与B公司签订了合同，用SH为B公司开发一套计费系统软件WS。

A公司指派刘先生作为项目负责人，其他协调成员包括技术顾问万先生，项目协调人宋先生。其中万先生是原有SH系统的管理人员，对SH系统非常熟悉。刘先生带领3个部门，产品市场部由夏先生负责，售后部由包先生负责，开发部由刘先生直接负责。

夏先生先到香港与B公司讨论WS的编写，向他们解释原来的SH系统的功能，再根据他们的要求增加新的功能。但是，在讨论时发现，B公司对WS的期望远远超过了原来的SH的功能。回来以后，经过讨论，A公司的总裁决定：按照B公司的要求做。一个月以后，WS的模块划定基本完成。开发部用了4个月的时间将项目开发完毕。

随后A公司向B公司用远程电话视频会议的方式展示WS软件的功能。但是，B公司仍然认为这个软件没有达到他们的要求。于是决定让B公司先使用这套软件系统，根据反馈再进行修改。随着信息不断反馈回来，开发部的工程师发现问题都很莫名其妙，根本就是B公司的人没有搞清楚WS系统的功能。

刘先生向技术顾问万先生咨询求教，但发现万先生对此事毫不上心，很多问题他都以搪塞的方式混过去。随着双方接触的深入，刘先生发现A公司与B公司的分歧不在于某一个功能能否实现，而在于实现方式是否符合B的业务操作习惯。

于是又制订了二次开发计划，用了2个月来改造系统。此时刘先生才了解到，万先生对新的WS系统有很大的抵制情绪，因为新系统上马意味着熟悉原有系统的他将面临失业。

而且刘先生发现B公司的几个部门经理对新系统也是持非常被动的态度，问什么，答什么；如果不问，就什么也不说。但是，碰到问题，就开始指责和抱怨。由于新的系统实质上涉及到B公司业务的重新划分，因此各个部门之间明争暗斗，大大影响了新系统的开发工作。

第三次演示WS系统时万先生也参加了，他在讨论中指出了WS系统有一个重大缺陷，使得项目一下子陷入了困境。项目进行了第三次改造。

最终A公司完成了B公司的项目，但是由于花费太大，A公司不仅没有赚钱，反倒贴了不少钱。而且B公司对新的系统有很多怨言，使得A公司在香港的名声受到了很大的影响。

请设计一套评估方案，评估A公司的项目完成情况。

提示：

1. 分析A公司在完成项目中的每一个步骤，说明这些步骤的结果、原因。

2. 分析A公司在执行计划的过程中是否有调整，说明调整原因。

3. 请写一份总结报告，注意说明A公司在解决计费软件系统问题时的各个阶段采取措施的成功与不足。

4. 说明这个问题的经验可以用于解决哪些问题。

> 当面对重大问题时，如果我们的思维与造成这些问题的思维相比没有进步，那我们就不可能解决这些问题。
>
> ——爱因斯坦

·参考阅读·　　　　　专家与新手的区别

专家在特定领域的代表性任务上，总是有不俗的表现。大多数认知心理学家认为，一个人要想成为某一个领域的专家，至少需要10年的努力和实践。Ericsson和他的同事们（1993）发现，一组20岁的老练的小提琴演奏者，每个人都花过10000多个小时的时间认真地练习。专家并不只是比其他人更"聪明"。Ceci和Liker发现，赌赛马方面的专家，其智商并不比非专家高，主要是在他们自己的专业领域里胜过他人。

记忆：专家和新手记忆与专业领域有关的信息的能力不同。专家的记忆技能是非常特异的。

表征：新手和专家表征的能力也不同。新手在对问题进行表征时，强调问题的表面特征；而专家在对问题进行表征时，强调问题的结构。

问题解决途径：同新手相比，当专家遇到一个其专业领域范围内的新问题时，他们更可能使用手段—目的策略。也就是说，他们把问题分成几个子问题，按照特定的顺序解决问题。专家开始工作之前，规划问题解决步骤的能力更强，专家适用类推途径的方式不同。解决问题时，专家更可能对不同问题之间结构上的相似性做出评价；新手更容易受到表面相似性的干扰，因此经常选择不合适的源问题。

对初始状态进行精细加工：同新手相比，专家对问题的初始状态考虑得更彻底，而新手没有提供任何背景框架，而是立即开始产生各种反应。专家有广泛的知识基础，准许他们对问题的初始状态进行精细加工。

速度和准确性：专家对问题的解决速度更快，准确性更高，因为他们的操作更加自动化，专家能够同时考虑几种不同的可供选择的解决办法。

自我监控：专家对自己解决问题过程的监控能力更强。专家似乎能够更好地判断问题的难度，他们也能更好地意识到什么时候他们正在犯错误，他们也能更恰当地分配时间。